新著汉语文法

白兆麟 著

2017年·北京

图书在版编目(CIP)数据

新著汉语文法/白兆麟著.—北京:商务印书馆,2017
ISBN 978-7-100-12947-3

Ⅰ.①新… Ⅱ.①白… Ⅲ.①古汉语－语法－高等学校－教学参考资料 Ⅳ.①H141

中国版本图书馆 CIP 数据核字(2017)第 027754 号

权利保留,侵权必究。

新著汉语文法

白兆麟 著

商 务 印 书 馆 出 版
(北京王府井大街36号 邮政编码100710)
商 务 印 书 馆 发 行
北京市艺辉印刷有限公司印刷
ISBN 978-7-100-12947-3

2017年6月1版 开本850×1168 1/32
2017年6月北京第1次印刷 印张11½ 插页1
定价:35.00元

白兆麟(1937—)：生于安庆，长在徽州。安徽大学中文系退休教授、汉语言文字学学科博士生导师。先后发表论文90余篇，主要收入《安徽大学汉语言文字学研究丛书·白兆麟卷》。出版专著近30种，主要有《简明训诂学》(浙江教育出版社，1984)、《简明文言语法》(河北教育出版社，1990)、《〈盐铁论〉句法研究》(商务印书馆，2003)、《文法学及其散论》(九州出版社，2004)、《新著训诂学引论》(上海辞书出版社，2005)、《〈马氏文通〉综论》(九州出版社，2010)、《国学与中华传统文化》(安徽人民出版社，2014)。另有散文集《顾盼集》《睎睋集》和《鼎立集》。

弁　言

一

"路漫漫其修远兮,吾将上下而求索。""忽反顾以游目兮,将往观乎四荒。"屈原《离骚》里的诗句,是著者长期以来在文法学道路上孜孜探索的写照。

1959年大学毕业,即分配到高校辅导并执教汉语语法。先是现代汉语语法,次年发表处女作《"每"与"各"》;两年后,改教古代汉语语法,三四年间又连续发表数篇有关文言语法的小论文。于是钻研的劲头越来越大。经过三十年的教学积累,1990年出版《简明文言语法》。此后,断断续续地发表了十几篇颇有体会的论文。接着由于为汉语史专业的博士生讲学的需要,先后设计了"文法学专题""《马氏文通》研究"等专业课程。再经过十余年深入的思考与积淀,2003年出版《盐铁论句法研究》,2004年出版《文法学及其散论》,2010年出版《马氏文通综论》。此时,我已经从博士生导师的岗位上退休下来将近四年了。

二

在文法学研究的崎岖山路上,如果说退休以前是"路途修远"而"上下求索",那么退休以后就是"反顾游目"而"往观四荒"。反顾往观,就自然而然地联想起为汉语教学语法体系做出过杰出贡献的两位老前辈。

一位是汉语教学语法体系的奠基人黎锦熙。他于1924年出版的《新著国语文法》,是我国第一部以白话文为对象的系统而完整的语法学著作。其最大特点是首创以"句本位"为指导思想而建立起一个新的文法体系,认为该体系"退而'分析',便是词类的细目;进而'综合',便是段落篇章底大观"。并且首次明确了单句的六大成分及其内部关系,即六大成分确定为三个层次:"主语,述语——主要成分;宾语,补足语——连带成分;形容词附加语,副词附加语——附加成分";具体分析时则采用"中心词分析法",一举找出句中的各个成分。这个语法体系及其析句方法,至今在教学及研究中仍被广泛使用,是有很大影响的传统语法学的典型代表。

另一位是进一步完善汉语教学语法体系的史存直。他在研究方面长期坚持传统语法学观点,1970年即写成《关于汉语语法体系》的长篇论文,提出了一个与各家语法体系都不尽相同的新体系。1982年出版《语法新编》,进一步把他的一整套语法观点具体化了。先生认为,建立语法体系必须注意三项根本原则:句本位原则;形式与内容对勘而以形式为纲的原则;句法与词法对勘而以句法为纲的原则。他一再强调,"研究语法规律,实际上就是研究用词造句的种种格式"。经过多方比较，他认为黎氏吸收了西洋"学校语法"以形式为纲的优点，未陷于烦琐。不过，由于黎氏"未看清汉语和印欧语的基本差别，因而未能彻底摆脱西洋语法的影响"。于是先生对黎氏的体系进行了若干修正。其要点是：一、把黎氏六大成分的三个层次改为两次划分，即"主要成分（主、谓）"和"次要成分（宾、补、定、状）"；二、析句时把主语分为"施事主语、受事主语、提示主语"；三、把宾语分为"受事宾语"与"关涉宾语"。先生逝世十周年后的2005年，其遗著《文言语法》于中华书局出版。正如潘文国教授于该书序言所说："先师之《三论》《新编》《句本位》三书，均为现代汉语语法理论之论述，今见《文言语法》，当可知先生于古今汇通尤倾过全力。先生以其所力主之'句本位'理论，贯穿始终，复益以中外异同之比，及古今相承之意，其心拳拳。"

三

著者曾以访问学者身份跟随史先生进修过，受其教导，亦以如此执著的精神来追求所能达到的学术境界。为此，于农历马年秋冬之交决定，在以往研究经验的基础上写出一部带有个人总结性的《新著汉语文法》。那么，这部"新著"又"新"在哪里呢？

其一是累积性。如前所说，这是一部经过长期积累而成型的著作。从1960年正式发表《"每"与"各"》起，到《简明文言语法》的面世，再到《文法学及其散论》的出版，终至这部《新著汉语文法》的完成，历经半个多世纪。应当说具有比较深厚的积累。

其二是完整性。如"导论"所说，这是一部明确以教学语法为目标的著作。我早年就说过,教学语法"求其通",马建忠的《马氏文通》是如此,黎锦熙的《新著国语文法》更是如此,陈望道的《文法简论》尤其提出了明确的"妥帖、简洁、完备"的三大目标。具体说来,就是完成一部能体现汉民族语言特色而又"完备"的文法学著作。

其三是学理性。这也是一部融合专家语法的长处而追求"真"的专著。多年来所发表的有关文法学的专篇论文,此前两本文法学著作对不少语法问题的探讨,退休后深入钻研《马氏文通》这部奠基性巨著,并对其中不少连其著者也没能完全解决的疑难问题予以解释。经过长期如此理性的思考而形成今日内容上的章节安排,都充分地证明了它内在的学理性质。

以上所列,就是著者为这部专著所定下的目标,并且为此而已经尽了努力。我相信,具有文科专业大专学历以上的读者,在认真通读这部著作之后,会给以实事求是的评价。下面不妨略举数端以证明其言之不虚也。

首先是对汉语之民族特性的揭示。本书《导论》一章将其概括为单纯性、扩展性、简易性、均衡性四大特性。基于对汉语这些特性比较深刻的理解,著者长期以来除了一般性研究汉语教学语法体系的特点之外,思考重心乃是探索汉语文法学的走向问题。

其次是关于词类转化问题的思考。在汉语的句子中,词与词的意念联系和成分与成分的语法关系是隐含的,没有外在的形态标志。关于汉语词类转化问题就是针对汉语的这一特性提出来的。本书第二章即指出了词类转化的三条鉴别原则:"(一)分清历时与共时;(二)区分固有与临时;(三)注意文献性质和有无别式。"

不仅如此,笔者还正式提出了词的三种意义:"词的'词汇义',是指词本身所具有的词汇内容,即一般所说的'词义';词的'语法义',是指词按其意义范畴在语法学上的类别和在句子里所能充当的成分,即一般所说的'词性';词的'功能义',则是指词在具体的句子里,其语法组合所带来的词性转移及其词义变化。三者各有所指,在理论与实践两个方面都避开了许多不必要的纠缠。"

再次是关于复句尤其多重复句的分析。有学者于20世纪初指出,"复句研究,尤其是上古汉语复句研究,历来是语法研究中的难题,许多人视为畏途"。唯其困难,更需要有学人去探索。笔者曾不揣冒昧,从1964年起,陆续写过《文言文假设句的几种格式》《〈左传〉假设复句研究》《〈国语〉与〈左传〉之假设句比较》《〈老子〉复句辨析》《〈盐铁论〉句法研究》等论著,意图在汉语复句研究方面有所探索与开拓。因为这方面的分析研究,极其有助于发现并纠正古籍整理中在断句和标点方面所出现的谬误。

再次是关于段落篇章的分析问题。如果复句的分析研究尚未完全摆脱文法学句法原有体系的话,那么段落篇章的分析应当是跳出了上述局限。早在1990年出版的《简明文言语法·语法概述》中,就曾论述道:"句组,是由两个或两个以上的句子按照一定组合规律构成的,大于句子而小于段落的语言单位。构成句组的句子,包括单句和复句,在句组中有相对独立性,互不做对方的分句,且有独立的句调。句组有一个而且仅有一个语义中心,句组中的句子围绕这个中心组合起来,不能割裂。"这方面的内容,在本书中又深化了一步。

最后是关于旧体诗词的解读问题。在中国,韵文和散文是两种并行而同样发达的文体,从《诗经》、《楚辞》到唐诗、宋词,由比较自由发展到格律完备,不仅注重诗句的叶韵,而且考究其字数、节奏和对仗。众所周知,对于旧体诗词的讲解,过去一向是只进行文学分析,至于其中的句法几乎是全然不予理会的,甚至不少人认为,旧体诗词有其自身的特点,若进行语法分析,其意境即遭到破坏。然而著者以为,旧体诗词应当纳入古代汉语的教学内容,尽管其体裁与其他文体有差异,但就其古汉语的教学目的即帮助学生扫除阅读障碍和提高欣赏水平来说则是一致的。而要达此目的,就理应讲点科学,并非笼统地说说意境那么简单,也需要进行必要的词语组合的句法分析。因为诗词的意境,绝不是脱离语言组织规律而单独存在的某种空灵的东西。诗词的意境,是通过锤字炼句、增强节奏、调整语调,特别是锤字炼句而创造出来的,就是说,诗词的意境与其句法之间有着内在的联系。本书最后一章就此概括为"句子的省略与紧缩""名词语的排列""语序的更动"和"关于声律句读"四个方面。诸如此类的句法分析,绝对是引导读者进入诗词意境的捷径。

料想来,以上五个方面该大致能够表明这部著作,在"求其通"的基础上再深化而"求其真"的成效了吧。

最后要补充一点,书稿先由商务印书馆转给著名语言学家王宁教授审阅,她给本书以充分肯定,并提出了一些宝贵意见,建议将书名由《新著文法学》改为《新著汉语文法》。著者采纳了这个建议。特意在此对王宁教授以及为此书出版付出辛勤劳动的编务人员表示深深的感谢。

目　　录

导　论 ································· 1
　　一、文法和语法 ······················ 1
　　二、教学语法和专家语法 ················ 2
　　三、语法体系和语法格局 ················ 4
　　四、汉语固有的民族特性 ················ 5
第一章　文法概述 ·························· 7
　　第一节　词素和词 ···················· 7
　　第二节　词类 ······················· 9
　　第三节　词组 ······················ 18
　　第四节　句子 ······················ 23
第二章　文言实词的转化 ····················· 29
　　第一节　对实词转化的各种解说 ············ 29
　　第二节　实词转化的类别与格式 ············ 33
　　第三节　实词转化的鉴别原则与解决途径 ······· 58
第三章　代词和副词 ························ 65
　　第一节　代词 ······················ 65
　　第二节　副词 ······················ 87
第四章　介词和连词 ······················ 116

第一节　介词……………………………………… 116
　　　第二节　连词……………………………………… 131
第五章　助词………………………………………………… 150
　　　第一节　结构助词………………………………… 152
　　　第二节　语气助词………………………………… 157
　　　第三节　衬音助词………………………………… 169
第六章　词组的特殊形式…………………………………… 175
　　　第一节　加"之"的主谓词组……………………… 175
　　　第二节　凝固的动词性词组……………………… 178
　　　第三节　隐含中心语的偏正词组………………… 182
　　　第四节　定语后置的偏正词组…………………… 185
　　　第五节　名词性的"者"字词组…………………… 187
　　　第六节　名词性的"所"字词组…………………… 190
第七章　宾语的位置与性质………………………………… 196
　　　第一节　叙述句宾语前置………………………… 196
　　　第二节　否定句代词宾语前置…………………… 199
　　　第三节　疑问句疑问代词宾语前置……………… 202
　　　第四节　其他情况下宾语前置…………………… 203
　　　第五节　宾语的性质……………………………… 206
第八章　单句的特殊形式…………………………………… 210
　　　第一节　判断句式………………………………… 210
　　　第二节　被动句式………………………………… 215
　　　第三节　动量句式………………………………… 221
　　　第四节　兼语句式………………………………… 224

第五节　疑问句式 …………………………………………… 228
第九章　复句 …………………………………………………………… 234
　　　第一节　等立复句 …………………………………………… 235
　　　第二节　主从复句 …………………………………………… 243
　　　第三节　交结复句 …………………………………………… 254
第十章　多重复句与句组 ……………………………………………… 265
　　　第一节　多重复句 …………………………………………… 265
　　　第二节　句组 ………………………………………………… 280
第十一章　词语省略与古文标点 ……………………………………… 286
　　　第一节　词语的省略 ………………………………………… 286
　　　第二节　古文的标点 ………………………………………… 300
　　　第三节　句法逻辑与古籍标点 ……………………………… 310
第十二章　疑难例句与旧体诗词 ……………………………………… 320
　　　第一节　疑难例句辨析 ……………………………………… 320
　　　第二节　旧体诗词解读 ……………………………………… 339
主要参考书目 …………………………………………………………… 352

导　　论

一、文法和语法

　　近半个世纪以来,研究汉语语法学的著作,一般都习惯称作"语法"。就现代汉语而言,这是完全确切的,因为现代汉语语法学的研究对象是包括口语在内的。而古代汉语就不同了,它只有书面语言而不存在口头语言。学习和研究古代汉语的语法,实际上只是学习和研究古代汉语书面语言的语法。

　　古代汉语,是一个跨时代的笼统提法,它包括两个系统:一个是文言,指的是在先秦时期中原地区口语的基础上经过加工而形成的上古汉语书面语言;另一个是古白话,指的是以魏晋时期北方口语为基础而逐渐演变成的、与当时口语比较接近的新型书面语言。古白话这一系统的代表作品,如六朝民歌、唐代变文、宋代理学家的语录、宋元说书人的话本以及元代戏曲,等等。

　　周秦之际开始定型的文言,有它自身的构词特点和句法特点,形成了一种特有的格局。由于历代封建统治者不允许上述新兴的书面语取代文言,因而在长期的封建社会里,文言始终占据着正宗地位。我国古代的重要文献大多是用文言记载的,要通晓几千年积累的历史文献,就必须了解文言的基本格局,掌握文言的词法特点和句法规律。

以上叙述已经表明,本书名为"文法",即"文言语法"之意。其实,在20世纪前半叶,所谓"文法"亦即"语法",如黎锦熙之《新著国语文法》、吕叔湘之《中国文法要略》等即是。就是到1977年陈望道撰写《文法简论》时,仍然以"文法"命名。本书研究的对象,既然是古代前两个时期的书面语即所谓"文言文",自然以称"文法"为宜。

二、教学语法和专家语法

语法是语言的结构规则。这些语法规则有条理、有层次地组织成一个整体,便成为语法体系。

在客观上,汉语语法本来只有一种体系;但是由于学者的主观认识不同,语法学界便存在几种不同的语法体系,且拿可以自成一家的来说就有五六家之多。客观存在的语法体系,自然没有什么偏差可言,只有完善不完善的问题。而语法学家所建立的语法体系既然有那么多,自然就有这样或那样的偏差,不过是或多或少罢了。因此,语法学家所建立的语法体系,偏差越少就越合理,就越有助于分析语言事实,也就越能够指导语言实践。

就语法学家建立语法体系的根本意图来说,大致有"教学语法"和"专家语法"两类。教学语法又称"学校语法",专家语法又称"理论语法"。

王力曾经指出:"学校语法着重在实践,科学语法着重在理论的提高。"又说:"学校语法和语法教学的关系密切;科学语法和语法体系的关系密切。"(《语法体系和语法教学》,见《语法和语法教学》,人民教育出版社,1956)这当然不是说教学语法不需要理论,而是要把理论寓于实际材料之中;也不是说理论语法不解决实际问题,而是在解决实际问题的同时,还要解决一些较大的语法理论问题。

吕叔湘也曾说过:"现在国外的语法研究可以大致分为三派:传统语法,结构主义语法,转换语法。……结构主义语法和转换语法各有一套理论,往往是引几个例子谈一个问题,的确能说得头头是道,可是到现在为止,还没有看到过应用结构主义语法理论和转换语法理论,全面地、详细地叙述一种发达的、有文学历史的语言的语法著作,可以拿来跟用传统方法写出来的一些有名的著作相比较。"(《汉语语法分析问题》,商务印书馆,1979)这实际上说明,传统的教学语法的成就和地位,绝不在所谓专家语法之下。

史存直认为,传统语法的优点主要在于"句本位原则"。他明确指出,这个原则包含两项极为重要的内容:第一,它改变了句法对词法的地位;第二,它强调了句子结构的整体性。据他进一步调查,"句本位"这个原则,"很可能是黎锦熙先生根据二十世纪初英国学校语法的一般趋势提出来的"。(《学校语法和专家语法》,见《句本位语法论集》,上海教育出版社,1986)

对以上两种语法的区别,西方的语法学家非常强调,譬如乔姆斯基就申言,他的语法理论不适用于教学,并说作为教学语法,传统语法是很好的。(参见吕必松编《语言教育问题研究论文集》,华语教学出版社,1999)

三、语法体系和语法格局

　　作为语言组织规则的语法,既有民族性,也有时代性,其语法体系自然各各有其民族和时代的本质特征。客观存在的语法体系在不同的语法学家脑子里的反映又是不同的,因而在某一民族和某一时代,也自然就产生了各种各样的语法体系。一个好的语法体系,"应该具有妥帖、简洁、完备这三个条件",这是陈望道于三十多年前提出来的。他说:"同事实切合,就是妥帖……能够力求简捷分明地说明事实,就是简洁……立论比较能够概括事实,就是完备……"(《文法简论》,上海教育出版社,1978,第10—11页)

　　我们认为,语言是历史的产物,各民族语言的语法体系,都有一个主要由其语法特点构成的基本格局。在某个历史时期产生的某种语言现象,若是符合这个基本格局,就会作为一种能产形式而发展起来,固定下来,成为这种语言里的普遍形式;反之,某个新产生的语言现象如果与这个基本格局相抵触,就会受到制约而中止下来,甚至衰退下去,而成为这种语言里的个别残留形式。譬如,"在别种语言里有些由词的'音变'或'附加成分'等方法来表示的意思,在中国语言里常是用一个独立的'词'来表示"。(《中国文法论》,开明书店,1942,第22页)这个特点,使得汉语尤其是上古汉语形成一种助词众多,使用也特别灵活的特定格局。

　　基于以上缘由,我们在确立文法学之语法体系和安排各个章节之内容的时候,首先就考虑采纳教学语法体系,而且要维护古代汉语语法体系的总格局,以便使这个教学语法体系体现出其固有的民族特性。

四、汉语固有的民族特性

汉语这个极具民族特征的语言符号,在形式上有其自身的独特性质。对此,中外学者都有所论及。今简要概述并举例分析如下:

其一是单纯性。各民族语言都有自己的一套语法手段,所采取的表达形式并不相同。印欧语言是综合语,具有丰富的"形态变化",是用来表示词与词结合关系的主要手段。而汉语是分析语,没有所谓"形态屈折"或"词形变化",是用"词序"和"虚词"这两种办法来表示词与词的结合。英语、俄语的谓语必须是定式动词或包含一个定式动词;而在汉语里,不仅名、动、形三类词皆可直接做谓语,甚至词组和句子也可做谓语。由此可见汉语语法的单纯性。

其二是扩展性。汉语的词、词组和句子的界限不怎么清晰,可以层层扩展,自由组合,在结构形式上没有什么严格区别。词能够由单纯到合成,合成词可以变成词组,词组也可以变为句子,可以说是一脉相承。比如"将"和"军",本是两个单音词,可以凝固为合成词,指率领军队的高级武官,如《史记·陈涉世家》:"陈涉自立为将军,吴广为都尉。"也可以构成动宾结构,充当句子成分,如《史记·李将军列传》:"程不识故与李广俱以边太守将军屯。"因此,判定一个语言单位是词、词组或是句法成分,是语义解释中经常遇到的问题。

其三是简易性。汉语造句力求简易,只要文气相贯,文义相通,能省则省。因此,词性可以转化,功能可以改变,成分可以省略,句法可以机动,伸缩自如,开合随意,富有弹性,即使是复杂的描述,也要拆成短句,依次道来,句断而气不断。所以汉语的句子凝练而明快,言简而意丰。比如《左传·隐公元年》:"请京,使居之,谓之京城大叔。"是谁"请京"?谁"使居之"?又是谁"谓之京城大叔"?尽在不言之中,虽未明示,自可意会,文义仍然贯通。

其四是均衡性。汉语行文讲究音韵和谐,节奏明快,句式均衡,句读对称,单复、长短交错,动静、虚实变易,富有音乐美。韵文自不必说,散文也是如此。比如《老子·二章》:"天下皆知美之为美,斯恶矣;皆知善之为善,斯不善已。故有无相生,难易相成,长短相形,高下相倾,音声相和,前后相随。是以圣人处无为之事,行不言之教,万物作焉而不辞,生而不有,为而不恃,功成而弗居。夫唯不居,是以不去。"你看,长句与短句相参差,韵文与散文相间隔,句法整齐中有变化,气韵贯通中有起伏,极尽回环和谐之能事。

第一章　文法概述

第一节　词素和词

　　词素,是构成词的要素,是音义结合的最小的语言单位。所谓音,是指一个汉字所代表的音节。所谓义,包括词汇意义(实义)和语法意义(虚义)。所谓最小,是说不能再切分;如果再切分,就看不出语义,也就不是语言单位了。

　　词,是由词素构成的、能够独立运用的最小的语言单位。按照音节构成的情况,词可分为单音词和复音词。文言文以单音词为主。

　　按照词素构成的情况,词又分为单纯词和复合词。单纯词是由一个词素构成的词,复合词是由两个或两个以上词素构成的词。复合词必定是复音词,如"社稷、将军、有夏、沛然、昭昭、昏昏";而复音词并不都是复合词,如"坎坎、萧萧、关关、蚩蚩"等叠音词和"斯须、参差、窈窕、崔嵬"等联绵词,就是由一个词素构成的复音单纯词。

　　在一个语言片段中,确定词和非词的界限是整个语法分析的基础。就文言来说,有三种情况尤其值得注意。

首先是认单为复,即把两个表面相关的单音词误认为一个复合词。例如:

① 子疾病,子路请祷。(《论语·述而》)
② 对曰:"忠之属也。可以一战。"(《左传·庄公十年》)
③ 光与左将军桀结婚相亲。(《汉书·霍光传》)
④ 问今是何世,乃不知有汉,无论魏晋。(陶渊明《桃花源记》)

从现代汉语复音词占优势的语感出发,就会把"疾病、可以、结婚、无论"都看成一个词。然而,在上引例句中,它们都是两个单音词:"疾病"即"病甚",意思是"病得很重";"可以"之"可"是动词,"以"是介词;"结婚"即"联结姻亲""结成儿女亲家";"无论"即"毋说","无"是副词,"论"是动词。

其次是拆骈为单,即把一个联绵词误认为两个单音词。例如:

① 于是焉河伯始旋其面目,望洋向若而叹。(《庄子·秋水》)
② 今闽越王狼戾不仁。(《汉书·严助传》)
③ 所击杀者无虑百十人。(《清稗类钞·冯婉贞》)

联绵词,尤其是具有双声或叠韵形式的联绵词,都是复音单纯词。如果不了解这个特点,很可能把"望洋、狼戾、无虑"三词拆开来解释。例②"狼戾",唐代学者颜师古注云:"狼性贪戾,凡言狼戾者,谓贪而戾。"例③"无虑",有的中学语文教学参考书注为"无须计虑""不用考虑"。这显然是把它们当作两个单音词来分析了。其实,"望洋"又写作"望羊、望阳、盳羊",仰视的样子;"狼戾"又写作"贪狼、贪婪",凶狠、贪得无厌的意思;"无虑"又作"亡虑、莫络、摹略",有时还单用"虑、略"等,意思都是大略、大约。

再次是视偏为全,即把文言中偏义复词的两个词素等量齐观,误以为是两个词的组合。例如:

① 今有一人,入人园圃,窃其桃李。(《墨子·非攻》)
② 昼夜勤作息,伶俜萦苦辛。(《古诗为焦仲卿妻作》)
③ 陟罚臧否,不宜异同。(诸葛亮《出师表》)

从字面来看,"园圃"即"果园和菜圃","作息"即"劳作与休息","异同"即"差异和相同"。其实,这一类由两个意义相近或相反的词素构成的复合词,在行文中只用其中一个词素的意义,另一个词素起陪衬作用。如"园圃"偏指园,"作息"偏于作,"异同"偏于异,它们都是偏义复词。

第二节 词 类

词类,是指词在语法上的分类,也就是词在语言结构中表现出来的类别。

古代汉语的词缺乏形态。我们根据词的意义和词的语法功能相结合的原则,将古代汉语的词类分为名词、动词、形容词、数词、量词、代词、副词、介词、连词、助词、叹词十一类。前五类表示事物、行为变化、性质状态、数量等概念，有实在的意义，能够做句法成分，大多能够独立成句，属于实词；后四类只有语法作用，没有实在的意义，不能做句法成分，也不能独立成句，属于虚词。代词和副词的情况比较复杂，它们不表示概念，没有实在的意义，因而不少古代汉语语法著作把它们列入虚词；但是，它们都能做句法成分，代词以及个别副词还能够独立成句，因而有的语法著作把它们列入实词。其实，代词和副词是介乎实词和虚词之间的词。为了叙述的方便，为了照顾文言语法研究的传统习惯与基本格局，我们把它们归入虚词。

下面将上述十一类词做简要介绍。关于虚词，后面还要分章叙述。

一、名词

名词是表示人或事物名称以及时间、处所的词。它常用在动词的前边或后边，充当句法结构的主语或宾语；它可以受形容词、数词、代词修饰或限定，一般不受副词修饰。

例如苏轼《石钟山记》一文中，"水经、彭蠡、郦元、唐、元丰、齐安、尉、无射"，分别为书名、湖名、人名、朝代名、年号、地名、官名、古钟名，都是表示特定事物的专有名词；"口、潭、风、浪、水、石、声"等，是表示一般事物的普通名词；"今、年、月、莫（暮）、夜、古"等，是时间名词；"下、上、南、北、间、中"等，是方位名词。

二、动词

动词是表示动作行为、存在变化及心理活动的词。它常用在名词的后面或前面,充当句法结构的谓语或述语;有时用在其他动词前面做状语;能受副词、数词修饰。

例如《石钟山记》中,"临、搏、访、得、聆、鸣、止、腾、至、笑"等,是表示有形活动的动词,前五个以某一事物为对象,而后面能带宾语的,称他动词或及物动词,后五个不以事物为对象,其后不带宾语的,称自动词或不及物动词;"以为、疑、信、惊、恐、知、识、欺"等,是表示意念的动词;"有、在、无",是表示存在的动词,后面都带有存在的对象;"如、若"是表示联系的动词,用来联系主语和宾语;"能、欲、可、肯"是表示可能或意愿的动词,它们常用在其他动词前面起辅助作用,其意义也不限于表示能愿,以称"助动词"为宜。

助动词除了上述四个以外,还有:表可能的如"克、足、得",表应当的如"合、宜、须、会须、庸(多用于否定)",表意愿的如"敢、忍、屑",表被动的如"被、所、见"。

三、形容词

形容词是表示性质、状态和模拟声音的词。它常用在名词的前面、动词的前后,表示修饰或补充;也常用在名词的后面,充当句法结构的谓语;它能受副词修饰;描写情状的形容词可以重叠,也可以加衬音助词"然、若、如、尔"等。

例如《石钟山记》中,"猛、奇、详、陋、简"等,是表示性质的;"深、微、洪、函胡、清越、乱、明、森然、徐"等,是表示状态的;"铿然、硿硿焉、磔磔、嗡哄、窾坎、镗鞳"，是模拟自然声音的。

四、数词

数词是表示数目和次序的词。在早期文言里，数词直接用在名词的前后或动词的前面，表示修饰；可以用在名词的后面，充当句法结构的谓语；它在句中做主语和宾语时，前面要有先行词。数又分为基数、序数、问数、倍数、约数、分数。

1. 基数　个数有一、三、九等，位数有十、百、千、万、亿等。文言里位数与个数的结合往往在中间加连词"有"（读作"又"）来表示，如"十有五、三十有六、八尺有余"。

2. 序数　文言的序数，除用基数表示外，一般用"上、长"等表示第一，如"全国为上"（《孙子·谋攻》）、"长子迈"（《石钟山记》），用"次、其次、次者、次之"表示第二、第三等。有时还用"首、末、伯、仲、叔"等词及干支来表示。

3. 问数　文言文里除用"几"外，还常用"几何、几许、若干"等表示。

4. 倍数　一倍用"倍"，五倍用"蓰"，十倍用"什"。此外，还有一种习惯用法，就是连用两个个位数，前者表示倍数，后者表示基数。例如"三五二八时，千里与君同"（鲍照《玩月城西门》），"三五"指十五，"二八"指十六。

5. 约数　文言里除连用相邻数字表示以外，或用"几、几何、若干"等词表示，或在基数词前加"可、无虑"表示，或在基数词后加"所、许"等表示，如"饮可五六斗、十人所、四千许卷"。

6. 分数　文言里表示分数与现代汉语不同，有四种格式，其实只是繁简不同。

甲式：母数＋分＋名词＋之＋子数　如"一月之日,二十九日八十一分日之四十三"。(《史记·历书》正义)

乙式：母数＋名词＋之＋子数　如"大都不过参国之一"。(《左传·隐公元年》)——参,同三。

丙式：母数＋之＋子数　如"中,五之一；小,九之一"。(同上)——中,中都。

丁式：母数＋子数　如"戍死者固十六七"。(《史记·陈涉世家》)——十六七,即十分之六七。

五、量词

量词是表示计量单位的词。表示人或事物单位的,称物量词,如"斗、升、丈、尺、斤、两、钧、镒、亩、斛、匹、头、株、乘"等。物量词要和数词结合,以放在名词后面为常见；放在名词前面则常在中间加一"之"字,如"三寸之舌"。表示动作行为单位的,称动量词,如"通、周、阵、匝"等。动量词和数词结合,以放在动词后面为常见。

必须指出,文言文里量词的运用并不普遍。早期文言,动量词几乎没有,物量词只有度量衡的单位名称和借用名词作为计量的单位。真正的物量词如"个、匹"等,大概到中古时才开始被普遍应用。

六、代词

代词是起称代或指示作用的词。它可以代替词、词组、句子或段落,不受别的词语的修饰,在句法结构中常充当主语、宾语或定语。代词分为人称代词、指示代词、疑问代词三类。

1. 人称代词　用作第一人称的有"我、吾、余、予"等,用作第二人称的有"汝、女、尔、若、而、乃"等,用作第三人称的有"之、其、彼"等,用作己身代词的有"自、身"等。

2. 指示代词　用作近指的有"此、兹、斯、是、之"等,可译为"这、这样、这里"等;用作远指的有"彼、其"等,可译为"那、那里"等;用作旁指的有"他",可译为"别的";用作虚指的有"某、或","或"译作"有人、有的";用作无指的有"莫、无、靡"等,可译作"没有谁、没有什么"。

3. 疑问代词　用来问人和事物的有"谁、孰、何"。"谁"用来问人;"何"用来问事物,可译作"什么";"孰"可代人,译作"谁、哪个",也可代事物,译作"哪一样"。常用来问原因的有"胡、曷、奚",可译作"为什么、怎么"。常用来问处所或表示反问的有"安、恶(乌)、焉",可译作"哪里、怎么"。

七、副词

副词是用来修饰和限制动词、形容词或句子谓语,表示动作或性状的程度、范围、数量、时间、否定、语气等意义的词。它一般放在被修饰词语的前面,也有放在被修饰词语的后面。它大体可以分为八类,这里就常用的列举如下:

1. 程度副词　如"至、甚、绝、殊、良、尤、益"等,相当于现代汉语的"最、很、更加";"少、略"等相当于现代的"稍、略微"。

2. 范围副词　如"皆、尽、悉、并、俱、咸、毕"等,相当于现代汉语的"都、全";"唯、但、特、直、第"等相当于现代的"只、仅"。

3. 数量副词　如"再、更、复、屡、数、频"等。其中"再"只表示同样的行为进行两次；其余的都表示行为的多次重复,相当于现代汉语的"又、再、屡次"。

4. 时间副词　如"已、既、业"表示"已经","将、且、方、正"表示"将要、正当","即、随、旋、辄、遂"表示"就、立即","终、竟、卒"表示"终究、终于","初、始、适"表示"刚刚、刚才"。此外还有:尝(曾经)、乡(先前)、寻(不久)、乃(才)、猝(突然)、亟(赶紧)等。

5. 否定副词　如"不、弗"等于现代的"不","未"等于现代汉语动词前的"没有","毋、勿"等于现代的"别、不要","非"相当于"不是","否"相当于现代汉语的应对语"不"或"不是的"。

6. 情态副词　如"诚、信、良、果"表示真实,相当于"确实、果真";"故、特"表示故意;"尚、犹"表示继续;"固"表示本然;"遽"表示急忙;"相"表示相关。如"乃、即"表示肯定语气,"盖、殆、或、得无"等表示推测语气,"曾(竟)、乃"表示诧异语气,"尚、其"等表示祈使语气,"岂、宁、其、庸、独"等表示反问语气。

7. 敬谦副词　表示对人恭敬的有:请、谨、幸、敬、惠。表示对人谦卑的有:窃、猥、愚、伏。

8. 称代副词　表示对动词的限定,如:相、互、更、迭、递、见。

八、介词

介词是介绍名词、代词或名词性词组给动词或形容词,以表示更完备意义的虚词。介词和它所介绍的词语结合,共同表示时间、处所、原因、方式、比较等。常用的有:于(於)、乎、以、为、与、自、从、由、用、因、对、向、当、缘、按。

九、连词

连词是用来连接词、词组、句子或句组以表示种种关系的虚词。它大体分为八类：

1. 并列连词　与、而、及、以、且。

2. 承接连词　则、即、斯、遂、然后、而后、于是。

3. 递进连词　且、而况、非徒、尚……况……、不惟……而又……。

4. 选择连词　或、若、抑、且、将、与其……孰若……、与……宁……。

5. 转折连词　而、但、顾、然、然而、至若。

6. 因果连词　以、为、故、是故。

7. 假设连词　如、若、苟、设、使、假令、傥使。

8. 让步连词　虽、纵、即。

十、助词

助词是一种附着在别的词、词组、句子上面，用来组合词语、表达语气、凑足音节的辅助性虚词。按照功用，助词可分为三类：

1. 结构助词　之、而、以、者、所。

2. 语气助词　用于句首的有"夫、盖、唯"，用于句中的有"者、也"，用于句末的有"也、矣、焉、耳、乎、欤（与）、耶（邪）、哉、夫"。

3. 衬音助词　用在别的词的前头或后头，带有标明词性作用的，如"其、有、言、然、若、尔、焉"；用于句首、句中以及名词之间的如"爰、曰、伊、云、于、聿、之"等。

十一、叹词

叹词是表示感叹或应答声音的词。它们是表达某种感情的声音,独立于句子结构之外。用来表示感叹、赞美、悲伤的有"嗟乎、嗟夫、噫(意)、嘻、唉、呜呼(於戏)、噫嘻"等,用来表示怒斥的有"恶、叱嗟、呼"等,用来表示呼唤的有"嗟、嘻、吁"等,用来表示应答的有"诺、唯"。例如:

① 陈涉太息曰:"嗟呼!燕雀安知鸿鹄之志哉!"(《史记·陈涉世家》)

② 文惠君曰:"嘻,善哉!技盖至此乎?"(《庄子·养生主》)

③ 颜渊死。子曰:"噫!天丧予,天丧予!"(《论语·先进》)

④ 威王勃然怒曰:"叱嗟!而母,婢也。"(《战国策·赵策》)

⑤ 先生曰:"吁,子来前!"(韩愈《进学解》)

⑥ 项伯许诺,谓沛公曰:"旦日不可不蚤自来谢项王。"沛公曰:"诺。"(《史记·项羽本纪》)

此外,在文言里还有少数几个字兼有两个词的意义和作用,它们的读音大多是这两个词的读音的拼合。这为数不多的字,一般称为"兼词",也有人称作"合音字"。

诸　用于句中是"之于(代词+介词)",用于句末是"之乎(代

词＋语气助词)"。例如："投诸渤海之尾。"(《列子·汤问》)"文王之囿七十里，有诠?"(《孟子·梁惠王下》)

叵　即"不可(否定副词＋助动词)"。例如："布目备曰：'大耳儿最叵信。'"(《后汉书·吕布传》)

旃　即"之焉(代词＋语气助词)"。例如："愿勉旃，毋多谈！"(杨恽《报孙会宗书》)

盍　即"何不(疑问代词＋副词)"。例如："颜渊季路侍。子曰：盍各言尔志?"(《论语·公冶长》)

焉　即"于此(介词＋代词)"。例如："积土成山，风雨兴焉；积水成渊，蛟龙生焉。"(《荀子·劝学》)

那　即"奈何(动词＋疑问代词)"。例如："牛则有皮，犀甲尚多。弃甲则那?"(《左传·宣公二年》)

耳　即"而已"之合音，表示限止语气，可译为"罢了"。例如："虎因喜，计之曰：技止此耳。"(柳宗元《黔之驴》)

然、尔　可解作"如此"，是指示代词。例如："同是被逼迫，君尔妾亦然。"(《古诗为焦仲卿妻作》)"虽然，每至于族，吾见其难为。"(《庄子·养生主》)

第三节　词　　组

词组，又称短语，是由两个或两个以上的词按照组合规律构成的语言单位。词组同词一样，都是构成句子的材料和成分。

文言词组的构成方式，与现代汉语的词组相比较，有的相同，也有的不同。构成方式不同的，后面将有专章论述。相同的，这里仍以《石钟山记》为例加以介绍和分析。例如：

① 水石相搏,声如洪钟。
② 渔工水师虽知而不能言。
③ 空中而多窍,与风水相吞吐。
④ 又有若老人咳且笑于山谷中者。

以上标有着重号的,都是由两个名词或两个动词联合构成的并列词组:"水石"和"渔工水师"在句中做主语,"风水"做介词"与"的宾语,"吞吐"和"咳且笑"分别做句子或句法结构的述语。

① 微风鼓浪……声如洪钟。
② 得双石于潭上。
③ 余韵徐歇。
④ 余固笑而不信也。

上面前二例标有着重号的,是形容词或数词置于名词之前表示修饰的偏正词组:"微风"在句中做主语,"洪钟"和"双石"在句中做宾语。后二例标有着重号的,是形容词或副词置于动词之前表示修饰或否定的偏正词组,在句中都做述语。

① 桴止响腾,余韵徐歇。
② 余方心动欲还。
③ 事不目见耳闻,而臆断其有无,可乎?

以上标有着重号的,都是动词置于名词之后表示陈述的主谓词组:"桴止"和"响腾"是两个主谓词组合在一起充当分句,"心动"在句中做谓语,"目见耳闻"是两个主谓词组合在一起做述语。

① 微风鼓浪。
② 人常疑之。
③ 彭蠡之口有石钟山焉。

以上标有着重号的,都是动词置于名词或代词之前表示支配或存在的述宾词组,在句中做谓语。

① 今以钟磬置水中。
② 大石侧立千尺。
③ 而山上栖鹘,闻人声亦惊起。
④ 有大石当中流,可坐百人。

以上标有着重号的,分别是方位词组、数量词组、趋向动词、偏正词组置于动词之后,表示补充说明的述补词组,在句中做谓语。

① 得双石于潭上。
② 而此独以钟名,何哉?
③ 郦元之所见闻,殆与余同。

以上标有着重号的,是介词和后面的名词、代词、方位词组构成的介宾词组:"于潭上"置于动词之后做补语,"以钟"和"与余"分别置于动词或形容词之前做状语。

① 今以钟磬置水中。
② 于乱石间择其一二扣之。
③ 而山上栖鹘,闻人声亦惊起。
④ 士大夫终不肯以小舟夜泊绝壁之下。

以上标有着重号的,都是名词或名词性词组同方位名词构成的方位词组。其中,"水中"和"绝壁之下"在句法结构中做补语,"乱石间"做介词宾语,"山上"做定语。

① 而长子迈将赴饶之德兴尉。
② 得双石于潭上,扣而聆之。
③ 于乱石间择其一二扣之。
④ 寺僧使小童持斧。
⑤ 有大石当中流,可坐百人。

上例①"长子迈"是两个名词指同一对象,在句中处同一地位,称为同位词组,充当句子的主语。例②、③标着重号的,是两个动词(或动词性词组)连用,表示同一主语连续发生一系列动作行为的连动词组:例②在两个动词(或动词性词组)之间用连词"而"字连接,例③在两个动词性词组之间不用连词。例④、⑤标着重号的,是一个述宾词组套一个主谓词组,述宾词组的宾语兼做主谓词组的主语的兼语词组:例④在句中做谓语,例⑤做分句。

上面所介绍的并列词组、偏正词组、主谓词组、述宾词组、述补词组、数量词组、介宾词组、方位词组、同位词组、连动词组、兼语词组十一种词组,除了后两种之外,大多只有一个层次,是简单的词组。复杂的词组就不止一个层次,往往是一层套一层的。这里就上面所举的四个例子,我们运用层次分析法进行分析:

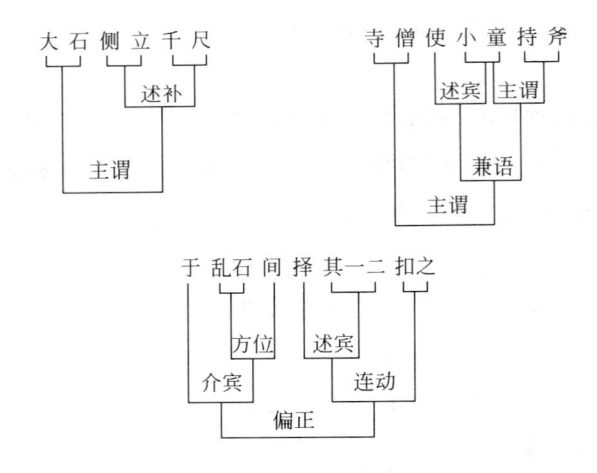

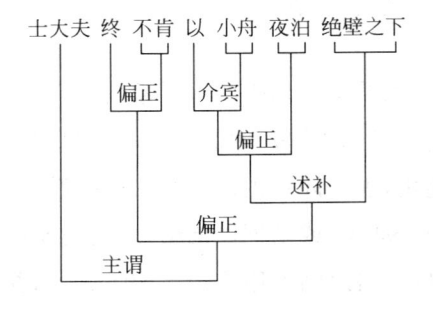

```
大石 侧立 千尺
     └─┬─┘
      述补
└──────┬──────┘
      主谓
```

```
寺僧 使 小童 持 斧
         └─┬─┘
         述宾 主谓
        └──┬──┘
          兼语
   └───────┬───────┘
          主谓
```

```
于 乱石 间 择 其一二 扣之
   └─┬─┘   └──┬──┘
   方位      述宾
└──┬──┘   └──┬──┘
  介宾       连动
     └──────┬──────┘
           偏正
```

```
士大夫 终 不肯 以 小舟 夜泊 绝壁之下
         └─┬─┘   └─┬─┘
         偏正     介宾
              └───┬───┘
                偏正
                   └────┬────┘
                       述补
         └──────────┬──────────┘
                   偏正
    └───────────────┬───────────────┘
                   主谓
```

第四节　句　　子

句子,是由词或词组按照造句规律构成的、能够独立表达一个完整意思的、具有特定语调的语言使用单位。分析句子的目的,在于明确句类,在于确定句型。古今汉语的句类和句型基本相同,这里略加介绍。至于文言中的特殊句式,另有专章论述。

所谓句类,是按照句子所表达的语气给句子分类。文言文的句类也分陈述句、疑问句、祈使句和感叹句四种。试看下面的例句:

① 殽有二陵焉:其南陵,夏后皋之墓也;其北陵,文王之所辟风雨也。(《左传·僖公三十二年》)

② 孟明曰:"郑有备矣,不可冀也。"(《左传·僖公三十三年》)

③ 蹇叔曰:"师劳力竭,远主备之,无乃不可乎?……且行千里,其谁不知?"(《左传·僖公三十二年》)

④ 孟明曰:"攻之不克,围之不继,吾其还也。"(《左传·僖公三十三年》)

⑤ 公使谓之曰:"尔何知! 中寿,尔墓之木拱矣!"(《左传·僖公三十二年》)

⑥ 先轸怒曰:"……堕军实而长寇仇,亡无日矣!"(《左传·僖公三十三年》)

前二例是陈述句:例①是做出判断;例②是叙述事物,前句是肯定的陈述,后句是否定的陈述。例③是疑问句:前者是询问句,后者是反问句。例④是祈使句,表达劝告语气。后二例是感叹句:例⑤表示怒斥,例⑥表示哀痛。

所谓句型,是按照句子的结构给句子分类。归纳句型,要从上位句型到下位句型依次确定。一个句子,先看它是复句还是单句。单句由词或词组构成。复句由两个或两个以上的单句构成;单句成为复句的构成成分,即失去其独立性,称为分句。如果是复句,再分析各分句之间的结构关系和结构层次。如果是单句,要看它是主谓句还是非主谓句。主谓句由主语和谓语两部分构成,非主谓句由单个的词或词组(主谓词组除外)构成。如果是主谓句,再根据谓语的结构确定其句型。如果是非主谓句,可以根据词或词组的性质确定其句型。下面就句型列一简表:

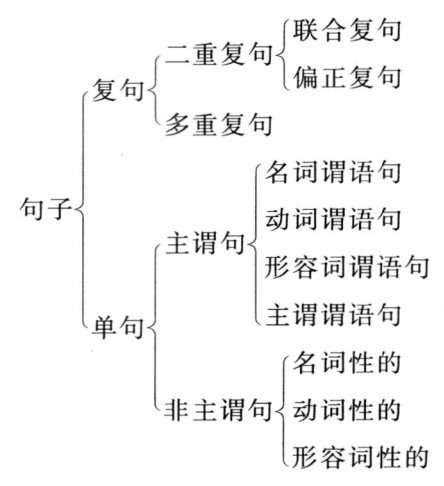

$$
\text{句子}\begin{cases}\text{复句}\begin{cases}\text{二重复句}\begin{cases}\text{联合复句}\\ \text{偏正复句}\end{cases}\\ \text{多重复句}\end{cases}\\ \text{单句}\begin{cases}\text{主谓句}\begin{cases}\text{名词谓语句}\\ \text{动词谓语句}\\ \text{形容词谓语句}\\ \text{主谓谓语句}\end{cases}\\ \text{非主谓句}\begin{cases}\text{名词性的}\\ \text{动词性的}\\ \text{形容词性的}\end{cases}\end{cases}\end{cases}
$$

名词谓语句,就是用名词、代词或名词性词组做谓语的句子。

这类句子大都是判断句。例如:

① 臣之所好者,道也。(《庄子·养生主》)
② 此谁也?(《战国策·齐策》)
③ 夫积贮者,天下之大命也。(贾谊《论积贮疏》)
④ 当立者,乃公子扶苏。(《史记·陈涉世家》)

例①是名词做谓语,例②是疑问代词做谓语,例③是名词为中心的偏正词组做谓语,例④是名词性的同位词组做谓语。

形容词谓语句,就是用形容词、数量词组或形容词性的偏正词组做谓语的句子。这类句子大多是描写句。例如:

① 肉食者鄙。(《左传·庄公十年》)
② 车辚辚,马萧萧。(杜甫《兵车行》)
③ 白沙在涅,与之俱黑。(《荀子·劝学》)
④ 苛政猛于虎也。(《礼记·檀弓》)
⑤ 左右免胄而下,超乘者三百乘。(《左传·僖公三十三年》)

例①是形容词做谓语,例②是拟声形容词做谓语,例③是形容词为中心的偏正词组做谓语,例④是形容词为中心的述补词组做谓语,例⑤是数量词组做谓语。

动词谓语句,就是用动词或动词性词组做谓语的句子。这类句子都是叙述句。例如:

① 婴儿啼。(《吕氏春秋·察今》)
② 秦昭王闻之。(《史记·廉颇蔺相如列传》)
③ 船往如箭。(《资治通鉴·汉纪·建安十三年》)
④ 其剑自舟中坠于水。(《吕氏春秋·察今》)
⑤ 晋饥,秦输之粟。(《左传·僖公十五年》)
⑥ 且君尝为晋君赐矣。(《左传·僖公三十年》)
⑦ 樊将军仰天太息流涕曰……(《战国策·燕策》)
⑧ 秦昭王……使人遗赵王书。(《史记·廉颇蔺相如列传》)

例①谓语是动词;例②谓语是述宾词组;例③谓语是述补词组;例④谓语是复杂的动词性词组,动词前后各有介宾词组做状语和补语;例⑤、⑥动词后带双宾语,"粟、赐"是直接宾语,"之、晋君"是间接宾语;例⑦谓语是连动词组;例⑧谓语是兼语词组,后一动词"遗"带有双宾语。

主谓谓语句,就是用主谓词组做谓语的句子。这类句子大多是叙述句或描写句。例如:

① 北山愚公者,年且九十。(《列子·汤问》)
② 今齐地方千里。(《战国策·齐策》)
③ 朝廷之臣莫不畏王。(同上)
④ 沛公今事有急。(《史记·项羽本纪》)
⑤ 是时,汉兵盛食多,项王兵罢食绝。(同上)

以上标有着重号的部分都是主谓词组,在句中用作谓语。这里需要说明:例②"地方千里"中,"方千里"又是个主谓词组,即"方圆千里";例③"莫不畏王"中,"莫"是无指代词,在主谓词组里做主语;例⑤"兵盛""食多"和"兵罢""食绝"都是主谓词组,两两联合,分别陈述主语"汉"和"项王"。

非主谓句,是指主语和谓语两个部分不完备也分析不出的句子。它大多出现在对话中。例如:

① 项王曰:"壮士!赐之卮酒。"(《史记·项羽本纪》)
② 中军置酒饮归客,胡琴琵琶与羌笛。(岑参《白雪歌送武判官归京》)
③ 文惠君曰:"嘻,善哉!……"(《庄子·养生主》)
④ 噫吁戏,危乎高哉!(李白《蜀道难》)
⑤ 三年春,不雨。夏六月,雨。(《左传·僖公三年》)
⑥ 有朋自远方来,不亦说乎?(《论语·学而》)
⑦ 冰雪,无瀑水,无鸟兽音迹。(姚鼐《登泰山记》)
⑧ 何哉?不以物喜,不以己悲。(范仲淹《岳阳楼记》)

以上标有着重号的都是非主谓句。前二例为名词非主谓句:例①是呼唤语;例②作者排列三个乐器名称,描写饯行宴会上的歌舞气氛。中二例为形容词非主谓句:例③用形容词"善"表示赞美,例④连用两个形容词表示惊叹。后四例为动词非主谓句:例⑤分别用动词和动词性词组来阐明自然现象;例⑥、⑦分别用"有"和"无"引出陈述对象,前者表示存在,后者表示消失;例⑧两个分句互文见

义,用来泛论事理。此外,对话中的应答词也属于非主谓句,例如:

⑨ 曰:"臣固知王之不忍也。"王曰:"然,诚有百姓者……"曰:"则王许之乎?"曰:"否。"(《孟子·梁惠王上》)

⑩ 太后曰:"诺,恣君之所使之。"(《战国策·赵策》)

关于复句的句型,后面将有专章详加论述,本章就略去了。

第二章 文言实词的转化

第一节 对实词转化的各种解说

一、古代训诂家的训释

在现代汉语里,各类词大都有它一定的语法意义和语法功能。它们经常能和哪些词结合,在句子里可以担任什么职务,充当什么成分,都是比较固定的。譬如名词经常用作主语、宾语及定语,动词经常用作谓语,形容词和数量词组经常用作定语、谓语和状语,副词经常用作状语,等等。

但是,在文言尤其是上古文言文里,实词尤其是名词、动词、形容词三类的界线是相当模糊的,所谓兼类较多、活用频繁,即是其变动不居的表现。对此,古代学者就曾经有所揭示。例如:

①《春秋·襄公二十五年》:"吴子遏伐楚,门于巢卒。"《公羊传》:"门于巢卒者何?入门乎巢而卒。"

②《诗·商颂·那》:"先民有作。"毛传:"有作,有所作也。"

③《吕氏春秋·期贤》:"然则君何不相之?"高诱注:"何不以段木干为相也?"

④《左传·僖公二十八年》:"晋师三日馆,谷。"杜预注:"馆,舍也。食楚军谷三日。"

⑤《礼记·大同》:"以贤勇知,以功为己。"孔疏:"以贤勇知者,贤犹崇重也。……勇知之士皆被崇重也。"

例①公羊氏解释"门"为"入门",例③高诱注释"相之"为"以某为相",例④杜预注释"馆"为"舍",注释"谷"为"食谷",显然认为文句里的"门""相""馆""谷"不再是表示事物的名词,而是表示行为的动词。例②毛亨解释"有作"为"有所作",是认为诗句里的"作"不再是表示行为的动词,而是用作名词了。例⑤孔颖达注疏"贤"为"崇重",注疏"勇知"为"勇知之士",也是认为前者用作动词,后者用作名词。可见,在古代学者的心目中,上述那些语词原来的词性与用在诗文里的词性是不同的,为了防止读者的误解,才特地为之说解,其用心今日仍可体味。

二、清代以来学者的解说

此后的学者语法意识逐渐加强,企图从语言的角度来解释这种现象,或提出自己的新说,或纠正前人的误解。比较早的是清代学者袁仁林,他说:"实字虚用,死字活用,此等用法,虽字书亦不能遍释,如'人其人,火其书,庐其居','墟其国,草其朝','生死肉骨','土国城漕'之类,上一字俱系实字,一经如此用之,顿成虚活,……然其虚用活用,必亦由上下文知之,若单字独出,则无从见

矣。"(《虚字说》)

袁氏所说的"实字虚用""死字活用",有其特定的含义,所谓"实字""死字"大略指名词,所谓"虚用""活用"是指用作动词。值得注意的是最后一句,即"虚用活用,必亦由上下文知之,若单字独出,则无从见矣"。这实际上是说,"实字虚用"指的是文句里显示的"使用义",而并非词语固有的"贮存义"。对词语的这两种意义如果分辨不清,就很容易造成误解。

清代乾嘉时期的一些著名训诂家,在这方面曾经做过大量的纠误辩正的工作。俞樾撰《古书疑义举例》,其卷三列有"实字活用例"云:"以女妻人即谓之'女',以食饲人即谓之'食',古人用字类然。经师口授,恐其疑误,异其读音,以示区别,于是何休注《公羊》,有'长言、短言'之分;高诱注《淮南》,有'缓言、急言'之别。……苟知古人有实字活用之例,则皆可以不必矣。"俞氏所谓"实字活用例",是指名词用如动词的条例,也就是古人行文有如此之习惯,并非少见现象。也正因为某些语词用在一定的文句里,其原有的名词义转变为动词义,其读音也随之改变。这符合"音随义转"的汉语发展规律,而"以示区别"正是社会交际的需要,是语言进一步完善的表现。

20世纪20年代,陈承泽的《国文法草创》出版。正如著名语法学家吕叔湘在《重印国文法草创序》里所说,末了一章"活用之实例"尤其有启发作用。因为"古汉语里词类转化远比现代汉语容易,但是别的语法书只一般地谈转变或活用,而陈氏则区别各种情况,条分缕析,值得我们学习"。

三、兼类与活用的区别

任何一种先进的理论,在开始提出之时都有些许不完善之处,这是十分自然的。当这种理论影响开来,而被人滥用时,又必然造成消极的结果。"词类活用"说至 20 世纪末受到质疑,亦势所必然。于是语法学界不少学者提出,应当区分"兼类"与"活用"两类的界线。

所谓词的兼类,指一个词在不同的语境里经常具备两类或两类以上词类的语法特点,在词义上有一定联系又有明显的区别,它是词义引申发展的结果。如"衣、食、书"可用作名词、动词,"明"可用作名、动、形,分别表示光明或目力、英明或圣明、明白等。

所谓词的活用,是指某些词在一定的语境里,可以被灵活运用,在句中临时改变了原有的语法特点和意义,而获得他类词的语法特点,暂时充当了别的词类。如"非能水也,而绝江河"(《荀子·劝学》)里的"水"字。

实词活用是由两种因素决定的:一是词语发展的自身因素,如"手"活用为"手执","水"活用为"游泳","饮"活用为"使饮"等;二是修辞的需要,如"春风又绿江南岸"里的"绿"等。前一种以先秦时期最盛,至中古趋于稳定,因为中古以来汉语词汇比较丰富,又逐渐走向双音化,各类词语不仅能满足需要,而且也比较稳定,不必频繁活用。而出于修辞需要的活用,则至今不衰。

从理论上来说,词的兼类与词类活用二者是比较容易分清的。但在实践中,一旦涉及具体的词,却很难区分。譬如很多古代汉语语法著作用来作为"活用"典型实例的"雨""面""冠""军"四个词,如果按照陈承泽所说,"广搜各字之用例,然后参合比较,而得其孰为本用,孰为由本用而生之活用",情况却并非如一般著作所说。例如"雨",《诗经》共 21 例,其中做名词的有 11 例,做动词的有 10 例(据《诗经词典》);"面",《庄子》共 15 例,其中做名词的 4 例,做动词的有 11 例;"冠",《春秋经传》共 20 例,其中做名词的 11 例,做动词的亦有 9 例;"军",据字形分析,其本义是"围成营垒驻扎",当为动词,而《春秋经传》共 90 例,其中做名词者多达 56 例,而做动词者仅 34 例。试问,如何断定上述四词就是"活用"呢?

第二节　实词转化的类别与格式

实词转化,在文言里是一种比较普遍而又复杂的语言现象。为了便于掌握,下面分类论述。

一、名词、形容词用作一般动词

名词、形容词在一定的语言结构里表示动作的意义,获得了一般动词的功能,就转化为一般动词了。这里说的一般动词,是同后面要说的使动词、意动词相对待、相区别而言的。

实词的转化,都是在一定的结构关系中显示出来的。因此要从结构着眼,重点介绍名词用作一般动词的几种格局。其他几种转化现象可以依此类推而加以识别。

1. 某个名词位于代词、另一名词或名词性词组之前,构成述宾关系时,这个名词转化为动词。例如:

> ① 从左右,皆肘之。(《左传·成公二年》)
> ② 父老曰:"履我。"(《史记·留侯世家》)
> ③ 范增数目项王。(《史记·项羽本纪》)
> ④ 骐骥之衰也,驽马先之。(《战国策·齐策》)

前二例名词"肘""履"位于代词之前,次一例名词"目"位于另一名词之前,后一例方位名词"先"位于代词之前,相互间都构成述宾关系。"肘之"意为"用肘撞他","履我"意为"给我穿鞋","目项王"是"注视项王","先之"是"跑在它前面"。

2. 某个名词处于助动词或副词之后,受助动词或副词修饰,这个名词转化为动词。例如:

> ① 假舟楫者,非能水也,而绝江河。(《荀子·劝学》)
> ② 今京不度,非制也。(《左传·隐公元年》)
> ③ 秦人闻之,悉甲而至。(《史记·廉颇蔺相如列传》)
> ④ 江水又东。(《水经注·江水》)

前一例"水"处于助动词之后,中二例名词"度""甲"处于副词之后,后一例方位名词处于副词之后,分别受助动词或副词修饰,这正是动词所处的地位和应有的语法功能。"能水"意为"能游泳","不度"即"不合法度","悉甲"意为"都穿上铠甲","又东"即"又向东流去"。

3. 某个名词位于介宾词组之前,构成述补关系,这个名词转化为动词。例如:

① 孟子馆于上宫。(《孟子·滕文公下》)

② 卫鞅复见孝公,公与语,不自知膝之前于席也。(《史记·商君列传》)

③ 勇士入其大门,则无人门焉者。(《公羊传·宣公六年》)

例①名词"馆"用于介宾词组之前,例②方位名词"前"用在"于席"之前,这是动词所处的地位和应有的语法功能,因而"馆"即"下榻","前"即"往前移动"。例③名词"门"用在"焉"字之前,而"焉"在此用作兼词,即"于之",相当于介宾词组,因而"门"转化为动词,意为"守门"。

4. 某个名词前面或后面有连词"而"字,与动词或动词性词组连接,这个名词转化为动词。例如:

① 夫子式而听之。(《礼记·檀弓下》)

② 太子及宾客知其事者,皆白衣冠以送之。(《战国策·燕策》)

③ 齐军既已过而西矣。(《史记·孙子列传》)

例①名词"式"(即"轼")与述宾词组"听之"连接,转化为动词,意为"扶着车轼"。例②名词性词组"白衣冠"与述宾词组"送之"连接,中间用连词"以",转化为"穿白衣戴白帽"。例③方位名词"西"与动词"过"连接,意为"向西前进"。这是因为"而"或"以"一般连接两个动词或两个形容词,既然被"而、以"连接的一项是动词或动词性词组,那么另一项名词或名词性词组自然就转化为动词或动词性词组了。

5. 某个名词处于助词"者"字之前或"所"字之后,这个名词转化为动词。例如:

① 赵王之子孙侯者,其继有在者乎?(《战国策·赵策》)
② 乃丹书帛曰"陈胜王",置人所罾鱼腹中。(《史记·陈涉世家》)
③ 食吾之所耕,而衣吾之所蚕。(苏洵《易论》)

例①名词"侯"用于"者"字前,后二例名词"罾""蚕"用于"所"字后,这一般都是动词所处的位置,因而应作为动词解释:"侯"意即"封侯","罾"即"以罾捕捉"。"蚕"字比较复杂,并非只是"养蚕"之意,而是由养蚕到抽丝、到纺织、到制衣的整个过程,如此方能与前面用作动词的"衣"相称。正是由于类似的原因,我们才不采用"活用"这个概念,而采纳"功能义转换"的说法。对此,下一节将有详论。

6. 在叙述句中,某个名词处于另一名词之后而构成主谓关系,或者单独处于谓语的位置上,这个名词转化为动词。例如:

① 横成则秦帝,纵成则楚王。(《战国策·秦策》)
② 五年冬十月,雷。桃李华。枣实。(《汉书·惠帝纪》)
③ 欲与楚者右,欲与吴者左!(《左传·哀公元年》)
④ 晋师三日馆,谷。(《左传·僖公二十八年》)

前二例名词"帝""王""华""实",处于另一名词或名词性词组("桃李")之后,构成叙述句的主谓关系,因而应当解释为动词,即分别是"称帝""称王""开花""结实"的意思。例③方位名词"右""左"处于谓语的位置,分别是"立于右""立于左"之意。例②名词"雷"单独处于叙述句的谓语位置,前面有时间名词做状语,因而当作动词来解释,意为"击雷"。例④"馆、谷"两个名词并列,很不容易觉察,但仔细分析会发现,前面不仅有"晋师"做它的主语,还有表时间的"三日"做它的状语,它们自然转化为动词,意思是"住馆、食谷"。

上面所介绍的名词转化为一般动词的六种格局,能够帮助我们去识别一个名词在句子里是否用为动词。我们分项介绍是为了便于说明,其实在具体的句子里,往往是几种情况错综出现的。譬如第一种格式中例①"肘"字,前有副词"皆",后有代词"之";第二种格式中例③"甲"字,前有副词"悉",后有连词"而";第四种格式例②"白衣冠",前有副词"皆",后有连词"以"。可见,根据名词在句中的地位以及它前后的词跟它构成的句法关系,识别某个词是否转化,一般说来是不怎么困难的。

形容词转化为一般动词并不多见。例如:

① 卒使上官大夫短屈原于顷襄王。(《史记·屈原列传》)——短屈原,说屈原的坏话。

② 山多石,少土。(姚鼐《登泰山记》)

③ 故闻柳下惠之风者,鄙夫宽,薄夫敦。(《孟子·万章下》)——宽,变得宽博。敦,变得敦厚。

以上三例用作谓语的形容词,都不是用来描写主语,而是用来陈述主语所表示的事物的存在和变化的,应该做动词解释才贴切。如例②的"多"是"有很多","少"是"缺少""很少有"的意思。

二、动词、形容词、名词的使动用法

文言里有一种含有使令意义的使动词,如"使、致、令、命"等。这种动词带上宾语,表示使得宾语所代表的人或事物有所行动或变化,如"夫差使人立于庭"(《左传》)、"臣能令君胜"(《史记》)。这就是一般所说的"兼语式"句子。这一节论述的使动用法,不是指使令动词,而是指用一般的动词、形容词、名词来表示使令意义。由使动用法形成的述宾结构都可以改成兼语结构。如果用"某"代表使动用法的词语,用"宾"代表宾语,那么:

某+宾=使+宾+某

可见,动词、形容词、名词的使动用法,实际上是以述宾结构来表达兼语式的内容。

1. 动词的使动用法

所谓动词的使动用法,就是主语所代表的人并不施行这个动词所表示的动作,而是使得宾语所代表的人或事物施行这个动作。例如:

① 庄公寤生,惊姜氏。(《左传·隐公元年》)——惊姜氏=使姜氏惊。

② 焉用亡郑以陪邻?(《左传·僖公三十年》)——亡郑=使郑国亡。

③ 然嬴欲就公子之名,故久立公子车骑市中。(《史记·魏公子列传》)——立公子车骑市中＝使公子车骑立市中。

④ 律知武终不可胁,白单于。单于愈益欲降之。(《汉书·苏武传》)——降之＝使之降。

⑤ 止子路宿,杀鸡为黍而食之,见其二子焉。(《论语·微子》)——止,使之留下。食之,使之食。见,使之见。

上举五例,前三例的"惊、亡、立"和例⑤的"止"属于不及物动词用作使动,后二例的"降、食、见"属于及物动词用作使动。我们都可以仿照前面的公式,把它们改成兼语结构以帮助理解。

不及物动词本来不带宾语,当它们以使动用法出现在句中的时候,也就能带宾语了。反过来说,不及物动词在句中带有宾语,就很有可能是使动用法。因此,不及物动词用作使动,比较容易识别。不过,不及物动词用作使动,有时它的宾语省略了,我们就要从上下文的意思来识别。试比较下列句子:

⑥ 故远人不服,则修文德以来之。(《论语·季氏》)

⑦ 远人不服而不能来也。(同上)

⑧ 公子率五国之兵。……走蒙骜。(《史记·魏公子列传》)

⑨ 操军方连船舰,首尾相接,可烧而走也。(《资治通鉴·汉纪·建安十三年》)

上例"来"和"走"都是不及物动词。例⑥、⑧带有宾语,不难看出是使动用法。"来之"即"使之来";"走蒙骜"即"把蒙骜赶走"。而例⑦、⑨未带宾语,就容易引起误会,这种地方需要根据上下文意仔细辨析。例⑦前面说"远人不服",后面说"不能来"当然是"不能来之",即"不能使远人来"的意思。例⑨及物动词"烧"和不及物动词"走"连用,可见后面省略了代词宾语,这一宾语既是前一行为"烧"的受事者,又是后一动作"走"的施事者,"烧而走"即"烧之而使之走","之"代指"操军"。

及物动词用作使动的情况比较少见。及物动词本来带有宾语,在形式上和使动用法没有什么区别,区别只在意义上。一般用法的及物动词,它所表示的动作是主语施行的,是宾语所承受的;而使动用法的及物动词,它所表示的动作不是主语施行的,也不是宾语所承受的,而是主语所代表的人使宾语施行这种动作。如上引例④"降",不是主语"单于""降",而是"单于"要"他(苏武)""降"。又例⑤"食",不是主语"丈人"(句中省略了)"食",而是"丈人"让"他(子路)""食"。再比较下列句子:

① 未尝君之羹。(《左传·隐公元年》)
② 尝人,人死;尝狗,狗死。(《吕氏春秋》)
③ 臣尝从大王与燕王会境上。(《史记·廉颇蔺相如列传》)
④ 其巫,老女子也,从弟子女十人所。(《史记·滑稽列传》)

仔细斟酌文意可以看出:例①"尝"和例③"从"是及物动词的一般

用法,而例②的"尝"和例④的"从"是及物动词的使动用法。"尝人"讲不通,自然是"使人尝";"从弟子女"不合原意,应是"使女徒弟跟从"之意。二者的辨别方法,主要是看动词所表示的行为是主语发出的,还是由主语使宾语发出的。如果是后者,便是使动用法。

使动用法的动词,有时还带两个宾语。例如:

① 若弗与,则请除之。无生民心。(《左传·隐公元年》)
② 晋侯饮赵盾酒,伏甲将攻之。(《左传·宣公二年》)
③ 均之二策,宁许以负秦曲。(《史记·廉颇蔺相如列传》)

以上三例中的"生""饮""负"是三个使动用法的动词,前一个宾语"民""赵盾""秦"是行为的发出者;后一个宾语"心""酒""曲"则是行为的对象。三句的意思分别是:"不要使百姓生出异心","让赵盾饮酒","使秦国背上理曲(的罪名)"。

2. 形容词的使动用法

形容词用作使动,是使宾语所代表的人或事物具有这个形容词所表示的性质或状态。形容词的使动用法,是文言中一种比较常见的现象。例如:

① 诸侯恐惧,会盟而谋弱秦。(贾谊《过秦论》)
② 固国不以山溪之险。(《孟子·公孙丑下》)
③ 故天将降大任于是人也,必先苦其心志,劳其筋骨。

(《孟子·告子下》)

④ 今媪尊长安君之位。(《战国策·赵策》)

⑤ 人洁己以进。(《论语·述而》)

⑥ 强本而节用,则天不能贫。本荒而用侈,则天不能使之富。(《荀子·天论》)

前四例的形容词"弱""固""苦""劳""尊",后面都带有名词或名词性词组做宾语;例⑤形容词"洁",不仅后面有代词宾语,而且靠连词"以"与动词"进"连接;例⑥形容词"贫"位于助动词之后。它们都转化为动词,但又不是陈述主语的,而是含有使宾语怎么样的意思。我们可以按照前面所说的公式,把它们改成兼语结构来理解:"弱秦"即"使秦弱","苦其心志"即"使其心志忧苦","劳其筋骨"即"使其筋骨劳倦","洁己"即"使自己洁净"。当然,翻译成白话不必拘泥,可以适当灵活些。譬如"弱秦"可译为"削弱秦国","固国"可译为"巩固国家","强本"可译为"加强农业生产"。

形容词一般用作描写句的谓语,而且是不能带宾语的。当形容词带上了宾语,就不再起描写作用,而是用来陈述主语的变化,并且有可能是使动用法。因此,形容词后边是否带有宾语,能帮助我们判断这个形容词是否转化。不过,形容词用作使动,它的宾语有时可以省略,这就要根据上下文意来识别了。如例⑥"贫",后面没有带宾语,根据文意,尤其是与下文"不能使之富"对比,就可以肯定"不能贫"即"不能使之贫"。

3. 名词的使动用法

名词用作使动,是使得宾语所代表的人或事物成为这个名词

所表示的事物,或者使宾语施行这个名词临时所表示的动作行为。名词的使动用法在文言中偶或见到。例如:

① 公若曰:"尔欲吴王我乎?"(《左传·定公十年》)
② 齐桓公合诸侯而国异姓。(《史记·晋世家》)
③ 楚将宗觚而失其政,魏相冯离而亡其国。(《韩非子·问田》)
④ 先生之恩,生死而肉骨也。(马中锡《中山狼传》)
⑤ 圣王在上而民不冻饥者,织而衣之也。(晁错《论贵粟疏》)
⑥ 故王不如东苏子,秦必疑齐而不信苏子矣。(《史记·苏秦列传》)
⑦ 吾所以为此者,以先国家之急而后私仇也。(《史记·廉颇蔺相如列传》)

前三例的名词"吴王""国""将""相"用作使动,是使后面的宾语变成这个名词所表示的人或事物,意思分别是:"使我做吴王""使异姓成为国家""使宗觚为将""使冯离为相"。例④、⑤名词"肉""衣"用作使动,是使宾语产生这个名词临时所表示的变化结果,意思分别是:"使骨头长肉""让他们穿衣"。后二例方位名词"东""先""后"用作使动,是使得宾语所代表的人或事物按照这个方位名词所表示的方位行动:"东苏子"即"使苏子往东去","先国家之急"即"把国家之急放在前面","后私仇"即"把私仇放在后面"。

名词用作使动,一般带有宾语。不过有时宾语可以省略,这就

要凭靠上下文意加以识别。例如:

⑧ 养备而动时,则天不能病。……养略而动罕,则天不能使之全。(《荀子·天论》)

⑨ 天子不得而臣也,诸侯不得而友也。(《新序·节士》)

以上句中的"病""臣""友"之后没有出现宾语,但它们前面都有助动词,再仔细体会文意,就知道已转化为动词,并且不是表示主语的行为。例⑧"天不能病",与下文"天不能使之全"对比,意即"天不能使之患病"。例⑨"臣"即"臣之","友"即"友之",意思是"不得使他为臣"和"不能使他为友"。

三、形容词、名词的意动用法

文言里有一种含有"认为"意义的动词,如"以……为""以为"等。这种动词表示主语所代表的人物在主观上对宾语所代表的人或事物有所认定,如"广数自请行,上以为老,不许"(《汉书·李广传》),"仲尼以文王为智也,不亦过乎"(《韩非子·难一》)。本节所说的意动用法,不是指这种意动词,而是指用一般的形容词、名词来表示"以为"意义。由意动用法形成的述宾结构也可以改成兼语结构。假定用"某"代表意动用法的词语,用"宾"代表宾语,那么

某+宾=以+宾+为+某

可见,形容词、名词的意动用法,实际上也是以述宾结构的形式来

表达兼语式的内容。翻译成白话,可以按"认为什么(谁)怎么样","认为什么(谁)是什么"或"把什么(谁)当作什么"的格式来对译。

1. 形容词的意动用法

所谓形容词的意动用法,就是主语所代表的人物在主观上认为宾语所代表的人或事物具有这个形容词所表示的性质或状态。例如:

① 时充国年七十余,上老之。(《汉书·赵充国传》)
② 大将军邓骘奇其才。(《后汉书·张衡传》)
③ 臣闻君好士,故不远千里之外。(《新序·杂事》)
④ 人不难以死免其君。(《左传·成公二年》)

前三例的形容词"老""奇""远",后面有代词或名词性词组做宾语,含有认为宾语怎么样的意思,都用作意动。我们可以根据前面所列的公式,把它们改成兼语结构来解释:"老之"即"以他为老","奇其才"即"以其才为奇","不远千里之外"即"不以千里之外为远"。至于例④,"难"的宾语"以死免其君"是一个复杂的词组,说的是一件事,全句是说"人家不把用死来使其国君免祸看成难事"。

形容词用作意动,也有宾语省略的情况。例如:

⑤ 今虽死乎此,比吾乡邻之死则已后矣,又安敢毒耶?(柳宗元《捕蛇者说》)

形容词"毒"后面没有出现宾语,但从结构形式与上下文意上可以分析出,"毒"之后省略了代词宾语,"安敢毒"即"安敢以之为毒"。如果再联系上文"若毒之乎"的问句,就更清楚了。

形容词的转化,既有使动用法,又有意动用法,当如何识别呢?试比较下列两组例句:

① 君子之学也以美其身。(《荀子·劝学》)
② 吾妻之美我者,私我也。(《战国策·齐策》)
③ 古之为治者,将以愚民。(《老子》)
④ 人主自智而愚人。(《吕氏春秋·知度》)

以上两组例句各有一个同样的形容词,究竟属于哪一种用法,形式上没有什么标志,只有根据上下文意的分析来判定。例①的"美其身"和例③的"愚民",说的是主语使宾语怎样的客观行动,是使动用法;例②的"美我"和例④的"愚人",说的是主语认为宾语如何的主观看法,是意动用法。

2. 名词的意动用法

所谓名词的意动用法,就是句中主语所代表的人把宾语所代表的人或事物看成这个名词所表示的人或事物。例如:

① 子产曰:"不如闻而药之也。"(《左传·襄公三十一年》)
② 友风而子雨。(《荀子·云赋》)
③ 今公子乃自骄而功之。(《史记·信陵君列传》)
④ 吾从而师之。(韩愈《师说》)
⑤ 邑人奇之,稍稍宾客其父。(王安石《伤仲永》)

以上例句的名词"药""友""子""功""师""宾客",都处于述语的位置,后面带有代词或名词做宾语,在意义上都是表示当事人认为宾语就是这个名词所表示的人或事物。如"药之"即"以之为良药","友风而子雨"即"以风为友,而以雨为子","功之"即"以之为己功","师之"即"以之为师","宾客其父"即"以其父为宾客"。

这里应该指出,名词既可以转化为一般动词,也可以转化为使动和意动,转化后往往都带有宾语,在形式上没有什么区别,区别只在意义上。我们就得根据上下文意仔细辨认。例如:

① 大王当王关中。(《史记·淮阴侯列传》)
② 纵江东父兄怜而王我。(《史记·项羽本纪》)
③ 君放不归,人将君之。(《新序·杂事》)
④ 有一二贤且智者,则众人君之。(曾国藩《原才》)
⑤ 无君君之心。(柳宗元《封建论》)

以上前两例中的"王"和后三例中的"君",都与它们后面的名词或代词构成述宾关系,因而转化为动词。它们在形式上看不出有何区别,但是含义不同:例①、③是名词用作一般动词,"王关中"是"在关中称王","君之"是"为之君";例②、④是名词的使动用法,"王我"即"使我为王","君之"即"使我为君";例⑤是名词的意动用法,"君君"则是"以君为君"。显然,只要通过上下文意的仔细分析,是不难辨别的。

四、数词用作动词

数词一般用来表示事物的数量或动作行为的数量。表示事物数量的数词,在句中修饰名词或陈述主语;表示动作行为数量的数词,在句中修饰动词。数词在一定的语境里也常转化为动词,表示某种行为。数词用作动词有两种情况:一是用作一般动词,二是用作使动。前者例如:

① 民参其力,二入于公,而衣食其一。(《左传·昭公三年》)
② 此三子者,皆布衣之士也……与臣而将四矣。(《战国策·魏策》)
③ 昔桀杀关龙逢,而纣杀王子比干,今君虽杀臣之身以三之,可也。(《韩非子·十过》)
④ 六王毕,四海一。(杜牧《阿房宫赋》)

例①"参"即"三",后面带有"其力"做宾语,"参"便转化为动词,意思是"分其力为三等份"。例②"四"之前有副词"将",用作动词是"并列为四"的意思。例③"三",后有代词"之"与它构成述宾关系,前有连词"以"与述宾词组"杀臣之身"连接,因而转化为动词,意思是"与他们并列为三"。例④前一分句"六王毕"是动词做谓语的陈述句,后一分句中的数词"一"用作谓语,自然不是表示主语的数量的,而是用作动词,表达"统一"的意思。

数词用为使动的,例如:

① 士也罔极,二三其德。(《诗·卫风·氓》)
② 彼苍者天,歼我良人,如可赎兮,人百其身。(《诗·秦风·黄鸟》)
③ 敢逃其死而二其心乎?(《宋史·文天祥传》)

以上各例中的数词,与后面的名词性词组构成述宾关系,因而转化为动词;但是与前面四例不同,它们用作动词,不是表示主语所代表的人施行这个动作行为,而是表示使宾语施行这个动作行为。所谓"二三其德",即"使其德忽二忽三",意思是"使其心意变化不定";所谓"人百其身",联系前几句,意思是"人人使其身死一百次";所谓"二其心",意即"使其心不专一"。

五、动词、形容词用作名词

在句子里,动词、形容词经常用作谓语以陈述主语。不过在一定的语境中,动词、形容词也转化用作名词,处于主语或宾语的地位。这时,动词不再表示动作行为,形容词不再表示某种性质或状态,而是分别表示与其行为有关的或具有那种性状的人或事物。动词、形容词用作名词,也有几种格式可以帮助我们识别。

1. 动词、形容词位于名词、数词、代词或形容词之后,受其修饰或限制时,这个动词和形容词转化为名词。例如:

① 公聚朽蠹,而三老冻馁。(《左传·昭公三年》)
② 政通人和,百废具兴。(范仲淹《岳阳楼记》)
③ 因念黄山当生平奇览。(徐宏祖《游黄山记》)

④ 夺我身上暖,买尔眼前恩。(白居易《重赋》)
⑤ 四美具,二难并。(王勃《滕王阁序》)
⑥ 老吾老,以及人之老。(《孟子·梁惠王上》)

例①动词"聚"处于名词之后,跟它构成偏正词组,在句中做主语,"聚"即指"聚敛的财物"。例②动词"废"处于数词之后,跟它构成偏正词组,在句中做主语,意指"废弛的事业"。例③动词"览"处于形容词之后,跟前边的词语构成偏正词组,做动词"当"的宾语,即转化为"景观"。例④形容词"暖"位于方位词组"身上"之后,构成偏正词组,做动词"夺"的宾语,"暖"即转化为抽象名词"温暖"。例⑤形容词"美"和"难"都位于数词之后,构成偏正词组,在句中做主语,"美"指"美好的事物","难"指"难遇的事情"。例⑥第二个形容词"老"位于代词之后,构成偏正词组,做第一个意动用法的"老"的宾语,"吾老"意指"我的老人(父母)"

2. 动词、形容词位于代词"其"和助词"之"的后面,跟前边的词语构成偏正词组,这个动词和形容词转化为名词。例如:

① 赵王之子孙侯者,其继有在者乎?(《战国策·赵策》)
② 而世之奇伟、瑰怪、非常之观,常在于险远。(王安石《游褒禅山记》)
③ 殚其地之出,竭其庐之入。(柳宗元《捕蛇者说》)
④ 其智可及也,其愚不可及也。(《论语·公冶长》)
⑤ 白马之白也,无以异于白人之白也。(《孟子·告子上》)

例①动词"继"与代词"其"构成偏正词组,在句中做主语,"继"指"继承人";例②动词"观"处于"之"后,跟前边的三个形容词构成偏正词组,在句子里做主语,"观"即"景观";例③动词"出"和"入",分别跟"其地""其庐"构成偏正词组,处于动词之后做宾语,"出"指"出产的物品","入"指"收入的东西";例④形容词"愚"处于"其"之后,构成偏正词组,在句子里做主语,"愚"是指"愚蠢的一面";例⑤两个形容词"白",分别与"白马"和"白人"构成偏正词组,前者做主语,后者做介词"于"的宾语,"白"指"白色"。

3. 动词、形容词位于动词或介词之后,构成述宾关系或介宾词组时,这个动词、形容词转化为名词。例如:

① 赵氏求救于齐。(《战国策·赵策》)
② 又私自送往迎来,吊死问疾。(晁错《论贵粟疏》)
③ 将军身被坚执锐,伐无道,诛暴秦。(《史记·陈涉世家》)
④ 义不杀少而杀众。(《墨子·公输》)
⑤ 公子自知以毁废。(《史记·魏公子列传》)
⑥ 业精于勤,荒于嬉。(韩愈《进学解》)

以上前二例的动词"救""往""来""死"分别处于另一动词之后,相互间构成述宾关系,在句子里做谓语,"救"指"救兵","往""来"指"往来的客人","死"指"死者"。例③、④的形容词"坚""锐""少""众"都处于动词之后,相互间也构成述宾关系,在句子里做谓语,"坚"指"坚甲","锐"指"锐器","少"指"少数人","众"指"多数人"。

例⑤动词"毁"位于介词"以"字之后,构成介宾词组,"毁"指"谤言"。例⑥形容词"勤"位于介词"于"之后,也构成介宾词组,"勤"即指"勤奋的行为"。

4. 动词、形容词位于另一动词、形容词或动词性词组之前,在句子里做主语时,这个动词、形容词转化为名词。例如:

① 君子曰:学不可以已。(《荀子·劝学》)
② 正恐一旦变作,祸且不测。(胡铨《戊午上高宗封事》)
③ 小学而大遗,吾未见其明也。(韩愈《师说》)
④ 寡固不可以敌众,弱固不可以敌强。(《孟子·梁惠王上》)

例①动词"学"位于动词性词组之前,用作主语,表示"学习"这件事。例②"变"位于动词"作"之前,用作主语,指"变乱"。例③形容词"小"和"大"都处于动词之前,用作主语,分别指"小问题"和"大问题"。例④"寡"和"弱"处于动词性词组之前,也都用作主语,分别表示"人口少的国家"和"力量弱的国家"。

六、名词、动词用作状语

在现代汉语里,除时间名词外,名词一般不能直接用在动词前面做状语。而在文言里,名词的用法比较灵活,往往可以直接修饰动词,在句子里做状语。名词用作状语有四种情况,下面分别加以叙述。

1. 表示比喻。这是用名词所表示的事物的行动特征,来描绘动词所表示的行动的方式或状态。例如：

① 豕人立而啼。(《左传·庄公八年》)
② 其后秦稍蚕食魏。(《史记·魏公子列传》)
③ 天下云集而响应。(贾谊《过秦论》)

上举三例的名词"人""蚕""云""响"，都直接放在动词之前，是用比喻的方式来修饰其后边的动词。这种情况，可以在用作状语的名词之前加个"如"来理解，一般可以翻译为"像……一样地"。如例③，即可翻译作"像云彩一样地聚集"和"像回声一样地呼应"。

2. 表示对待人或物的态度。这是用对待名词状语所表示的人或事物的态度，来对待动词宾语所代表的人或事物。例如：

① 彼秦者，虏使其民。(《战国策·赵策》)
② 君为我呼入，吾得兄事之。(《史记·项羽本纪》)
③ 大天而思之，孰与物畜而制之？(《荀子·天论》)

上举三例里的名词"虏""兄""物"，都直接放在动词的前面，表示按照什么态度来对待宾语。前二例表示对人的态度，后一例表示对物("天")的态度。这种格式可以有两种翻译法，如例①，既可翻译为"像对待俘虏那样使用它的人民"，也可翻译为"把它的人民当作俘虏来使唤"。

3. 表示处所。表示处所的名词，一般要借助介词"于"，并同它构成介宾词组放在动词的后边。如果表示处所的名词直接处于

动词之前,那就是名词的灵活运用。例如:

① 卒廷见相如,毕礼而归之。(《史记·廉颇蔺相如列传》)
② 刘备、周瑜水陆并进。(《资治通鉴·汉纪·建安十三年》)
③ 扶苏以数谏故,上使外将兵。(《史记·陈涉世家》)

上举三例的名词"廷""水陆""外",都是直接用来表示行为发生的处所的,可以在这种用法的名词前加介词"于"来理解,但不能认为是省略了介词。在文言里,由"于"组成的表示处所的介宾词组一般只放在动词之后,如例①只能说成"见相如于廷",不能说成"于廷见相如"。这种用法,例①可翻译为"在朝廷上",例②可翻译为"从水路和陆路",例③可翻译为"到外地"。

4. 表示工具或依据。表示工具、方式或依据的名词,一般要借助介词"以",并同它构成介宾词组放在动词的前面或后边。如果这种用法的名词直接放在动词的前面,那也是名词用作状语。例如:

① 朱亥袖四十斤铁椎,椎杀晋鄙。(《史记·魏公子列传》)
② 黔无驴,有好事者船载以入。(柳宗元《黔之驴》)
③ 失期,法皆斩。(《史记·陈涉世家》)
④ 今两虎共斗,其势不俱生。(《史记·廉颇蔺相如

上举前二例里的名词"椎""船"是直接用来表示行为的工具,可加"用"来理解和翻译;后二例的名词"法""其势"是表示行为的依据,可加"根据"或"按照"来翻译。尤其是后二例,句子的主语承前省略,不可误把名词"法"和"其势"当作主语。例③的主语是"(陈涉)他们",例④的主语是"两虎","法"和"其势"在句中只做状语。

前面说的是普通名词用作状语的情况,下面说一说时间名词"岁""月""日""时"用作状语的特定意义,即不同于平时的意义。

第一,"岁""月""日"位于具有行动性的动词前面,有"岁岁"(每年)、"月月"(每月)、"日日"(每天)的意思,即表示行动的频数或经常。例如:

① 良庖岁更刀,割也;族庖月更刀,折也。(《庄子·养生主》)
② 汉皆已入彭城,日置酒高会。(《史记·项羽本纪》)

第二,"日"位于表示变化的动词或形容词的前面,当"逐日"("一天天地")讲,表示情况的逐渐发展。例如:

① 田单兵日益多,乘胜,燕日败亡。(《史记·田单列传》)
② 日割月削,以趋于亡。(苏洵《六国论》)——日,逐日。月,逐月。

第三,"日"用在句首主语的前边,当"往日"讲,用来追溯过去。例如:

① 日君以夫公孙段为能任其事,而赐之州田。(《左传·昭公七年》)——君,指晋平公。州,地名。

② 日起请夫环,执政弗义。(《左传·昭公十六年》)——起,韩起。环,玉环。

第四,"时"用于句首或动词之前,有时表示"当时",有时表示"按时"。例如:

① 时大风雪,旌旗裂。(《资治通鉴·唐纪·元和十二年》)

② 谨食之,时而献焉。(柳宗元《捕蛇者说》)

以上说的四种用法的含义,都不是现代汉语单个的时间名词"年""月""日""时"所能有的,阅读文言文时应该注意。

至于动词做状语,这个动词就不再表示动作行为,而是表示行动的方式。在文言里,动词直接做状语的情况不多见,一般限于不及物动词。翻译时,要在用作状语的动词后加上助词"着"。例如:

① 单于子弟发兵与战……虞常生得。(《汉书·苏武传》)

② 永之人争奔走焉。(柳宗元《捕蛇者说》)

③ 儿惧,啼告母。(《聊斋志异·促织》)

"生得"即"活着抓获","争奔走"即"争着奔走","啼告"即"哭着告诉"。

可是,在做状语的动词之后用连词"而"或"以"同谓语动词相连接的情况,却比较多。例如:

① 子路拱而立。(《论语·微子》)
② 哙拜谢,起,立而饮之。(《史记·项羽本纪》)
③ 轲自知事不就,倚柱而笑,箕踞以骂。(《战国策·燕策》)
④ 先帝知臣谨慎,故临崩寄臣以大事也。(诸葛亮《出师表》)

前二例都是动词做状语,后面用连词"而","拱"即"拱着手","立"即"站着"。例③是动词性词组做状语,后面有连词"而"和"以","倚柱"即"靠着柱子","箕踞"即"像簸箕似的盘腿坐着"。这四个动词状语都是表示行动的方式。而例④是表示行为发生的时间,"临崩"即"临死之时"。

动词或动词性词组做状语,在形式上与连动式一样,但意义不同。连动式是表示一先一后相继发生的动作行为,不分主次;而动词或动词性词组做状语,则是修饰谓语动词的,有主次之分。这需要读者细玩文意,加以区别。

第三节　实词转化的鉴别原则与解决途径

一、鉴别原则

今天,我们应当怎样来对待以往有关"实词活用"的提法呢?

第一,应当采取历史主义的态度。人们对客观事物的认识总有一个逐渐深化的过程。早先的语法著作是当时那个时代的认识水平,我们不能苛求前人。今天重新考察,是学术发展的表现,也是学术完善的需要。

第二,不同的问题应当区别对待。对语法材料的处理,有教学语法与专家语法之别:前者注重实用,即重在求通;后者讲究科学,即重在求真。结合这两方面,应当说,"实词活用"的提法对认识古代汉语一词多能的特点,对辨识词义变化与词性改变,对文言语法的普及,无疑都起过积极的作用。

但是,回过头来重新审视其理论与实践,也确实有其值得注意的缺陷:在理论上对所谓"活用"的本质揭示不够,在方法上缺乏科学的标准,在实践上也确实难以把握,容易产生以今律古的倾向。

这里有必要综合各家论述,在考察与鉴别实词转化问题时,提出以下几个原则。

1. 分清历时与共时

词的类别与实词转化,都属于共时语言学范围的问题。一个词甚至某一类词的语法特点,都可能随着语言的发展而变化,因此我们只能对特定历史平面上的词语划分词类,而不可能对通贯古今流动变化着的语词划分类别。确定一个词的词性,判定其某种用法是否转化,都应当通过共时分析或静态描写来解决。在以往的词类活用分析中,大多以历时的古今比较取代了共时的横向对比,因而容易混淆活用与引申二者的界限,流于以今律古来确定是否活用。

陈承泽于《国文法草创》云:"各字应归入之字类,必从其本用定之,而不从其活用定之,乃得谓之字论上之字类,实用上方有相当之价值。盖凡字一义只有一质而可有数用,从其本来之质而用之者谓之本用。"所谓"本来之质",当指词的本义所属的语义范畴或概念类别(事物、动作、性状之类)。陈氏显然是把"活用"和所谓"本用"相对而论说的。

金兆梓《国文法之研究》在讲"活用的事实"时,也引了《庄子·德充符》一例,说:四个"止"字"皆由活用而得,非本义"(37页)。与"本义"相对的应是"引申义",而不是什么"活用"。

以上二说都是把属于历时现象的引申与属于共时现象的活用纠缠在一起了。不"从其本来之质而用之"有两种可能:一是由于词义引申而造成的词的语义范畴转化和词性的相应转化,如"坐"由起坐引申为座位,即由动词转化为名词;另一是词义、词性并未发生那种引申、转化,只是个别社会成员在个别言语行为中改用了一下词的意义和词性,如《荀子·劝学》"非能水也"的"水"。上引"坐"一例属于词的语法功能的历时演变,而"水"一例则是共时范畴内用词方式的偶然变化,二者性质不同,不能混为一谈。

2. 区分固有与临时

在语言发展的特定历史平面上,一个词充当不同词类的职能如果都是其固有用法,这个词就是一词多类或叫兼类;如果用作甲类词是其固有用法,用作乙类词只是临时的、偶然的,那才是所谓"词类活用",我们称为实词转化。吕叔湘早年曾说过:"一个甲类词,临时当乙类词用一下,……咱们清楚地意识到这只是'借用',难得这一回。这可以叫作词类活用,不是真正的一词多类。"

笔者早年所撰《谈谈词的跨类问题》一文也曾关涉于此。经常性和临时性,分别是词的固有用法和词的活用在词频上的体现。就其实质而言,在言语中对词的具体运用,体现了词在语言系统中的价值的,就是词的固有用法;而偏离了词的固有价值的,则是活用。所谓词的价值,当然指其指称、其组合关系、其句中功能。偏离词的价值,有的只涉及"词汇义",这可以叫词义活用;有的涉及"功能义",这才是词类活用。例如:

① 赐我先君履:东至于河……(《左传·僖公四年》)
② 春风又绿江南岸。(王安石《泊船瓜州》)

例①"履",战国以前通用其本义"践踏",而该例表示征讨范围,做"赐"的宾语。此例仅见,随着词义转化而词性也改变了。例②"绿"带上了宾语,是临时用法。由此可见,词类活用是超越了该语词使用的语法规则,是出于表达需要在特定言语片断中临时采用的一种并非普遍的用词方式。后一例从本质上说是修辞问题,而不是语法问题。

3. 注意文献性质和有无别式

判定某词的一种用法是否属于词类活用,需要进行调查对比,而用频高低也只是参照系数,因为文献性质不同也影响到某些词的使用频率。用频高和用频虽低但跟另一种用法悬殊不大的,都应该是该词约定俗成的用法,都没有偏离词的固有价值,因而不是什么词类活用。考察古代汉语的词类活用,就必须对性质不同的多种文献进行广泛调查。

判定某词是否属于词类活用,还要看它所表示的词义有无另外的表达方式,如另外一个词或词组,可称它为"别式"。如有别式,再看这个语义是以该词表达为常,还是以别式表达为常。凡无别式,或虽有别式但未能以悬殊的词频高于该词用法者,则该词该用法都没有超出其表义范围,都不属于词类活用。例如"蚕、门、左"用作动词,是该词相应词义的唯一表达方式,没有别式,那么用作动词是其固有的一个重要职能。又如"雨、馆、巢、东、西、君、王、相、臣、子、客、友"等用作动词,是这些词相应词义的主要表达方式,别式只是偶见,因而也不是词类活用。至于"衣、冠"用作动词,是该词相应词义的典型表达形式,别式用频较高,但语义构成和使用范围与该词动用有明显区别(如"服"亦表示穿衣,表示戴帽;"戴"也表示戴帽),因而也不是词类活用。

只有该词该用法表示相应词义确属偶见而以别式表达为常者,才属于词类活用。如"水"字动词用法共11次,表示三种语义,其中两种属活用:甲、表游泳1次,该义本有专用动词,据统计,如"游"(16见)、"泳"(4见),因而"非能水也"是活用。乙、表用水淹,仅2见,如"防山而水之"(《左传》),"其畏有水人之患乎"。其别式有:据统计,如"灌"或"以水灌"凡8见,"沃"1见(《韩非子》),因而"水"字用作动词是词类活用。

二、解决途径

以上所述表明,文言里名、动、形三类实词,界限模糊,兼类较多,活用难辨,这不能不使我们反思汉语语法本身的特征。汉语是单音成义的分析型的孤立语,尤其是文言,组词造句并不像西方语言那样,词的形态变化丰富,句子按照"主语—谓语"的语法框架来填充,而是以词句的意义相对完整为目的,重于内容,略于形式,句子里词与词的联系大多是靠意念,成分与成分的语法关系是隐含的,没有外在的形态标志。正如19世纪德国语言学家洪堡特在《论语法形式的性质和汉语的特点》一文中所说的:"在汉语的句子里,每个词排在那儿,要你斟酌,要你从各种不同的关系去考虑,然后才能往下读。由于思想的联系是由这些关系产生的,因此这一纯粹的默想就代替了一部分语法。""以默想代替语法"这句话,正是对汉语语法的隐含性特点最好不过的描述。也可以说,汉语语法是一种隐性语法。

汉语语法既然是一种不重形式的隐性语法,那么在讨论词类转化问题上,有学者提出用词语的功能变易理论来加以解释,不失为解决之途径。先看以下例句:

① 左右欲刃相如。(《史记·廉颇蔺相如列传》)
② 繁华事散逐香尘,流水无情草自春。(杜牧《金谷园》)
③ 食吾之所耕,衣吾之所蚕。(苏洵《易论》)

以上三例中的"刃、春、蚕"即一般所谓"名词活用为动词"。但其含义比较复杂，在句中产生了单纯的动词所不能产生的表达效果。"刃"于例①并不只是用作"杀"的意思，它是包括行为所赖以实现的工具在内的。"春"于例②表达了草木由枯到繁、由黄变绿的过程。而"蚕"于例③则包含更为复杂的内容，从养蚕到抽丝，到纺织，到制成绸衣。究其实质，是把某些需要用词组，甚至用句子来表达的意思加以高度浓缩，再用一个关键词表达出来。以往的"词类活用"说是不能完全解释以上语言现象的，因为它实际上是词在具体语境里的一种"功能变易"。

前面说过，词的"活用"通常指临时的用法，词的"兼类"通常指相对稳定的用法。不管是临时的"活用"，还是稳定性的"兼类"，只要它在语言中分属于两种词性，具有两种不同的语法功能，并且这种词性与功能的不同已经影响到词义的变化，这就体现了词的功能意义。（参见苏宝荣《词语兼类的功能显示与深层语义分析》，《语文研究》2005年第1期）

我们认为，"功能词义"这个概念的提出，不仅在词汇学，而且在语法学上也是有积极意义的。可以将词义分为三个次概念：词的"词汇义"，是指词本身所具有的词汇内容，即一般所说的"词义"；词的"语法义"，是指词按其意义范畴在语法学上的类别和在句子里所能充当的成分，即一般所说的"词性"；而词的"功能义"，则是指词在具体的句子里，其语法组合所带来的词性转移及其词义变化。三者各有所指，在理论与实践两个方面都避开了许多不必要的纠缠。譬如前面所提及的"门""作""贤"三词：其词汇义分别为"门户""从事""贤良"；其语法义分别为"名词""动词"和"形容词";而在具体的句子里,其功能义则分别为"入门"(动词)、"作为"(名词)、"崇重"(动词)。我们不必说哪个是"兼类",哪个是"本用",哪个又是"活用"。当然,这个概念与理论才提出不久,还需要时间来检验,其内涵也还需要逐步丰富和完善。但就解决目前的问题而言,不失为一种良策。

第三章　代词和副词

第一节　代　　词

代词和副词都是介乎实词和虚词之间的词类。代词不表示概念,没有实在的意义,但是能用作句法成分。与其说它是实词,不如说它是半实半虚词。这有助于我们认清它的特点和掌握它的用法。

文言里的代词,同现代汉语一样,也分为人称代词、指示代词和疑问代词三类。

一、人称代词

1. 自称和对称

常用来表示自称的有"吾、我、予、余"。例如:

① 吾日三省吾身。(《论语·学而》)——吾身,我自己。
② 老吾老,以及人之老。(《孟子·梁惠王上》)——老,尊敬。吾老,我的父母。
③ 王如用予,则岂徒齐民安?(《孟子·公孙丑下》)

④ 自始合,而矢贯余手及肘。(《左传·成公二年》)
⑤ 名余曰正则兮,字余曰灵均。(屈原《离骚》)

例①"吾",前者用作主语,后者用作宾语。例②"吾"用作定语。例③"予"用作宾语。例④"余"用作定语。例⑤"余"用作兼语。

此外,上古时期还有"朕、台(读怡)、卬"用于自称,后来"朕"只用作帝王自称,其余两个就不再使用了。例如:

⑥ 周公拜手稽首曰:"朕复子明辟。"(《尚书·洛诰》)——子,指周成王。辟,君位。
⑦ 帝高阳之苗裔兮,朕皇考曰伯庸。(屈原《离骚》)——皇考,父亲。屈原并非帝王,也自称"朕"。
⑧ 朝夕纳诲,以辅台德。(《尚书·说命上》)——台德,我的德政。
⑨ 人涉卬否,卬须我友。(《诗·邶风·匏有苦叶》)——须,等待。

常用来表示对称的有"女(汝)、尔(爾)、若、而、乃"。例如:

① 今女不求之于本,而索之于末。(《荀子·议兵》)
② 汝心之固,固不可彻。(《列子·汤问》)——彻,通。
③ 如或知尔,则何以哉?(《论语·先进》)——或,有人。
④ 吾翁即若翁。(《史记·项羽本纪》)——若翁,你的父亲。

⑤ 吾乃与而君言。(《史记·平原君列传》)——而君,你的主人。

⑥ 往尽乃心,无康好逸豫。(《尚书·康诰》)——乃心,你的忠心。

"女(汝)、尔、若"在句子里可以用作主语、宾语和定语;"而、乃"一般只用作定语。

现代汉语人称代词加"们"表示群体。文言里的人称代词一般没有个体与群体的分别,人称代词在句中代表个体还是群体,要根据上下文才能确定。如上举例③的"尔"就是指孔子身边的四位弟子,应译为"你们",其余各例都是指个体。自称和对称如果需要表示群体的话,可在代词后面加"侪、辈、等、曹、属"等,表示不止一个人。例如:

① 吾侪何知焉?(《左传·昭公二十四年》)——吾侪,我们这班人。

② 欲使汝曹不忘之耳。(《后汉书·马援传》)——汝曹,你们这些人。

③ 不者,若属皆且为所虏。(《史记·项羽本纪》)——若属,你们这班人。

④ 公等碌碌,所谓因人成事者也。(《史记·平原君虞卿列传》)——公等,你们这些先生们。

2. 他称

常用来表示他称的有"之、其、彼、夫"。作为人称代词,"之"仅用作宾语,"其"仅用作定语,"夫"一般用作主语,"彼"可以用作主语和宾语。例如:

① 我皆有礼,夫犹鄙我。(《左传·昭公十六年》)——夫,他们。
② 彼,丈夫也;我,丈夫也。吾何畏彼哉?(《孟子·滕文公上》)——彼,后一个用作宾语。
③ 爱共叔段,欲立之。(《左传·隐公元年》)
④ 虽有天下易生之物也,一日暴之,十日寒之,未有能生者也。(《孟子·告子上》)
⑤ 今吾于人也,听其言而观其行。(《论语·公冶长》)
⑥ 北冥有鱼,其名为鲲。(《庄子·逍遥游》)

"之"相当于现代汉语的"他、她、它";"其"相当于现代汉语的"他的、她的、它的"。

在上古文言里,"其"不能用作主语。魏晋以后,才偶尔出现"其"用作主语的例子,但始终没有被普遍使用。有许多文句里的"其"很像主语,其实不是;这是因为"其"所代替的不单单是一个名词,而是名词加"之",这个"之"是个助词。例如:

① 吾见师之出而不见其入也。(《左传·僖公三十二年》)
② 且夫水之积也不厚,则其负大舟也无力。(《庄子·逍

遥游》)

例①前面说"吾见师之出",后面的"不见其入"当然是说"不见师之入"。"其"除了代替名词"师"以外,还隐含着一个"之"。"师之出"就是后面一章中将要提到的"加'之'的主谓词组",它在句子里用作宾语。例②的"其"代替名词"水"加上"之"字,"其负大舟"等于说"水之负大舟"。"水之积"与"其负大舟"都是所谓"加'之'的主谓词组",在两个分句里分别用作主语。由此可见,"其"并不是全句的主语,而只是主谓词组里的一个成分。"其"的这个语法特点,我们不能不注意。

由于上古文言里他称代词不用作主语,所以现代汉语用第三人称代词用作主语的地方,在古代或者用名词,或者省略主语。例如:

① 宋人或得玉,献诸子罕,子罕弗受。(《左传·襄公十五年》)——后一句重复"子罕"。
② 使子路反见之(指"丈人")。[子路]至,则[丈人]行矣。(《论语·微子》)——方括号内是省略的主语。

3. "之"和"其"的活用

文言里的他称代词"之"和"其"有个值得注意的用法,即可以灵活运用,有时是说话人本人自称,有时是说话人指称对话人。例如:

① 孔子出,谓弟子曰:"吾闻君子当功以受禄,今说景公,景公未之行,而赐之廪丘。其不知丘亦甚矣!"(《吕氏春秋·高义》)——当功,与功劳相当。廪丘,地名。

② [赵盾]将谏,士季曰:"谏而不入,则莫之继也。会请先,不入,则子继之。"(《左传·宣公二年》)

③ 昔者宋昭公出亡,谓其御曰:"吾知其所以亡矣。"(《韩诗外传·六》)

④ 天子发政于天下之百姓,言曰:"闻善而不善,皆以告其上。"(《墨子·尚同上》)

例①"赐之廪丘"的"之",是孔子自称,等于说"赐给我廪丘"。例②是士季对赵盾说话,前一个"之"指称对话人赵盾,后一个"之"是士季自称。例③前面说"宋昭公出亡",接着是宋昭公说话,"其所以亡"的"其"当然是宋昭公自称,也就是"吾之所以亡"。例④引号内的言辞是政令中对百姓说的,"告其上"即"报告你们的上级"。

"之"和"其"一般用作他称,为何又能用作第一身或第二身代词呢?这是由这两个虚词的性质决定的。我们知道,上古文言有专用的第一身代词,如"吾、余、予"等;也有专用的第二身代词,如"汝、女、尔"等;然而并没有专用的第三身代词。同"彼"一样,"之"和"其"原来也只是两个指示代词,在先秦时代,它们还常用来表示近指或远指。例如:

① 之子于归,远送于野。(《诗·邶风·燕燕》)
② 之二虫又何知?(《庄子·逍遥游》)

第三章　代词和副词

③ 吾闻秦楚构兵,吾将言其不利也。(《孟子·告子下》)
④ 尔爱其羊,我爱其礼。(《论语·八佾》)

以上所引四个例句里的"之""其",与现代汉语的"这""那"一样,可以指人,也可以指物;它们都不用作主语,只用作限制语。这就不同于文言里的"吾、余""汝、尔"等,只用来称代人,而且在句中可以用作主语。著名语言学家王力早在他的《汉语史稿》中就正确地指出:殷墟卜辞中不用"之"和"其"做人称代词,可见它们不是和"余""汝"等人称代词同时产生的,可能是它们先用作指示代词,然后发展为人称代词。(中册,第279页)

原作为指示代词的"之"和"其"又是怎样发展为人称代词的呢?我们可以想见,当上古汉语发展到一定的阶段,即有了专用的第一身和第二身代词时,说话人可以用指示代词"之"和"其"称代说话人以外的第三者。"之"和"其"经常在这样的语言环境中出现的结果,就使人感到它们是第三身代词。以后由于语法趋于精密,它们便渐渐地取得了第三身代词的资格。这是可以理解的。当指示代词用来称代人时,它们和第三身代词就有某些相通之处。譬如我们指称对话人以外的第三者时,既可用"他",也可用"这个人"或"那个人"。因而指示代词"之"和"其"在更多场合下相当于现代汉语的"他"或"他的"。譬如我们所熟悉的下面的例句:

① 爱之,能勿劳乎?(《论语·宪问》)
② 比其反也,则冻馁其妻子。(《孟子·梁惠王下》)

前一句的"之"是泛指第三者,后一句的两个"其"是指不在跟前的(孟子所假定的)"托其妻子于其友而之楚游者",固然以翻译为"他"("他的")较为顺当,但译作"那个人"或"这个人"("那个人的")也是可以的。由此可以看出,指示代词"之"和"其"后来转作第三身代词的痕迹。也正因为如此,所以当"之""其"已经取得第三身代词的资格以后,还可以放在名词前,指示并限制那个名词。例如:

> ① 之子于归。(《诗·邶风·燕燕》)
> ② 之二虫又何知?(《庄子·逍遥游》)
> ③ 臣窃以为其人勇士,宜可使。(《史记·廉颇蔺相如列传》)
> ④ 荆轲有所待,欲与俱,其人居远,未来。(《史记·刺客列传》)

前二例的"之"仅用作指示,这很明显。后二例的"其"绝不等于"彼之",而仅仅用来指示后边的名词。

明白了"之"和"其"原本不是专用的第三身代词,而且是两个指示代词,那对它们用作第一身或第二身代词,就不会感到迷惑不解了。

由于交际的需要,语法进一步精密化,"之"和"其"这两个代词也渐渐地有了专职,因而它的所谓"活用"也就不能任意。除了上面已经举过的例句之外,下面再举两个例句:

① [卫]律曰:"……苏君今日降,明日复然。空以身膏草野,谁复知之?"(《汉书·苏武传》)

② 独惜执事忮机一动……必至杀尽天下士,以酬其宿所不快。(侯方域《与阮光禄书》)

我们也可以看出,"之"和"其"活用作第一身或第二身代词,一般只出现在人物对话里,是适应说话人为了一种特殊表达的需要。在书信体文章中,间或也见到这种用法,如后一例的"其"字。

4. 复称

复称即表示己身的代词,也称反身代词。常用的有"自、己、身、躬",可译为"自己"。例如:

① 夫仁者,己欲立而立人,己欲达而达人。(《论语·雍也》)
② 祸福无不自己求之者。(《孟子·公孙丑上》)
③ 兔不可复得,而身为宋国笑。(《韩非子·五蠹》)
④ 臣本布衣,躬耕于南阳。(诸葛亮《出师表》)

例①"己"用作主语。例②"自"是介词,"己"是其宾语。例③"身"和例④"躬"皆为"自己",在句中用作主语。

5. 谦称和尊称

古人还常用谦称代替自称,用尊称代替对称。谦称和尊称都是名词,不是代词,所以它们不受代词规律的制约(如在否定句中不放在动词前面);但是从意思上说,它们却代表了"我"和"你"。

例如：

① 昭王南征而不复，寡人是问。(《左传·僖公四年》)
② 虽然，必告不穀。(《左传·成公三年》)
③ 欲与大叔，臣请事之。(《左传·隐公元年》)
④ 小人有母，皆尝小人之食矣。(同上)
⑤ 仆非敢如此也。(司马迁《报任安书》)
⑥ 妾父为吏，齐中皆称其廉平。(《史记·孝文本纪》)
⑦ 愚谓大计不如迎之。(《三国志·周瑜传》)

以上句子里的"寡人、不穀、臣、小人、仆、妾、愚"都是谦称，前两个一般作为君王诸侯的自称，后五个除"妾"为女的自称外，其余都是一般男人的自称。再看下面的例句：

① 吾不能早用子，今急而求子。(《左传·僖公三十年》)
② 越国以鄙远，君知其难也。(同上)
③ 大王尝闻布衣之怒乎？(《战国策·魏策》)
④ 王无异于百姓之以王为爱也。(《孟子·梁惠王上》)
⑤ 足下事皆成。(《史记·陈涉世家》)
⑥ 陛下亦以自谋。(诸葛亮《出师表》)

上列句子里的"子、君、大王、王、足下、陛下"，都是对对方的尊称。此外，自称其名是一种谦称，而称人之字也是一种尊称。例如：

① 丘也闻有国有家者……（《论语·季氏》）
② 文倦于事……（《战国策·齐策》）
③ 而相如廷叱之。（《史记·廉颇蔺相如列传》）
④ 今少卿抱不测之罪。（司马迁《报任安书》）
⑤ 东野之役于江南也……（韩愈《送孟东野序》）

"丘"是孔子之名，"文"是孟尝君的名，"相如"是蔺相如自称其名，这属于谦称；"少卿"是任安的字，"东野"是孟郊的字，这是尊称。因此，我们阅读古书时，除了要熟悉一般的谦称和尊称外，还要把古人的身份、爵号、名和字弄清楚，才不至于迷惑。

二、指示代词

1. 近指和远指

一般说来，常用作近指的有"是、此、斯、兹、之"，表示"这""这个""这里"等。例如：

① 是良史也。（《左传·昭公十二年》）
② 今其人在是。（《战国策·赵策》）
③ 子在川上曰：逝者如斯夫，不舍昼夜！（《论语·子罕》）
④ 尹士语人曰：是何濡滞也？士则兹不悦。（《孟子·公孙丑下》）
⑤ 之二虫又何知？（《庄子·逍遥游》）

例①"是"指代人,等于说"这人"。例②"是"指代处所,等于说"这里"。例③"斯"指代上文的"川",译为"这个"。例④"兹"指代前面说的情况,在句子里用作宾语而位于动词"悦"之前,意即"不喜欢这样"。例⑤"之"指示"二虫",等于说"这"。

常用作远指的有"彼、夫、其",表示"那""那个""那里"等。例如:

① [或]问子西。[子]曰:"彼哉!彼哉!"(《论语·宪问》)
② 彼一时,此一时也。(《孟子·公孙丑下》)
③ 不以夫一害此一,谓之壹。(《荀子·解蔽》)
④ 食夫稻,衣夫锦。(《论语·阳货》)
⑤ 左右曰:乃歌夫"长铗归来"者也。(《战国策·齐策》)
⑥ 微夫人之力,不及此。(《左传·僖公三十年》)
⑦ 至其时,西门豹往会之河上。(《史记·滑稽列传》)

例①"彼"指代人,等于说"那人"。例②"彼"指代时间,等于说"那时"。例③"夫"指代事,等于说"那件事儿"。例④"夫"指示物,例⑤"夫"指示歌词,例⑦"其"指示时间,都可译为"那"。

"彼"字原本是个指示代词,跟"此"相对;后来才发展成为人称代词。如在人称代词一节所举的例句"彼,丈夫也",也可译作"那个人是个男子汉"。由于"彼"表示远指,所以指人时带有轻视的意味,如例①即是。"夫"字的指示性很轻,与现代汉语对译时,有时不必译出,如例③。所谓近指和远指,只是相对而言。文言里的指示代词,如"之、夫、其",用作远指还是近指,其界限不像现代汉语的"这、那"那么分明。"之"有时只是表示泛指;"其"有时只是表示特指;而"夫"有时也表示近指,如例⑥。

2. 虚指和无指

所谓虚指,是有所指而不必明指;所谓无指,是字面上无所指而实际上概指一切。

"或"字是文言里用作虚指的指示代词,一般指代人,相当于现代汉语里的"有人"或"某人",只用作主语。例如:

① 如或知尔,则何以哉?(《论语·先进》)
② 或告之曰:是非君子之道。(《孟子·滕文公下》)
③ 唐人或相与谋。(《左传·定公三年》)
④ 或百步而后止,或五十步而后止。(《孟子·梁惠王上》)

前二例"或"字单用,可译为"有人"。例③"或"前面出现名词"唐人","或"即指代其中某些人或者某一个人。例④前后用两个"或"表示列举,在此句里是指代人,译为"有人"。先秦古籍里这种对举使用的"或"是虚指代词,不是选择连词,不能译为"或者",这是应该注意的。

"莫"是表示无指的指示代词,在句中只用作主语,现代汉语没有跟它相当的代词。如果指人,"莫"可译为"没有人""没有谁";如果指事物,可译为"没有什么""没有哪一种东西(事情)"。由于读音相近,"无""靡"也可以用同"莫"。例如:

① 谏而不入,则莫之继也。(《左传·宣公二年》)
② 过而能改,善莫大焉。(同上)
③ 天下之水,莫大于海。(《庄子·秋水》)
④ 相人多矣,无如季相。(《史记·高祖本纪》)——季,刘季。
⑤ 盖天下万物之萌生,靡不有死。(《史记·孝文本纪》)——靡,没有哪一样。

例①"莫"单用,前面没有名词语,译为"没有人"。例②"莫"前面有名词"善"(即"善事"),意思是"善事当中没有哪一件"。例③"莫"前面有名词语"天下之水","莫"可译为"天下没有什么水流"。后二例的"无"和"靡"都用同"莫",前者指代人,后者指代物。以上这些无指代词,实际上都具有普遍性。如例③的"莫"概指天下所有的江河湖泊,例④的"无"概指所有被他看过相貌的人。

"或"和"莫",有的古代汉语教材称为"无定代词",说"或"是肯定性的无定代词,"莫"是否定性的无定代词。

"莫"在先秦古籍中,大致都可以解释为无指代词。汉代以后,"莫"逐渐产生了新兴的用法,成为否定副词,常用于祈使句表示劝阻或禁止,相当于"勿",译为"不要"。

3. 其他指示代词

除了以上所说的之外,还有"他、然、若、尔"也是常用的指示代词。

"他"在先秦时代不用作第三人称代词,而用作旁指代词,相当于现代汉语里的"其他的""旁的""别的"。"他"又写作"佗"。

例如：

① 他山之石，可以攻玉。(《诗·小雅·鹤鸣》)
② 王顾左右而言他。(《孟子·梁惠王下》)
③ 佗邑唯命。(《左传·隐公元年》)
④ 以我应他人，君还何所望？(《古诗为焦仲卿妻作》)

例①"他"指示"山"，例②"他"指代事，例③"佗"指示城邑，例④"他"指示人。

"然、若、尔"用作指示代词表示"如此"的意思，略等于现代汉语的"这样、那样"。"若"常用作定语，"然、尔"常用作谓语。例如：

① 以若所为求若所欲，犹缘木而求鱼也。(《孟子·梁惠王上》)——若所为，这样的行动。若所欲，这样的欲望。
② 公曷为出若言！(《晏子春秋·问上》)——若言，这样的话。
③ 河内凶，则移其民于河东，移其粟于河内；河东凶亦然。(《孟子·梁惠王上》)
④ 物固莫不有长，莫不有短；人亦然。(《吕氏春秋·用众》)
⑤ 汝乃我家出，亦敢尔邪？(《后汉书·邓禹传》)
⑥ 果尔，后将易吾姓也！(《晋书·恒温传》)

"若、尔"也用来表示近指，即等于"此"。例如：

⑦ 南宫适出,子曰:君子哉若人!(《论语·宪问》)——若人,这个人。

⑧ 君如有忧中国之心,则若时可矣。(《公羊传·定公四年》)——若时,这时。

⑨ 子贡曰:夫子何善尔也?(《礼记·檀弓上》)——善尔,称赞这个。

以上三例里的"若"和"尔",都是就眼前的人、时、事来说的,自然是表示近指,不能解释为"如此"。

此外,词类一节所提到的兼词"焉、诸、旃",其中都隐含着一个代词"之"。这个"之"有时是人称代词,有时是指示代词,阅读古书应该加以注意。这里仅以"焉"为例:

① 陈相见许行而大悦,尽弃其学而学焉。(《孟子·滕文公下》)

② 积土成山,风雨兴焉。(《荀子·劝学》)——焉,在那里。

以上句中的两个"焉"都等于"于之":前一个称代"许行",后一个指代"山"。

三、疑问代词

1. 指人的

常用来指人的疑问代词有"谁"和"孰"。"谁"的用法和现代汉

语的"谁"基本相同;不过在文言里有时也可以指事物。例如:

① 其谁曰不然?(《左传·隐公元年》)
② 是谁之过与?(《论语·季氏》)
③ 吾谁与为亲?(《庄子·齐物论》)
④ 我将上大行,驾骥与羊,子将谁驱?(《墨子·耕柱》)
⑤ 所高者谁也?(《史记·日者列传》)

前三例的"谁"用来问人:例①"谁"用作主语,例②"谁"用作定语,例③"谁"用作介词"与"的宾语而放在介词之前。后二例的"谁"用来问事物:例④的"谁"指"骥与羊"中的一个,有选择之意,"将驱"应译为"驱赶哪一个";例⑤"谁"据下文是指事情,"所高者谁也"应译为"所看重的是什么"。

"孰"主要用于表示选择的问句,但一般不用作宾语。它可以指人,也可以问事物。这里只举问人的例子,如:

① 父与夫孰亲?(《左传·桓公十五年》)
② 哀公问弟子孰为好学?(《论语·雍也》)

"孰"用来问人时,也有不表示选择的,这就和"谁"的用法没有分别了。例如:

③ 孰可以代之?(《左传·襄公三年》)
④ 孰为夫子?(《论语·微子》)

2. 指事物的

常用来指问事物的疑问代词有"何、胡、曷、奚"。它们用作宾语和定语时,相当与现代汉语的"什么";用作状语时,相当于"为什么"或"怎么"。

① 内省不疚,夫何忧何惧?(《论语·颜渊》)
② 所以然者何?水土异也。(《晏子春秋·杂下》)
③ 以此攻城,何城不克?(《左传·僖公四年》)
④ 吾何爱一牛?(《孟子·梁惠王上》)
⑤ 不稼不穑,胡取禾三百廛兮?(《诗·魏风·伐檀》)
⑥ 天曷不降威?(《尚书·西伯戡黎》)
⑦ 子奚哭之悲也?(《韩非子·和氏》)
⑧ 胡为至今不朝也?(《战国策·齐策》)
⑨ 曷为久居此围城之中而不去?(《史记·鲁仲连列传》)
⑩ 卫君待子而为政,子将奚先?(《论语·子路》)

例①两个"何"用作宾语而放在动词之前,询问事物;例②"何"用作判断句谓语,询问原因;例③"何"用作定语,询问城邑;例④"何"用作状语,表示反问。以下三例的"胡、曷、奚"都用作状语,询问原因,译成"为什么"或"怎么"。最后三例的"胡、曷、奚"用作介词"为"或动词"先(做)"的宾语,询问原因或者事儿。

"孰"也用来问事物,仍然表示选择;"何"有时也可以问人,这就和"谁"的用法相同了。例如:

① 礼与食孰重?(《孟子·告子下》)
② 是可忍,孰不可忍也?(《论语·八佾》)
③ 文姜者何? 庄公之母也。(《公羊传·庄公二十二年》)
④ 主晋祀者,非君而何?(《说苑·复恩》)

3. 指处所的

常用来指问处所的疑问代词有"安、恶(乌)、焉",在句子里一般用作宾语,相当于现代汉语的"哪里""哪儿";它们在句子里用作状语时,大多表示反问,相当于"哪里"或"怎么"。例如:

① 梁客辛垣衍安在?(《战国策·赵策》)——安在,在哪里。
② 恶乎用之? 用之社也。(《公羊传·僖公十九年》)——恶乎,在哪儿。
③ 天下之父归之,其子焉往?(《孟子·离娄上》)——焉往,去哪儿。
④ 梁王安得晏然而已乎?(《战国策·赵策》)——安得,哪里能够。
⑤ 恶能治国家?(《孟子·滕文公上》)
⑥ 姜氏欲之,焉辟害?(《左传·隐公元年》)
⑦ 且夫齐楚之事,又乌足道乎?(《汉书·司马相如传》)

前三例,"安、恶、焉"都用来询问处所:例①"安"用作动词"在"的宾语,例②"恶"用作介词"乎(于)"的宾语,例③"焉"用作动词"往"的宾语。后四例"安、恶、焉、乌"都用来表示反问,在句子里用作状语。疑问代词无论用作状语还是用作动词的宾语,它们都放在动词的前面,阅读时必须注意辨析。

"何"与"奚"有时也可以指问处所。例如:

① 西伯将何之?无欺我也。(《吕氏春秋·贵因》)
② 轸不之楚,何归乎?(《史记·陈轸列传》)
③ 彼且奚适也?(《庄子·逍遥游》)

"何"用于形容词谓语之前时,有修饰作用,兼表感叹,可译为"怎么这么"或"多么"。"何"还与其他虚词连用,合为"一何""何其"等。例如:

① 责毕收乎?来何疾也!(《战国策·齐策》)——责,同"债"。
② 巫妪何久也?弟子趣之!(《史记·滑稽列传》)
③ 明月何皎皎,照我罗床帏。(《古诗十九首》)
④ 吏呼一何怒!妇啼一何苦!(杜甫《石壕吏》)
⑤ 虽有君命,何其速也!(《左传·僖公二十四年》)

前二例,"何"兼表疑问和感叹,可译为"怎么这么"。中一例"何"主要表示感叹,可译为"多么"。后二例,"一何""何其"都表示程度之深,可译为"多么"。

四、"谁何"解析

贾谊《过秦论》有这么两句:"良将劲弩,守要害之处;信臣精卒,陈利兵而谁何?"对其中的"谁何",历来众说纷纭:

> 《古文观止·卷六》注:"何,问也。谁何,言谁敢问。极形容秦始皇之强盛,比从前更自不同。"(文学古籍刊行社,1956年9月版,第236页)
>
> 《高中语文课本》注:"谁何——谁敢奈何。就是没有人敢惹他的意思。"(人民教育出版社,1960年版,第五册第79页)
>
> 《古代散文选》注:"谁何——问他是谁。这是严行稽查盘问的意思。"(人民教育出版社,1962年版,上册第162页)

前两种解释是只详训诂而未明句法,因而不仅与上下文不相连贯,而且在该句也扞格不通。"陈利兵而谁何"一句所属的那一段,先是写秦始皇以武力统一天下,"威振四海",接着是历数秦王朝统治者施暴政于人民的事实,然后写始皇如何凭险坚守,自以为"金城千里"。把"谁何"解释为"谁敢问"与"谁敢奈何",都是孤立地就字解字,与上下文的关系有些游离。再就"谁何"一句来看,"信臣精卒"是其主语,"陈利兵而谁何"是其谓语。上引前两种解说,实际上都暗中换了主语,把"谁何"当成了另一个句子,读来自然感到不顺畅。至于《古代散文选》把"谁何"说成是"稽查盘问的意思",虽然有所突破,但把"谁何"解释为"问他是谁"却相当牵强,且有增字之嫌。

清代学者段玉裁于《说文解字·言部》"谁,谁何也"之下云:"三字为句。'敦'字下云'一曰谁何也'可证。李善引有'谓责问之也'五字,盖注家语。《六韬》'令我垒上,谁何不绝',《史记·卫绾传》'岁余,不谁何绾',《汉书》作'不孰何',韦注《国语》'扩弩注矢以谁何'……"无论从段氏"三字为句"等语来看,还是从他列举的一些例句来看,"谁何"在古籍里是经常连在一起使用的,应当看作一个凝固形式,解释为"责问""盘问"是妥帖的,这是"谁何"的一种引申、转化的用法。

　　近代学者杨树达于其《高等国文法》中谈到"代名词作动词用"时,除引有贾谊的"谁何"一例外,还列有以下两句:

　　① 游雅尝众辱奇,或尔汝之。(《魏书·陈奇传》)
　　② 文帝且崩时,属孝景曰:"绾,长者,善遇之!"及景帝立,岁余,不孰何绾。(《汉书·卫绾传》)

杨氏把"谁何"与"孰何"明确地看作动词,这就突破了训诂的局限,而从句法上进行了分析。前一例"或尔汝之"即"或以尔汝称之","尔汝"是人称代词用作动词。后一例"不孰何绾",《史记》作"不谁何绾","孰何"(或"谁何")处于否定副词"不"和专有名词"绾"之间,在句中显然是转化为动词,是"过问"的意思,"绾"做它的宾语。

　　再把这种看法放到所引《过秦论》那两句中去,不仅在本句文从字顺,而且与上下文亦相连贯。因为上句是说"良将劲弩,守要害之处",下句才接着说"信臣精卒,陈利兵而谁何"。"信臣精卒"和"良将劲弩"互相对待;"陈利兵而谁何"与"守要害之处"则彼此衔接。前句说的严兵把守,后句说的稽查盘问,语意贯通,读来顺畅。

第二节 副 词

副词与代词一样,也是介于实词和虚词之间的词类。文言里的副词,如"词类"一节所述,大体分为八类。本节就此八类副词中值得注意的地方分别加以说明。

一、程度副词

程度副词是用来表示行动或性状的程度的。它可以分为程度高和程度低两类。

1. 表示程度高的副词,常见的有:最、至、甚、太、极、尤、绝、益、愈、殊、良、弥。其中有不少在今天的书面语言里还使用,意义也没有什么变化。有些则是我们感到生疏或意义变化较大的,阅读古籍时必须特别注意。例如:

① 况仆与足下为文尤患其多。(白居易《与元九书》)
② 黑之状,被发人立,绝有力而甚害人焉。(柳宗元《黑说》)
③ 故主上愈卑,私门益尊。(《韩非子·孤愤》)
④ 老臣今者殊不欲食。(《战国策·赵策》)
⑤ 赵开壁击之,大战良久。(《史记·淮阴侯列传》)
⑥ 芳菲菲其弥章。(屈原《离骚》)

"最""至"这两个表示最高级的程度副词,是我们所熟悉的。不过在文言中,有时为了强调,可以离开它所修饰、限制的中心语而移到更前面一些。例如:

⑦ 汤武,至天下之善禁者也。(《荀子·正论》)
⑧ 身与士卒平分粮食,最比其羸弱者。(《史记·司马穰苴列传》)
⑨ 汉之时,司马迁、相如、扬雄,最其善鸣者也。(韩愈《送孟东野序》)

以上三例,若按照一般用法,应分别为"天下之至善禁者也""比其最羸弱者""其最善鸣者也"。

2. 表示程度低的副词,常见的有:略、微、少、稍、颇、差。例如:

① 略知其意,又不肯竟学。(《史记·项羽本纪》)
② 微闻有鼠作作索索。(林嗣环《口技》)
③ 辅之以晋,可以稍安。(《左传·僖公五年》)
④ 太后之色少解。(《战国策·赵策》)——少解,稍微放松。
⑤ 帝乃叹曰:吴公差强人意。(《后汉书·吴汉传》)

"少"在现代汉语里常用作形容词;而在文言里,除用作形容词外,常用作程度副词,是"稍微、略微"的意思。至于文言里的"稍",早期常用作时间副词(见后);用作程度副词而当"稍微"讲,是较晚的事情。

"颇"用作程度副词,在古代既可以表示程度高,也可以表示程度低。例如:

⑥ 绛侯得释,盎颇得力。(《史记·袁盎列传》)
⑦ 涉浅水者见虾,其颇深者察鱼鳖,其尤甚者观蛟龙。(《论衡·别通》)
⑧ 臣愿颇采古礼,与秦仪杂就之。(《史记·叔孙通列传》)

例⑥"颇"相当于"很、特别",现代书面语言还保存着这种用法,如"颇感兴趣"。后二例"颇"相当于"略微、稍微";例⑦具有启发性,前句说"浅水",后句说"尤深",中间说"颇深"当然是"略深"。如果后二例也用现代书面语言常用的"颇"的意思来解释,那就不合原意了。

二、范围副词

范围副词是用来表示动作行为、性质所涉及的范围的。它可分为表示全体和表示限止两类。

1. 表示全体,常用的有:皆、尽、俱、举、并、徧(遍)、备、悉、咸、胜、毕、凡。其中有些在今天的书面语言里还能见到,有些是我们所不熟悉或者虽熟悉而意义有较大变化的。例如:

① 俾我兄弟并有乱心。(《左传·昭公三十二年》)
② 时从出游……然犹未能徧睹也。(《史记·司马相如列传》)
③ 群贤毕至,少长咸集。(王羲之《兰亭集序》)
④ 事无大小,悉以咨之。(《三国志·诸葛亮传》)
⑤ 百姓……举疾首蹙頞而相告。(《孟子·梁惠王下》)
⑥ 臣前与官属三十六人奉使绝域,备遭艰厄。(《后汉书·班超传》)
⑦ 不违农时,谷不可胜食也。(《孟子·梁惠王上》)

2. 表示限止,常用的有:唯(惟)、独、但、第、特、直、仅、徒、止、纔(才)。例如:

① 方今唯秦雄天下。(《史记·鲁仲连列传》)
② 君第重射,臣能令君胜。(《史记·孙子列传》)
③ 相如度秦王特以诈佯为予赵城,实不可得。(《史记·廉颇蔺相如列传》)
④ 公罢矣,吾直戏耳。(《史记·叔孙通列传》)
⑤ 王如用予,则岂徒齐民安,天下之民举安。(《孟子·公孙丑下》)
⑥ 担中肉尽,止有剩骨。(《聊斋志异·狼》)

"独"作为副词原是"独自"的意思,后引申为"只"。例如:

⑦ 其人与骨皆已朽矣,独其言在耳。(《史记·老子列传》)

⑧ 非独内德茂也,盖亦有外戚之助焉。(《史记·外戚世家》)

"独"用在反问句中,主要表达反问语气,是语气副词,不再有"独自"和"唯独"的意思了。

"但"在现代汉语里是表示转折的连词,在古代则主要是表示范围的副词,和现代的"只、仅"相当。例如:

⑨ 匈奴匿其壮士肥牛马,但见老弱及羸畜。(《史记·刘敬列传》)

⑩ 死去原知万事空,但悲不见九州同。(陆游《示儿》)

"但见"即"只见","但悲"就是"仅仅悲痛",两个"但"都不能解释为"但是"。现代书面语言里的"不但""但愿如此"等,正保留了古代的这种用法。

"仅"表示"只、才"的意思,这是古今一致的;"仅"在唐代诗文中还表示"将近、几乎"的意思,这是现代汉语所没有的。例如:

① 借使子婴有庸主之才,仅得中佐……(《史记·秦始皇本纪》)

② 一旦临小利害,仅如毛发比,反眼若不相识。(韩愈《柳子厚墓志铭》)

③ 江国逾千里,山城仅百层。(杜甫《泊岳阳城下》)
④ 初守睢阳时,士卒仅万人。(韩愈《张中丞传后序》)

前二例的"仅"是往少处说;后二例的"仅"用在数目字的前面,是往多处说。前者读上声;后者读去声,可译为"近、几乎达到"。

三、数量副词

数量副词是用来表示动作行为的重复和约数的。它分为表重复和表约数两类。

1. 表示重复,常见的有:更、复、屡、数、频、亟、仍。例如:

① 于是冯谖不复歌。(《战国策·齐策》)
② 范增数目项王。(《史记·项羽本纪》)——目,示意。
③ 是时地数震裂,众灾频降。(《后汉书·李云传》)
④ 亟请于武公,公弗许。(《左传·隐公元年》)——亟请,屡次请求。

"再",在现代汉语里是表示行为重复的副词,一般不限于两次,跟"又"的意思差不多;而在早期文言里是表示同样行为进行两次的数词,三次以上就不说"再"了。例如:

① 一鼓作气,再而衰,三而竭。(《左传·庄公十年》)——"再"后省略动词"鼓"。
② 田忌一不胜而再胜。(《史记·孙子列传》)

③ 季文子三思而后行,子闻之曰:再,斯可矣。(《论语·公冶长》)——"再"后省动词"思"。

上举三例的"再"都不能解释为现代汉语的"再",就是说不能译为"又"。例①"再"即"击鼓两次"。例②"再胜",是说共比赛三次,一次不胜而两次取胜,不是说再来一次就取胜了。例③前面说"三思而后行",接着孔子说"再,斯可矣",意思是"思考两次即可",用不着"三思";如果把这里的"再"理解为"再思考一次",那就背离原意了。要注意的是,现代汉语用"再"的地方,文言里用"复",如"死灰复燃""一去不复返"。

"更"作为副词有两个读音:读平声是情态副词,表示施事者的互换和更替;读去声是数量副词,表示行为的重复。例如:

① 在此行也,晋不更举矣。(《左传·僖公五年》)
② 欲穷千里目,更上一层楼。(王之涣《登鹳雀楼》)

上面二例的"更"应读去声,是"再""又"的意思。这与现代汉语常用作程度副词的"更"不是一个意思。

"仍",在现代书面语言里一般是"仍旧""依然"的意思;而在文言里则是表示"频繁、重复多次"之意。例如:

① 晋仍无道而鲜胄。(《国语·晋语》)
② 吾仍见上,上甚聪明。(《后汉书·盖勋传》)

以上二例的"仍"都不能理解为"仍然",而是表示同样行为的多次重复。现代书面语有"频仍"一词,就是此意。

2. 表示总共和约略,常见的有:凡、约、可、且、将、率、无虑。例如:

① 由是先主遂诣亮,凡三往,乃见。(《三国志·诸葛亮传》)——凡,总共。

② 大夏民多,可百余万。(《史记·大宛列传》)——可,大约。

③ 北山愚公者,年且九十。(《列子·汤问》)——且,将近。

④ 当是之时,内外之官率皆称职。(《资治通鉴·晋纪·升平五年》)——率,大抵。

⑤ 今反虏无虑三万人。(《汉书·冯奉世传》)——无虑,大约。

四、时间副词

时间副词是用来表示动作行为发生的各种时间的。它大体分为五类。

1. 表示过去发生,常见的有:已、既、业、曾、尝。例如:

① 既克,公问其故。(《左传·庄公十年》)
② 良业为取履,因长跪履之。(《史记·留侯世家》)——

业,已经。

③ 陈涉少时,尝与人佣耕。(《史记·陈涉世家》)——尝,曾经。

"既"在现代汉语里常用作连词;在文言里除用作连词之外,还常用作副词,一是表示"已经",如上例①;一是表示"不久",例如:

④ 遂置姜氏于城颖,而誓之曰"……"。既而悔之。(《左传·隐公元年》)
⑤ 既,卫人赏之以邑辞。(《左传·成公二年》)

以上二例的"既"是表示前一事完成以后间隔一个短暂的时间再发生某事。

"曾"在文言里用作副词时,可以表示时间,意思是"曾经",与现代汉语的用法相同。但是,"曾"作为副词在古代的主要作用并非表示时间,而是表示语气,例句见后。古代常用来表示"曾经"的时间副词,不是"曾",而是"尝"。例如:

⑥ 俎豆之事,则尝闻之矣。(《论语·卫灵公》)
⑦ 公亦尝闻天子之怒乎?(《战国策·魏策》)

现代书面语言里使用的"未尝"就是"未曾","何尝"就是"何曾"。

2. 表示正在发生,常见的有:正、方、适、会、乃、遂、辄。例如:

① 如今人方为刀俎,我为鱼肉。(《史记·项羽本纪》)——方,正。

② 此时鲁仲连适游赵。(《战国策·赵策》)——适,正好。

③ 会天大雨,道不通。(《史记·陈涉世家》)——会,恰逢。

④ 陈涉乃立为王,号为张楚。(同上)——乃,随即。

⑤ 赵王于是遂遣相如奉璧西入秦。(《史记·廉颇蔺相如列传》)——遂,即。

⑥ 一鸣,辄跃去。(《聊斋志异·促织》)——辄,立即。

"辄"作为副词,除表示后一行为紧跟前一行为发生之外,还表示同一行为的多次重复,含有"往往""总是"的意思。例如:

⑦ 沛公不好儒。诸客冠儒冠来者,沛公辄解其冠,溲溺其中。(《史记·郦生列传》)

3. 表示将要发生,常见的有:且、其、行、寻、旋、俄。例如:

① 驴一鸣,虎大骇,以为且噬己也。(柳宗元《黔之驴》)——且,将要。

② 以残年余力,曾不能毁山之一毛,其如土石何?(《列子·汤问》)——其,将。

③ 善万物之得时,感吾生之行休。(陶潜《归去来

辞》)——行休,即将过去。

④ 未果,寻病终。(陶潜《桃花源记》)——寻,不久。

⑤ 成仓猝莫知所救,旋见鸡伸颈摆扑。(《聊斋志异·促织》)——旋,不久。

⑥ 俄见小虫跃起。(同上)——俄,随即。

由引例可知,以上六个时间副词用于动词前,都表示动作行为将要发生,而后三个表示距离发生的时间极为短促,与前三个稍微不同。

4. 表示最后发生,常见的有:终、竟、卒、遂。例如:

① 狼终不得有加于先生。(马中锡《中山狼传》)——终,终究。

② 陈涉虽已死,其所置遣侯王将相竟亡秦。(《史记·陈涉世家》)——竟,终于。

③ 卒廷见相如,毕礼而归之。(《史记·廉颇蔺相如列传》)——卒,最终。

④ 然操遂能克绍。(《三国志·诸葛亮传》)——遂,终究。

"卒"又通"猝",表示时间急促。例如:

⑤ 卒然边境有急……国胡以馈之?(贾谊《论积贮疏》)

⑥ 卒有寇难之事……(《荀子·王霸》)——卒,突然。

5. 其他时间副词：表示时间急促的有"暴、亟"，意为"突然、赶紧"；表示时间缓慢的有"渐、稍"，意为"逐渐"；表示暂且的有"暂、且、姑"，意为"姑且、暂且"；表示先前的有"向、乡"，意为"原先、当初"。例如：

① 屠暴起，以刀劈狼首。(《聊斋志异·狼》)
② 君亟定变法之虑，殆无顾天下之议之也。(《商君书·更法》)——亟，立即。
③ 先生且休矣，我将念之。(《史记·淮阴侯列传》)
④ 多行不义必自毙，子姑待之。(《左传·隐公元年》)

"稍"在早期文言里不是程度副词，而是时间副词，这在前面曾经说过。例如：

① 子尾多受邑而稍致诸君。(《左传·昭公十年》)
② 自缪公以来，稍蚕食诸侯。(《史记·秦始皇本纪》)
③ 其群臣稍稍背叛之。(《史记·项羽本纪》)——稍稍，渐渐地。

以上的"稍"都表示行为的实现是渐进的，不能解释为"稍微"。

"向"，在现代汉语里一般用作介词，读去声，引进行为的方位或趋向；在文言里除了用作介词外，还用作时间副词，读平声，相当于现代汉语的"原先、刚才"。例如：

① 向吾见若眉睫之间,吾因以得汝矣。(《庄子·庚桑楚》)——向,先前。

② 将军向者经房城下,震扬威灵。(《后汉书·臧宫传》)——向者,刚才。

由于"乡"与"向"读音相同,"乡"也借用作时间副词,意义也一样。例如:

③ 乡役之三月,郑伯如楚致其师。(《左传·僖公二十八年》)——乡,当初。

五、否定副词

1. "不"和"弗"

"不"和"弗"都是表示一般的否定,这是共同的地方;但是它们的用法并不相同。"不"的使用范围比较宽,既可以否定动词,又可以否定形容词;在否定及物动词时,既可以带宾语,也可以不带宾语。例如:

① 为人谋而不忠乎?(《论语·学而》)
② 人不堪其忧,回也不改其乐。(《论语·雍也》)
③ 锲而舍之,朽木不折;锲而不舍,金石可镂。(《荀子·劝学》)

例①"不"否定形容词;后二例"不"都是否定及物动词,例②动词"堪"后面有宾语,例③动词"舍"后没有宾语(可与前句"契而舍之"对比)。

在秦汉以前,"弗"的使用范围就相当狭窄,一般只用来否定及物动词,而且动词后面往往不带宾语。例如:

④ 欲与大叔,臣请事之;若弗与,则请除之。(《左传·隐公元年》)
⑤ 得之则生,弗得则死。(《孟子·告子上》)
⑥ 功成而弗居。(《老子》)

例④前面说"与大叔",带有宾语;后面说"弗与",不带宾语,实际是说"若弗与大叔"。例⑤前面说"得之",带有宾语;后面说"弗得",不带宾语,而实际是说"弗得之"(古代应说"不之得")。例⑥动词"居"后面也可以补出一个宾语"之",但由于前面用了"弗",后面就不再出现宾语。正因为如此,所以有些学者认为"弗"本身隐含着一个代词"之"。在读古书的时候,把"弗"理解为"不",并补出未出现的宾语,是不会错的。

2."毋"和"勿"

"毋"和"勿"都是表示祈使的否定。它们经常用于祈使句,表示禁止或劝阻,相当于现代汉语的"不要"或"别"。在用法上,"毋"和"不"相当,"勿"和"弗"相当。例如:

① 大毋侵小。(《左传·襄公十九年》)

② 毋妄言,族矣!(《史记·项羽本纪》)
③ 左右皆曰可杀,勿听。(《孟子·梁惠王下》)
④ 己所不欲,勿施于人。(《论语·卫灵公》)

前两例"毋"都否定及物动词,例①动词后带有宾语,例②动词后不带宾语。后二例"勿"字也否定及物动词:例③"勿听"后面没带宾语,实际上是说"勿听之"("之"指代"左右");例④动词"施"所表示的行为,既涉及人,又涉及物,若补足应该是"勿施之于人",句中表示物的宾语就未出现。了解"勿"以及"弗"在语法上的这个特点,对我们准确阅读古文无疑是有帮助的。

"毋"在古书中还常常写作"无"。"勿"和"毋(无)"有时也用于陈述句,并不表示禁止或劝阻,那么它们的意义就跟"不"差不多了。例如:

⑤ 王无怒,请为王说之。(《战国策·赵策》)
⑥ 齐侯欲勿许。(《左传·襄公三年》)
⑦ 子无敢食我也。(《战国策·楚策》)

例⑤"无怒"即"毋怒",意思是"不要生气"。例⑥的"勿"和例⑦的"无",都不是用在祈使句里,不能解释为"不要";"勿许"即"不许","无敢"即"不敢"。

3. "未"

"未"表示事情还没有实现,等于现代汉语的否定副词"没有""没"。"未尝"作为一个凝固形式,表示"不曾"或"没有……过"的

意思。二者有细微的差别:用"未",是否定现在的情况,包含有将来实现的可能性;用"未尝",只是简单地否定过去。例如:

① 虽然,愿及未填沟壑而托之。(《战国策·赵策》)
② 臣未尝闻也。(《战国策·魏策》)
③ 三年之后,未尝见全牛也。(《庄子·养生主》)

"未"有时并不表示事情还没有实现,而只是一种委婉的否定。这样,"未"就和"不"的意义比较接近了。

④ 肉食者鄙,未能远谋。(《左传·庄公十年》)
⑤ 亡羊而补牢,未为迟也。(《战国策·楚策》)

"未能"即"不能","未为"即"不算",这两个"未"都不能解释为"没有"。

4. "非(匪)"

"非"常用于判断句,否定名词性的谓语,可以译成"不是"。此外,"非"又用来否定叙述句和描写句的谓语,往往具有撇开一层的作用,可以译成"并非";"非"还能用于假设句,等于说"若非"或"若无"。例如:

① 此庸夫之怒也,非士之怒也。(《战国策·魏策》)
② 假舟楫者,非能水也,而绝江河。(《荀子·劝学》)
③ 城非不高也,池非不深也。(《孟子·公孙丑下》)

④ 非梧桐不止,非练食不食,非醴泉不饮。(《庄子·秋水》)

⑤ 民非水火不生活。(《孟子·尽心上》)

例①是判断句,"非"否定名词性谓语,译作"不是"。例②是陈述句,"非"否定动词性谓语;例③是描写句,"非"否定形容词谓语;此二例都译作"并非"。后二例都是紧缩复句,"非"含有假设的意思:例④译成"如果不是",例⑤译成"如果没有"。

5. "否"和"微"

"否"的用法比较特殊,它与表肯定的应答之辞"然"对立,经常用于单词句,等于现代汉语的"不"或"不是的"。"微"表否定,有时与"不"相同,有时与"非"相近,用于事后的假设。例如:

① 孟子曰:"许子必种粟而后食乎?"曰:"然。""许子必织布而后衣乎?"曰:"否。许子衣褐。"(《孟子·滕文公上》)

② 微独赵,诸侯有在者乎?(《战国策·赵策》)

③ 微禹,吾其鱼乎!(《左传·昭公元年》)

例①"否"作为应答辞,与前面的应答辞"然"两两相对,一否定,一肯定。例②"微"用同"不"。例③"微"用同"非",相当于"如果没有"。

此外,在文言里还有"匪、莫、靡、蔑、亡"等用作否定副词。例如:

① 我心匪石,不可转也。(《诗·邶风·柏舟》)
② 愿早定大计,莫用众人之议也!(《资治通鉴·汉纪·建安十三年》)
③ 莫如以吾所长,攻敌所短。(《清稗类钞·冯婉贞》)
④ 夙兴夜寐,靡有朝矣。(《诗·卫风·氓》)
⑤ 封疆之削,何国蔑有?(《左传·昭公元年》)
⑥ 趋利如水走下,四方亡择也。(《汉书·食货志》)

例①"匪"即"非",译作"不是"。例②"莫"用于祈使句的否定,等于"毋",译作"不要"。例③"莫"用于叙述句的否定,等于"不"。例④、⑤的"靡"和"蔑"用作否定副词,与"无"一样,可译成"没"。例⑥"亡"通"无",用于叙述的否定,译作"不"。

六、情态副词

情态副词是用来表示动作行为的情貌和发展变化的态势的。这是一个意义比较繁杂的副词类别,它大体分为五小类。

1. 表示真实与肯定。前者常见的有:诚、实、信、良、果。例如:

① 臣诚知不如徐公美。(《战国策·齐策》)——诚,确实。
② 有善始者实繁,能克终者盖寡。(《旧唐书·魏征传》)
③ 信能行此五者,则邻国之民仰之若父母矣。(《孟子·公孙丑上》)

④ 诸将皆以赵氏孤儿良已死,皆喜。(《史记·赵世家》)——良,的确。

⑤ 广故数言欲亡……以激怒其众。尉果笞广。(《史记·陈涉世家》)

后者常见的有:即、乃。例如:

⑥ 梁父即楚将项燕,为秦将王翦所戮者也。(《史记·项羽本纪》)

⑦ 欲勿予,即患秦兵之来。(《史记·廉颇蔺相如列传》)

⑧ 是乃仁术也。(《孟子·梁惠王上》)——乃,就是。

例⑥、⑧都是名词谓语句,即判断句。例⑦是动词谓语句,即叙述句。

2. 表示必然、本然与竟然。前二者常见的有:必、固。例如:

① 故明主之吏,宰相必起于州部,猛将必发于卒伍。(《韩非子·显学》)

② 蔺相如固止之。(《史记·廉颇蔺相如列传》)——固,坚决。

③ 臣固知王之不忍也。(《孟子·梁惠王上》)——固,本来。

④ 余固笑而不信也。(苏轼《石钟山记》)——固,当然。

表示竟然的是一种诧异语气,常见的有:竟、乃、曾。例如:

⑤ 及吕后时,事多故矣,然平竟自脱。(《史记·陈丞相世家》)

⑥ 问今是何世,乃不知有汉,无论魏晋。(陶潜《桃花源记》)——乃,居然。

⑦ 汝心之固,固不可彻,曾不若孀妻弱子!(《列子·汤问》)——曾,竟然。

"固"作为情态副词,含义丰富,很多地方同现代汉语的"固然"意思不同。在对话中用于应答时,往往单用为句,后面加语气助词"也",意思是"当然如此"或"本来如此"。例如:

⑧ 鲁仲连曰:"固也!待吾言之。"(《战国策·赵策》)

⑨ 李斯曰:"固也!吾欲言之久矣。"(《史记·李斯列传》)

3. 表示同样或相反,常见的有:亦、反、顾。例如:

① 今亡亦死,举大计亦死。等死,死国可乎?(《史记·陈涉世家》)——亦,也。

② 足反居上,首顾居下,是倒植之势也。(贾谊《新书·咸不信》)

③ 故仲尼反为臣,而哀公顾为君。(《韩非子·五蠹》)

与表示"反、顾"情态相近的,有一种反问语气,常见的有:岂、其、独、宁、庸。例如:

④ 沛公不先破关中,公岂敢入乎?(《史记·项羽本纪》)
⑤ 欲加之罪,其无辞乎?(《左传·僖公十年》)——其,难道。
⑥ 相如虽驽,独畏廉将军哉?(《史记·廉颇蔺相如列传》)——独,难道。
⑦ 王侯将相,宁有种乎?(《史记·陈涉世家》)——宁,难道。
⑧ 夫庸知其年之先后生于吾乎?(韩愈《师说》)——庸,哪。

还有一种表示重说的语气,往往跟"安、况"等相呼应。例如:

⑨ 臣死且不避,卮酒安足辞?(《史记·项羽本纪》)
⑩ 且庸人尚羞之,况于将相乎?(《史记·廉颇蔺相如列传》)
⑪ 蔓草犹不可除,况君之宠弟乎?(《左传·隐公元年》)

上面三例的"且、尚、犹"都可以译为"尚且"。有时还两两连用,意思与单用一样,例如:

⑫ 管仲且犹不可召,而况不为管仲者乎?(《孟子·公孙

丑下》）——且犹,尚且。

4. 表示继续、推测与意愿。常见表示继续的有:尚、犹。例如:

① 视其缶,而吾蛇尚存。(柳宗元《捕蛇者说》)——尚,还,依然。

② 千呼万唤始出来,犹抱琵琶半遮面。(白居易《琵琶行》)——犹,仍然。

③ 今君虽终,言犹在耳。(《左传·文公七年》)

常见表示推测的有:盖、殆、或、其、得无、无乃。例如:

④ 盖予所至,比好游者尚不能十一。(王安石《游褒禅山记》)——盖,大概。

⑤ 郦元之所见闻,殆与余同。(苏轼《石钟山记》)——殆,恐怕。

⑥ 冀君实或见恕也。(王安石《答司马谏议书》)——或,或许。

⑦ 吾其被发左衽矣！(《论语·宪问》)——其,也许。

⑧ 日食饮得无衰乎？(《战国策·赵策》)——得无,该不会。

⑨ 诸侯得微有故乎？(《晏子春秋·杂上》)——得微,即"得无"。

⑩ 无乃不可乎?(《左传·僖公三十二年》)——无乃,恐怕。

常见表示意愿的有:尚、其。例如:

⑪ 攻之不克,围之不继,吾其还也。(《左传·僖公三十三年》)——其,还是。
⑫ 尔尚辅予一人!(《尚书·汤誓》)——尚,可要。
⑬ 二三子其佐我明扬仄陋。(曹操《求贤令》)——其,定要。

七、敬谦副词

敬谦副词是用来表示对人的尊敬或自己的谦卑的。这是文言特有的副词,仅个别还保留在现代汉语书面语言里。这类词原来大都有比较具体的意义,用作敬谦副词以后,原来的具体意义几乎完全消失。它分为表敬和表谦两类。

1. 表示尊敬,常用的有:请、谨、敬、幸、惠、辱、枉。例如:

① 相如曰:"城不入,臣请完璧归赵。"(《史记·廉颇蔺相如列传》)
② 张良曰:"谨诺。"(《史记·项羽本纪》)
③ 寡人闻之,敬以国从。(《战国策·楚策》)
④ 幸来告语之,吾亦往送女。(《史记·滑稽列传》)

⑤ 君惠吊亡臣，又重有命。(《国语·晋语》)
⑥ 辱收寡君，寡君之德也。(《左传·僖公四年》)
⑦ 将军宜枉驾顾之。(《三国志·诸葛亮传》)

例①的"请"没有"请求"的行为意义，其后的"完璧归赵"是说话人自己要施行的行为，"请"只是向对话人表示一种敬意，因而是副词。以下各句的"谨、幸、辱、枉"等用于应答词或谓语之前，都不再有什么实在的意义。如后四例，意思也只是：你这样做，对我来说是"幸运"、是"恩惠"，对你来说是"屈辱"、是"委屈"。在现代汉语里找不出对译的词儿，因而一般无须翻译。如果一定要表达出来，例①可说成"请允许我"，例②可说成"遵命"，例③可译为"恭敬地"，如此等等。

2. 表示谦卑，常用的有：窃、敢、忝、猥、伏、愚。例如：

① 老臣病足，曾不能疾走，不得见久已，窃自恕。(《战国策·赵策》)
② 颍考叔曰："敢问何谓也?"(《左传·隐公元年》)
③ 弼大怒曰："太守忝荷重任，当选士报国。"(《后汉书·史弼传》)
④ 猥以微贱，当侍东宫。(李密《陈情表》)
⑤ 伏闻康叔亲属有十。(《史记·三王世家》)
⑥ 愚以为营中之事，悉以咨之。(诸葛亮《出师表》)

以上句子里的谦辞，已不再表示什么具体的意义，只是在对话人面前表示自己的谦让。如"窃"只是"私下"的意思,"敢"是"冒昧地",一般也不必译出。

八、称代副词

所谓称代副词,是指带有称代性质的副词,常见的有:相、互、更、迭、递、见。其中以"相"最为典型,当详加剖析。这种"相"位处及物动词之前,如果从其常用意义或现代汉语的语感出发,很容易解释为"互相""交互",即看作是表示某一行为的施事者同时又是这一行为的受事者。其实,这种用法的"相",并非那么单纯。例如:

① 不及黄泉,无相见也。(《左传·隐公元年》)
② 道不同,不相为谋。(《论语·卫灵公》)
③ 岂非计久长,有子孙相继为王也哉?(《战国策·赵策》)
④ 故有无相生,前后相随。(《老子》)

前二例的"相"都表示"互相",如例①"无相见"意思是"你不要见我,我也不见你"。例③"相"即非"互相"之意,而是"子继父,孙继子……"这样一代传一代地继承下去,即表示"递相"。至于例④,前句表"互相",后句表"递相",这是先秦时期作为副词的"相"的两个常用意义,应当注意区别。

"相"表示"递相",实际上已开始失去其"交互"的意义,到后来便用以称代动作行为的受事者了。就是说,副词"相"由互指演变为偏指。这种用法,在汉魏以后渐渐地多起来。例如:

⑤ 今王与耳旦暮且死,而公拥兵数万,不肯相救。(《史记·张耳陈余列传》)

⑥ 子敬,孤持鞍下马相迎,足以显卿未?(《三国志·鲁肃传》)

⑦ 妾不堪驱使,徒留无所施。便可白公姥,及时相遣归。(《古诗为焦仲卿妻作》)

⑧ 卿但暂还家,吾今且报府,不久当归还,还必相迎取。(同上)

⑨ 府吏闻此变,因求假暂归。……新妇识马声,蹑履相逢迎。(同上)

以上五例的"相",如果阅读时能联系上下文细加推敲,即能断定它们不能解作"互相",也不能解作"递相",而是用来偏指"救""迎"等行为的受事者。例⑤"不肯相救",等于说"不肯救我";例⑥"下马相迎",等于说"下马迎你"。有趣的是后三例,同出自一篇叙事长诗。例⑦"相遣归"的"相"是兰芝在对话中用作自称,例⑧"相迎取"的"相"是府吏对对话时用作对称,而例⑨"相逢迎"的"相"却是作者在叙述语中用作他称,各各相当于"我""你""他"。

"相"的称代作用如果完全消失,那它就单纯表示一方对另一方的关系了。例如:

⑩ 北邀当国者相见。(文天祥《指南录后序》)
⑪ 水石相搏,声如洪钟。(苏轼《石钟山记》)

例⑩"见"的对象"当国者"已在前面出现,紧挨在后面的"相"实际上已失去称代作用。如果说这个"相"仍有着"复指"的痕迹,相当于"见之"的"之"的话,那么例⑪"水石相搏"的"相"应该是没有任何称代作用,而只是单纯用来表示"水"对"石"的单方面关系了。

然而,如果"相"所修饰的是两个叠用的不及物动词的话,这"相"就有所谓"递相"的意思了。例如:

⑫ 草行露宿,日与北骑相出没于长淮间。(文天祥《指南录后序》)

⑬ 行城子河,出入乱尸中,舟与哨相先后。(同上)

究其文意,例⑫是说文天祥与"北骑"(元兵)彼出此没,即元兵来了就潜伏起来,元兵去了又行走。例⑬是指文天祥行至城子河时,元人的哨兵刚刚过去,幸而未遇。

仔细分析了"相"的演变情况,再来看其他几个称代副词就比较容易理解了。例如:

① 六国互丧,率赂秦耶?(苏洵《六国论》)——互,交替,相继。

② 四海迭兴,更为伯主。(《史记·十二诸侯年表》)——迭,更迭,交替。更,更相,轮番。

③ 自皇子陂归昭国里,迭吟递唱,不绝声者二十余里。(白居易《与元九书》)

以上三例的四个副词,都表示"递相",即"一个接着一个"的意思。

最后来讨论"见"。这里所说的"见"是指处于及物动词之前的句法。先看例句:

① 年四十而见恶焉,其终也已。(《论语·阳货》)——恶,厌恶。
② 吾长见笑于大方之家。(《庄子·秋水》)
③ 少加孤露,母兄见骄。(嵇康《与山巨源绝交书》)
④ 生孩六月,慈父见背。(李密《陈情表》)

对于前二例的"见",一般学者都认为其用法是表示被动,例①施事者没有出现,例②施事者由介词"于"引出。这种用法的"见"当属于助动词。对于后二例的"见",有影响的语法学家们就意见分歧了:王力说它"等于一个词头"(《汉语语法史》,商务印书馆,1989);潘允中认为是"一个虚化了的助词"(《汉语语法史概要》,中州书画社,1982);史存直的看法是"助动词""表示'人加于我'的用法"(《汉语语法史纲要》,华东师大出版社,1986);杨伯峻以为已经"成为一个动词词头兼表指代之用"(《古汉语语法及其发展》,语文出版社,1992)。其分歧如此之大,一方面由于"见"的此种用法的性质与功能实在复杂而难以评断,另方面是语法学家们未能着眼于它的主要特征与主要作用。

"表指代之用"说,是吕叔湘早年提出来的:"有些句子里'见'字不表被动……,这里的'见背'(参见例4)是说'背我',也有一种间接指称的作用。"显然,吕氏措辞慎重,留有余地。不过有一点可以肯定,上引后二例"见"的用法十分固定,只能放在及物动词前边,对动词起着一种特殊的限定作用。

最早明确指出上述"见"两种用法之间相承关系的是杨树达,他把这两种用法的"见"都归入助动词,不过他指出,后一种用法是"前条之变化,《毛诗·褰裳序疏》'自彼加己'之释,于此法尤为贴切"。这"自彼加己"之辞,就把一个动词的施、受两方面都兼顾到了:如果着眼于施动,那是"彼加";如果着眼于受动,那是"加己"。由此可以看出"见"字的上述两种用法之间的血缘关系。韩愈《进学解》一文为我们提供了一个有趣的例子:"然而圣主不加诛,宰臣不见斥。""圣主"和"宰臣"都是施事者,前句用"加",后句用"见",这"见"与"加"语义相同。问题在于,此种用法的"见"究竟是什么词?

由马汉麟主编的《古代汉语读本》,把此种用法的"见"和前面所说的"相"同样看待,都列入"指代性副词"。我们认为,这是很有见地的。其实,王力也曾指出:"这种'见'字往往可以译成'相'字,如'见许'即'相许','见让'即'相让'。"(《汉语语法史》,商务印书馆,1989)我们把此种用法的"见"归入称代副词,理由如下:其一,"见"紧靠及物动词之前,不是辅助动词表达某种行为的意义,而是限定动词的动作行为,即表示一种"行为相关"的作用;其二,"见"处于动词之前,还具有一种表达客气礼貌的意味,很像"请、惠、辱、窃"这些文言中表示敬谦的副词;其三,从汉语史的角度来看,"见"列入副词,更加符合也更能显示其演变之轨迹,即由一般动词引申为助动词表示被动,进而虚化为副词表示某种虚灵的限定或礼让的意义,就如同"相"由动词虚化为带指代性的副词一样。

第四章 介词和连词

第一节 介　　词

　　介词经常用在名词、代词或名词性词组的前面,构成介宾词组,充当谓语的附加成分(状语或补语),以表示时间、处所、工具、方式、原因、目的、有关对象等。文言里的介词,大多由动词虚化而来,其常见用法大部分保存在现代汉语的书面语言里,掌握起来并不很困难。根据介词引介的作用,可以把它分为四类。

一、时地介词

　　时地介词是引进时间、处所的介词。常见的有:于(乎)、在、自、由、从、以、及、向、嚮、当、至。例如:

　　① 自吾氏三世居是乡,积于今六十岁矣。(柳宗元《捕蛇者说》)——于,到。

　　② 夏四月辛巳,晋人及姜戎败秦师于殽。(《左传·僖公三十三年》)——于,在。

　　③ 生乎吾前,其闻道也固先乎吾。(韩愈《师说》)——

乎,在。

④ 自此,冀之南,汉之阴,无陇断焉。(《列子·汤问》)——自此,从此以后。

⑤ 由我失霸,不如死。(《左传·宣公十二年》)——由我,从我手里。

⑥ 由也为之,比及三年,可使有勇。(《论语·先进》)——比及,等到,为同义复合介词。

⑦ 武以始元六年春至京师。(《汉书·苏武传》)——以,在。

⑧ 西门豹簪笔磬折,嚮河立。(《史记·滑稽列传补》)——嚮,向,对。

⑨ 当今吾不能与晋争。(《左传·襄公九年》)——当,在。

⑩ 引锥自刺其股,血流至足。(《战国策·秦策》)

以上②、⑤、⑧、⑩四例里的介词是引进处所,其余六例是引进时间。这些介词跟它后面的名词、代词或名词性词组所构成的介宾词组,在④、⑥、⑨三例中处于句首,在⑤、⑦、⑧三例中处于动词或动词性词组之前,在其余四例中处于动词或动词性词组之后。

二、方式介词

方式介词是引进方式(或工具)、条件(或标准)的介词。常见的有:以、用、依、按。例如:

① 以羽为巢,而编之以发。(《荀子·劝学》)
② 鲁人皆以儒教而朱家用侠闻。(《史记·游侠列传》)
③ 思远依事劾奏。(《南史·王思远传》)

例①两个"以"引进行为赖以实现的材料、工具;所构成的介宾词组,前者处于述宾词组之前,后者置于述宾词组之后。例②"以"引进方式,"用"引进身份,所构成的介宾词组均处于动词之前。例③"依"引进论事标准,所构成的介宾词组置于述宾词组之前。

三、原因介词

原因介词是引进事物发生的原因或目的的介词。常见的有:为、由、以、用、因、缘。例如:

① 天下熙熙,皆为利来;天下攘攘,皆为利往。(《史记·货殖列传》)
② 子华由是得罪于郑。(《左传·僖公七年》)——由,因。
③ 王前欲伐齐,员强谏;已而有功,用是反怨王。(《史记·越王勾践世家》)
④ 花径不曾缘客扫,蓬门今始为君开。(杜甫《客至》)——缘,因。

例①"为"引进行为的目的,所构成的介宾词组处于动词之前。后三例中的介词"由、用、缘"都是引进原因,所构成的介宾词组也置于动词或动词性词组之前。

四、对象介词

对象介词是引进与行为有关的对象的介词。常见的有：为、与、于(乎)。例如：

① 庖丁为文惠君解牛。(《庄子·养生主》)
② 陈涉少时，尝与人佣耕。(《史记·陈涉世家》)——与，为。
③ 赵氏求救于齐。(《战国策·赵策》)——于，向。
④ 吾尝疑乎是。(柳宗元《捕蛇者说》)——乎，于，对。

前二例介词所引进的有关对象是人，所构成的介宾词组均处于动词性词组之前。后二例介词所引进的对象分别是国家或事物，所构成的介宾词组均置于动词性词组之后。

五、几个重要的介词

以上按照介词的意义类别，将文言里常见的介词做了粗略的介绍，从中可以看出，不少介词的用法相当宽泛。下面有必要选出六个比较复杂或比较生疏的介词，逐一详加剖析。

1. 于

"于"，古文中写作"於"。"於"和"于"，现代是繁简字关系，古代是通假字关系，二者基本相同，只是使用范围小有差异。"乎"上古读音和"于"相近，也常用作介词，用法基本上和"于"一致。

(1) 引进处所和时间

① 王坐于堂上。(《孟子·梁惠王上》)
② 千里之行,始于足下。(《老子》)
③ 河内凶,则移其民于河东。(《孟子·梁惠王上》)
④ 生乎吾前。(韩愈《师说》)
⑤ 自吾氏三世居是乡,积于今六十岁矣。(柳宗元《捕蛇者说》)

前三例是引进行为的处所:例①引进所在之地,现代用"在";例②引进起自之地,现代用"从";例③引进归向之地,现代用"到"。后二例是引进行为的时间:例④"乎"现代说成"在";例⑤"于"现代要说"到"。

(2) 引进涉及的对象或范围

① 赵氏求救于齐。(《战国策·赵策》)
② 吾矛之利,于物无不陷也。(《韩非子·难一》)
③ 利泽施乎万物。(《庄子·大宗师》)
④ 燕于姬姓独后亡。(《史记·燕世家》)
⑤ 敏于事而慎于言。(《论语·学而》)
⑥ 不义而富且贵,于我如浮云。(《论语·述而》)

前三例引进行为涉及的对象:例①"于齐"现代说"向齐国";例②"于物"现代说"对任何东西";例③"施乎万物"现代说"施舍给万

物"。后三例引进行为涉及的范围或角度:例④"于姬姓"现代说成"在姬姓各诸侯国中";例⑤"于事""于言"现代说成"在做事方面""在说话方面";例⑥"于我"现代说成"对于我"或者"对我来说"。

（3）引进比较的对象

① 苛政猛于虎也。（《礼记·檀弓》）
② 其闻道也固先乎吾。（韩愈《师说》）
③ 我则异于是，无可无不可。（《论语·微子》）

前二例比较程度，"于"和"乎"相当于"比";后一例是比较异同，"异于是"即"与此不同"。

（4）引进行为的主动者

"于"字的这种用法,在以后的章节里将要叙述。这里只举一个"乎"字的例句:

刑赏已诺,信乎天下矣。（《荀子·王霸》）——乎,于。

"信乎天下"即"被天下人信任"。

由以上的例句可以看出，用"于"字组成的介宾词组，除了第二种用法有的必须放在动词前面以外，其余的都放在动词或形容词之后。而在现代汉语里，表示比较和表示被动的介宾词组要放在形容词或动词的前面。

对于初次接触文言语法的读者来说，"于"会显得用法复杂、意义繁多。仅就上面所举的例句来看，就大致有四种用法、十五个意义。不过,这是跟现代汉语介词相比较而产生的一种感觉。对译不等于语法分析。"于"字结构是对译的基础,而对"于"的分析却要从其本身入手。试看下列例句:

① 青,取之于蓝而青于蓝。(《荀子·劝学》)
② 出乎尔者,反乎尔者也。(《孟子·梁惠王下》)
③ "……然后快于心与?"王曰:"否,吾何快于是?"(同上)
④ 粟米布帛生于地,长于时,聚于力,非一日成也。(晁错《论贵粟疏》)

例①的两个"于"引进的都是名词"蓝":前者受"取"的影响,对译为"从";后者受"青"的影响,对译为"比"。例②两个分句的句式是相同的,前一"乎"译作"从",后一"乎"译作"到"。例③的"快于心"和"快于是",结构相同,谓语动词也一样,只是所引进的词语不同,前一"于"译成"在",后一"于"译成"对"。例④三个"于"在句中所处的地位和所起的作用显然是一样的,由于前后文义不同,因而就分别译作"从(地里生出)""在(一定时候成长)""靠(人力聚集)"。

仔细体会以上各例便可明白,现代汉语的介词有了更为细致的分工,而文言的"于"本身并没有那样繁多的含义。介词"于"之所以有种种不同的解释和对译,都只是因为受了前面的动词(形容词)或后面的名词(代词)影响的结果,"于"本身的词义和词性都没有发生变化,它跟文言的其他介词相比,具有更纯粹的介词特性,而别的介词如"以、为、与、自"等都带有一定的动词性。

正因为"于"比现代汉语的"在""到"等具有更纯粹的介词特性,所以在文言里就有如下的用法:

⑤ 其耳目在于旗鼓。(《国语·晋语》)
⑥ 其为物轻微易藏,在于把握。(晁错《论贵粟疏》)
⑦ [墨子]行十日十夜而至于郢。(《墨子·公输》)
⑧ 遂用猖獗,至于今日。(《三国志·诸葛亮传》)

若是从现代汉语对译的角度来看,上引四句里的"于"似乎多余。但在文言里,"在""至"是不及物动词,表示处所、时间和有关方面的词语不能直接放在动词的后面做补语,而需要通过介词"于"来引进。从文言句法的角度来看,动词"在""至"和介词"于"连用是完全合理的。

由此可见,"于"在文言里只起一种单纯的介接和组合的作用。理解了"于"本身的这种特性和基本用法,就不会对它的应用范围十分广泛而感到迷惑不解,也不会觉得它意义繁多、用法复杂而难以掌握了。

2. 以

"以"本来是个动词,意思是"用",例如《论语·宪问》:"桓公九合诸侯,不以兵车,管仲之力也。""以"又有"以为"(认为)的意思,例如《战国策·赵策》:"老臣以媪为长安君计短也。"但是,更为常见的是用作介词或连词。这里只说"以"作为介词的几种用法。

（1）引进工具、方式或凭借

① 以羽为巢，而编之以发。(《荀子·劝学》)
② 以身教者从，以言教者讼。(《后汉书·第五伦传》)
③ 齐使者如梁，孙膑以刑徒阴见。(《史记·孙子列传》)
④ 以贤则去疾不足，以顺则公子坚长。(《左传·宣公四年》)

例①两个"以"分别引进行为赖以实现的工具和材料，例②两个"以"引进行为的方式、方法，"以"相当于现代汉语的"用"或"拿"。例③引进行为凭借的身份，"以刑徒"即"凭借刑徒的身份"。例④两个"以"引进论事的标准、条件，"以贤"即"论贤能"，"以顺"即"按照长幼顺序"。

（2）引进涉及的对象

① 秦不以城予赵，赵亦不予秦璧。(《史记·廉颇蔺相如列传》)
② [项伯]私见张良，具告以事。(《史记·项羽本纪》)
③ 天下有变，王割汉中以楚和。(《战国策·周策》)
④ 宫之奇以其族行。(《左传·僖公五年》)
⑤ 庆封曰："越远，利以避难。"(《韩非子·说林上》)

前二例"以"引进行为直接涉及的对象：例①前句本可以说成"不予赵城"，作者为了不与下面的"不予秦璧"类似而变换句式，用介词

"以"将指物的宾语"城"提到动词前面;例②"具告以事"即"具告之以事",也就是"具以事告之",跟"以城予赵"属于同一类型。这种用法的"以"相当于现代汉语的"把"。中间二例是引进行为有关的对象,即主语交与的对象,"以"相当于现代的"与"和"跟"。例③"以楚和"就是"与楚和";例④"以其族"就是"与其族人",不过此句是说以"宫之奇"为主,含有带领的意思,因而有的语法著作把这个"以"解释为"率领"。其实"率领"是动词,而"以"是介词。例⑤"以"用在形容词"利"的后边,表示有关的方面,相当于现代的"对于"或"在(避难)方面"。这种用法的"以"跟介词"于"一样。

(3) 引进原因

① 君子不以言举人,不以人废言。(《论语·卫灵公》)
② 扶苏以数谏故,上使外将兵。(《史记·陈涉世家》)
③ 项羽以故疑范增,稍夺之权。(《汉书·项藉传》)

这种用法的"以"相当于"因""由于"。例②"以数谏故"即"由于屡次劝谏的缘故";例③"以故"即"因此"(因为这个缘故)。

(4) 引进时间

① 将以己丑焚公宫。(《国语·晋语》)
② 文以五月五日生。(《史记·孟尝君列传》)——文,田文,即孟尝君。

这种用法的"以"跟介词"于"极相近。

上面的引例表明,用"以"组成的介宾词组,在表示原因和表示时间时,一般放在动词的前面;而在前两种用法里,可以放在动词之前,也可以放在动词之后。

3. 为

"为"原来是个动词,读阳平,有"做""治""谓"等意思。例如《战国策·齐策》:"王使人为冠。"《论语·先进》:"为国以礼。"《庄子·逍遥游》:"北冥有鱼,其名为鲲。"作为介词的"为"是由动词转化来的,读去声。"为"用作介词,有三种用法。其中一种是引进行为的主动者表示被动,这在后面要讲到。这里只介绍其余两种用法。

(1) 引进对象

① 为人谋而不忠乎?(《论语·学而》)
② 及庄公即位,为之请制。(《左传·隐公元年》)
③ 谁为大王为此计者?(《史记·项羽本纪》)
④ 太子怒,入为王泣。(《韩非子·外储说右上》)
⑤ 今者出,未辞也,为之奈何?(《史记·项羽本纪》)
⑥ 具为天子言之。(《史记·大宛列传》)

前三例介词"为"是引进行为直接涉及的对象,"为"略等于现代汉语的"给"和"替",如例③"为大王"即"替大王";后三例的"为"是引进行为旁及的对象,略等于现代的"对""跟""向",如"为之奈何"就是"对这件事怎么办"。

(2) 引进原因或目的

① 天行有常,不为尧存,不为桀亡。(《荀子·天论》)
② 十余万人皆入睢水,睢水为之不流。(《史记·项羽本纪》)
③ 夫子胡为忧也?(《晏子春秋·杂上》)
④ 始知文章合为时而著,歌诗合为事而作。(白居易《与元九书》)

前三例的"为"是引进行为发生的原因,可译作"因为""因"。例②"为之"即"因此"。例③"胡为"即"为何",也就是"由于什么原因"。最后一例是引进行为发生的目的,"为时"即"为了反映时代","为事"即"为了反映事实"。

4. 与

"与"原本也是个动词,有"给予""参与""交与(结交)"等意思。例如《左传·隐公元年》:"欲与大叔,则请事之。"《史记·范雎列传》:"不敢复与天下之事。"《国语·齐语》:"桓公知天下诸侯多与己也。""与"用作介词,是动词"交与"义虚化的结果。介词"与"有三种用法。例如:

① 公与之乘。(《左传·庄公十年》)
② 且夫暴国之君将谁与至哉?(《荀子·议兵》)——谁与,跟谁。
③ 夫地大而不垦者,与无地同。(《商君书·算地》)

④ 中国与边境,犹支体与腹心也。(《盐铁论·诛秦》)
⑤ 今子与我取之,而不与我治之,焉可?(《韩非子·外储说左上》)
⑥ 汉王与义帝发丧。(《汉书·高祖纪》)——与,为。

前二例是引进交与的对象,"与"相当于"同""跟"。中二例是引进比较的对象,"与"相当于"跟"或"同……相比"。后二例引进行为涉及的对象,"与"即"为",相当于"替""给"。

5. 因

"因"原是动词,有"依靠、凭借"和"顺着、接着"的意思。例如《楚辞·卜居》:"余有所疑,愿因先生决之。"《论语·先进》:"加之以师旅,因之以饥馑。"后由动词转化为介词,有三种用法。例如:

① 时子因陈子而以告孟子。(《孟子·公孙丑下》)
② 而魏往年大破于齐,诸侯畔之,可因此时伐魏。(《史记·商君列传》)
③ 因前使绝国有功,封骞博望侯。(《史记·卫将军列传》)
④ 如因荣木变为枯木,枯木之质宁是荣木之体?(范缜《神灭论》)

前二例"因"引进行为赖以实现的条件,与介词"以"类似:例①译为"凭靠、通过";例②译为"趁、利用"。例③"因"引进行为产生的原因,相当于现代的"由于、因为"。不过,两汉以前没有此种用法,就是说上古早期"因"不当"因为、因此"讲,这是要注意的。例④"因"引进事物变化的起自,相当于现代的"从、由"。

6. 缘

"缘"原是名词,指衣服的边饰。例如《礼记·玉藻》:"缘广寸半。"用作动词有"遵循、依靠"的意思。例如《荀子·正名》:"缘耳而知声可也,缘目而知形可也。"由此虚化为介词。作为介词,"缘"也有三种用法。例如:

① 缘溪行,忘路之远近。(陶潜《桃花源记》)
② 缘法而治,按功行赏。(《商君书·君臣》)
③ 缘其声,纬之以五音。(白居易《与元九书》)
④ 花径不曾缘客扫。(杜甫《客至》)

例①"缘"引进与行为有关的事物,译为"沿着"。例②、③两个"缘"引进行为依据的标准,可译为"根据、按照"。例④"缘"引进行为产生的原因,译作"由于、因为"。这第三种用法产生比较晚,早期是没有的。

最后,不妨把介词"于"跟"以、为、与"三个做一番比较。正因为后三个是由动词虚化而来的介词,它们依然带有某些动词的特点。譬如,在文言里,动词的宾语若是疑问代词必须放在动词的前面("大王来何操""计将安出"),动词可以和"所"构成名词性词组("不得所请""所卖必倍")。而介词"以、为、与"等也有同样的句式。例如:

① 长安君何以自托于赵？（《战国策·赵策四》）
② 王如善之，则何为不行？（《孟子·梁惠王下》）
③ 吾谁与归？（范仲淹《岳阳楼记》）
④ 晨门曰："奚自？"（《论语·宪问》）
⑤ 吾知所以距子矣。（《墨子·公输》）
⑥ ［梁］谕以所为起大事。（《史记·项羽本纪》）
⑦ 圣人非所与熙也。（《晏子春秋·杂下》）
⑧ 抚军不忘所自。（《聊斋志异·促织》）

以上八例中，既有"何以""何为""谁与""奚自"的格式，又有"所以""所为""所与""所自"的结构，这是它们具有动词性的明证。而介词"于"就不存在这样的用法。

或许有人会举出几个相反的例子表示异议：

① 中世士大夫以官为家，罢则无所于归。（韩愈《送杨少尹序》）
② 天下恶乎定？（《孟子·梁惠王上》）
③ 敢问夫子恶乎长？（《孟子·公孙丑上》）

"无所于归"是个孤例，不足以否定上述论点。吕叔湘也曾指出这是个例外，文言中正常的说法应该是"无所归""安所归"。至于"恶乎"虽等于"于何"，但它在文言里是个凝固形式，古籍中就没有"于何"倒置的用法。

总之，即使跟文言里的"以、为、与、自"相比，"于"字也具有更纯粹的介词性。

第二节 连 词

连词是用来连接词、词组、句子或句组的虚词。连词只有连接作用,没有修饰作用,不充当任何句法成分。文言里的连词很多,本节先就它们所表示的不同关系分类介绍常见的连词,再讨论几个比较重要的连词。

一、连词的类别

1. 并列连词

常见的有:与、及、且、而、以。它们所连接的两项或几项是等立并列的。例如:

① 子罕言利与命与仁。(《论语·子罕》)
② 秦王大喜,传以示美人及左右。(《史记·廉颇蔺相如列传》)
③ 君子有酒,旨且多。(《诗·小雅·鱼丽》)——且,又。
④ 闻善而不善,皆以告其上。(《墨子·尚同上》)——而,与。
⑤ 其责己也重以周,其待人也轻以约。(韩愈《原毁》)

例①用两个"与"连接三个名词。例②用"及"连接前后两个名词。例③用"且"连接两个形容词。例④用"而"连接两个由形容词转化的名词,"善"即"善事"。例⑤前后各用"以"分别连接两个形容词,"重以周"可译作"严格而又周全","轻以约"即"宽容而又简约"。

2. 承接连词

常见的有:则、斯、而、以、于是、然后、而后。它们所连接的两项,或是时间上先后相接,或是事理上先后相因。例如:

① 战则请从。(《左传·庄公十年》)——则,就。
② 我欲仁,斯仁至矣。(《论语·述而》)——斯,这就。
③ 秦王怒,不许。于是相如前进缶。(《史记·廉颇蔺相如列传》)
④ 世有伯乐,然后有千里马。(韩愈《杂说四》)
⑤ 臣鞠躬尽瘁,死而后已。(诸葛亮《后出师表》)

例①"则"处于动词与动词性词组之间,例②"斯"处于两个分句之间,例③"于是"处于后一个句子之首,都表示前后两个行为一先一后。例④"然后"位于两个分句之间,表达事理上的因缘关系。

3. 递进连词

常见的有:且、而、非徒、非特、况、况于、而况、矧。它们所连接的两项,后一项在语势上比前一项更进一层。例如:

① 以君之力,曾不能损魁父之丘,如太行、王屋何?且焉置土石?(《列子·汤问》)——且,再说。
② 非徒无益,而又害之。(《孟子·公孙丑上》)——非徒,不但。

③ 草犹不可除,况君之宠弟乎?(《左传·隐公元年》)——况,何况。

④ 且庸人尚羞之,况于将相乎?(《史记·廉颇蔺相如列传》)

⑤ 管仲且犹不可召,而况不为管仲者乎?(《孟子·公孙丑下》)

⑥ 智能知之,犹卒以危,矧今之人,曾不是思?(柳宗元《敌戒》)

例①后句用"且",其语意就进了一层。例②前句用"非徒",后句用"而又",语势即推进了一步。接着三句,前面分别用"犹""尚""且犹",后面则用"况""况于""而况",使语意逼近一步。例⑥前句用"犹",后句用"矧"与之呼应,气势更盛。这后四句都是反问句式,更增强了后来的语势。

4. 选择连词

常见的有:或、若、如、抑、且、将、非……即……、与……宁……、与其……孰若……。它们所连接的两项不能同时并存,或者任选其一,或者舍此取彼。例如:

① 愿取吴王若将军头,以报父之仇。(《史记·魏其武安侯列传》)——若,或。

② 安见方六七十如五六十而非邦也者?(《论语·先进》)——如,或者。

③ 襄而言戏乎,抑有所闻之乎?(《国语·晋语》)——

抑,还是。

④ 秦欤?汉欤?将近代欤?(李华《吊古战场文》)——将,还是。

⑤ 与人刃我,宁自刃。(《史记·鲁仲连邹阳列传》)——与,与其。宁,宁可。

⑥ 与其杀是童,孰若卖之?(柳宗元《童区寄传》)——孰若,何如,哪比得上。

前二例是叙述性的选择:前者"若"用于两个名词之间,后者"若"用于两个数词之间。中二例是疑问性的选择:前者"抑"处于两个分句之间,后者"将"用来表示于三者当中选择其一。后二例是舍弃前项而取其后项。

5. 转折连词

常见的有:而、但、顾、然、然而、抑、至、若、至如、若夫、至若。它们所连接的前后两项,在意思上相反或者不相协调,中间有所转折。例如:

① 将军战河北,臣战河南,然不自意能先入关破秦。(《史记·项羽本纪》)

② 乐以天下,忧以天下,然而不王者,未之有也。(《孟子·梁惠王下》)

③ 其不可行明矣,然且语而不舍,非愚则诬也。(《庄子·秋水》)——然且,可是。

④ 吾不忘也,抑未有以致罪焉。(《国语·晋语》)——

抑,不过。

⑤ 相如虽驽,独畏廉将军哉?顾吾念之,强秦之所以不敢加兵于赵者,徒以吾两人在也。(《史记·廉颇蔺相如列传》)——顾,只是。

⑥ 人体欲得劳动,但不得使极尔。(《三国志·华佗传》)

⑦ 项王见人恭敬慈爱……。至使人有功当封爵者,印玩弊,忍不能予。(《史记·淮阴侯列传》)——至,至于。

⑧ 当在薛也,予有戒心……;若于齐,则未有处也。(《孟子·公孙丑下》)

⑨ 若夫霪雨霏霏,连月不开,阴风怒号……。至若春和景明,波澜不惊……(范仲淹《岳阳楼记》)

前四例,"然""然而"等所连接的两项互相排斥,表示反转。其中"然而""然且"是复合连词,"然"实际上是个指示代词,意思是"如此""这样",后边的"而""且"则真正表示转折,不过翻译时可合译为"然而""可是"。中二例,"顾""但"所连接的两项并不完全排斥,表示轻转:例⑤是连接句子和句子,例⑥是连接分句与分句。后三例,"至""若""若夫"所连接的两项互不相关,表示他转,前人称之为"提起连词":例⑦、⑧是连接句子与句子,例⑨是连接句组与句组。

6. 假设连词

常见的有:如、若、苟、即、则、设、使、令、设使、向使、倘使、且使、藉使。它们所连接的两项是假设条件与其后果的关系。例如:

① 若备与彼协心,上下齐同,则宜抚安,与结盟好;如有离违,宜别图之,以济大事。(《资治通鉴·汉纪·建安十三年》)

② 苟入狱,不问罪之有无,必械手足,置老监。(方苞《狱中杂记》)

③ 即谋单于,何以复加?(《汉书·苏武传》)——即,假使。

④ 使后之为君者,果能保此产业,传之无穷,亦无怪乎其私之也。(黄宗羲《原君》)——使,若使。

⑤ 不然,令五人者保其首领以老于户牖之下,则尽天年……安能发其志士之悲哉!(张溥《五人墓碑记》)——令,假设。

⑥ 向使三国各爱其地,齐人勿附于秦,刺客不行,良将犹在,则胜负之数,存亡之理,当与秦相较,或未易量。(苏洵《六国论》)——向使,假使。

⑦ 但使主人能醉客,不知何处是他乡。(李白《客中作》)——但使,倘使。

⑧ 设令贼以二万人断沔水,……将何以救之?(《晋书·宣帝纪》)——设令,设使。

⑨ 且使我有洛阳负郭田二顷,吾岂能佩相印乎?(《史记·苏秦列传》)——且使,假使。

⑩ 竟使遇哨,无不死。(文天祥《指南录后序》)——竟使,假使。

前五例中使用的都是单音假设连词,除"则"用于后一分句之外,其余都用于前一分句。后五例中使用的都是复合假设连词,大多因读音相近而通用,它们都用在前一分句里。

7. 让步连词

常见的有:虽(唯)、纵、即。它们所连接的两项相互间是转折关系,又含有假设的意味,总之,用上让步连词,句子就包含了退一步着想的意思。例如:

① 虽杀臣,不能绝也。(《墨子·公输》)——虽,即使。
② 信再拜贺曰:"唯信亦以为大王不如也。"(《史记·淮阴侯列传》)——唯,同虽,即使。
③ 纵江东父兄怜而王我,我何面目见之?(《史记·项羽本纪》)
④ 公子即合符,而晋鄙不授公子兵而复请之,事必危矣。(《史记·魏公子列传》)
⑤ 即捕得三两头,又劣弱不中于款。(《聊斋志异·促织》)——即,纵使。

以上五例,除例④"即"置于主语和谓语之间外,其余的假设连词都用于句首。例②、⑤两例还分别有副词"亦""又"与之呼应。

8. 因果连词

常见的有:以、为、由、因、故、是故、是以、以故、由是。它们所连接的两项是原因和结果的关系。例如:

① 以相如功大,拜为上卿。(《史记·廉颇蔺相如列

传》）——以，因为。

② 百姓之不见保，为不用恩焉。（《孟子·梁惠王上》）——为，因为。

③ 由所杀蛇白帝子，杀者赤帝子，故上赤。（《史记·高帝本纪》）

④ 其言不让，是故哂之。（《论语·先进》）——是故，因此。

⑤ 汉败楚，楚以故不能过荥阳而西。（《史记·项羽本纪》）——以故，因此。

⑥ 先帝……咨臣以当世之事，由是感激，遂许先帝以驱驰。（诸葛亮《出师表》）

前三例，"以、为、由"用于表示原因的分句，其中例②原因句在后，例③结果句有"故"与"由"呼应。后三例，"是故、以故、由是"用于表示结果的分句。

二、几个重要的连词

1. 与

"与"既用作介词，也用作连词。连词"与"一般用来连接并列的名词、代词或名词性词组。这就要注意区分介词"与"和连词"与"：用作介词，其前后的成分不是并列的；用作连词，其前后的成分是并列的。例如：

① 今由与求也相夫子。（《论语·季氏》）

② 公与之乘,战于长勺。(《左传·庄公十年》)
③ 王稽遂与范雎入咸阳。(《史记·范雎列传》)
④ 独守丞与战谯门中。(《史记·陈涉世家》)

例①"与"前后的"由"和"求"是并列的两个人名,在句中用作主语,不分主次,也可以说成"求与由",所以"与"是连词。而例②"与"前后的"公"和"之"(指曹刿)不是等列的,二者有主有次,"公"在句中用作主语,所以"与"是介词,"与之乘"是带有介宾词组的谓语。例③"与"前有副词"遂"限定,"与"是介词,因为连词前面一般没有修饰成分。例④"与"前面是名词"守丞",后面是动词"战",属于不同词类,二者不能被"与"连接,"与"是介词;仔细分析,"与"后面省去一代词"之",称代陈涉率领的义军,这说明"与"前后的名词性成分,若有一个省略,"与"一定是介词。

"与"作为连词,还常跟其他虚词"不如""宁"等配合,用来连接分句和分句,表示选择关系。这种用法的"与"等于"与其"。例如:

与吾得革车千乘,不如闻行人烛过之一言也。(《韩非子·难二》)——行人,官名。烛过,人名。

2. 且

"且"经常用作副词和连词。这里论述连词"且"的几种用法。

(1) 用作并列连词

① 王不行,示赵弱且怯也。(《史记·廉颇蔺相如列

传》）——且,而且。

② 狄应且憎,是用告我。(《左传·成公十三年》)——应且憎,一边答应一边憎恶。

③ 何来谒上,上且怒且喜。(《史记·淮阴侯列传》)——何,萧何。

例①"且"连接两个形容词,相当于现代汉语的"又"。例②在两个动词之间用一个"且",例③在两个动词之前各用一个"且",这是侧重表示同时有两种行为的意思,用现代口语说就是"一边……一边……""一面……一面……""又……又……"。

（2）用作选择连词

① 王以天下尊秦乎?且尊齐乎?(《战国策·齐策》)
② 汉之圣者在高祖之孙且曾孙也。(《史记·封禅书》)

例①"且"用在两个表示疑问的分句之间,相当于现代的"还是"。这是常见的用法。例②"且"用在叙述句的前后两个名词之间,可译为"或者"。这种用法在文言里不多见。

（3）用作递进连词

① 大夫何罪,且吾不以一眚掩大德。(《左传·僖公三十三年》)——眚,过错。
② 且夫天下非小弱也。(贾谊《过秦论》)

例①"且"用在复句的后一分句的开头,连接分句与分句,表示意思上的进一层,等于现代汉语的"而且"。例②是《过秦论》一文最后一段的开头一句,用来连接段与段,带有进一步发表议论的意味,这个"且夫"可译为"再说"。

不过,有些用在句子开头的"且",却什么也不连接,不能译作"而且"或"再说",它只单纯表示下面要发议论。这种用法的"且",前人有称为"更端之词"的,近人有称为"提起连词"的。我们认为,这种"且"跟用在句子开头、表示议论的"夫""盖"相近,宜归入"语气助词"。

3. 而

"而"是文言里用法极为灵活而又广泛的连词,可以连接形容词、动词或动词性词组,也可以连接两个句子,表示两种性质、两种行为或两件事情的联系。至于两项之间是什么关系,那要根据前后文意来判定。

(1) 用在联合结构里

① 美而艳。(《左传·桓公元年》)
② 敏于事而慎于言。(《论语·学而》)
③ 高祖为人,隆准而龙颜。(《史记·高祖本纪》)
④ 察言而观色。(《论语·颜渊》)
⑤ 任重而道远。(《论语·泰伯》)
⑥ 是故质的张而弓矢至焉,林木茂而斧斤至焉。(《荀子·劝学》)
⑦ 见兔而顾犬,未为晚也;亡羊而补牢,未为迟也。(《战

国策·楚策》)

⑧ 子温而厉,威而不猛,恭而安。(《论语·述而》)

⑨ 不知彼而知己,一胜一负。(《孙子兵法·谋攻》)

⑩ 舟已行矣,而剑不行,求剑若此,不亦惑乎?(《吕氏春秋·察今》)

例①"而"连接两个形容词,例②"而"连接两个形容词性的词组,这前后两项都是并列关系,"而"可以译作"而又"。例③"而"连接两个名词性的偏正词组,这两个词组都是描写性的,"而"仍然表示两种性质的联系,前后两项也是并列关系,"而"没有相当的词可译。例④"而"连接两个动词性词组,例⑤"而"连接两个分句,这两例的前后两项,若是着眼于并列关系,"而"可译作"而又",若是着眼于递进关系,"而"可译作"而且"。例⑥"而"连接两个分句,前后两项是事理上的承接关系,"而"相当于"就",此句译为"箭靶子张挂起来,弓箭就射到那里;树林长得茂盛,斧头就砍到那里"。例⑦"而"连接两个动词性词组,前后两项是时间上的承接关系,"而"可译作"而后""就"。例⑧"而"连接两个形容词或形容词词组("不猛"),例⑨"而"连接两个动词性词组,例⑩"而"连接两个分句,它们前后两项都是转折关系,"而"可以译作"却""然而"等。

从上面的例句来看,"而"既可以用于顺接,也可以用于逆接。前七例,由"而"连接的两项在意思上是一致的,或者前后并列,或者前后相承,这是顺接;后三例,相连接的两项在意思上相反或不协调,中间有转折,这是逆接。不过,所谓顺接和逆接,只是从具体的上下文意来看的,并非说"而"本身有这两种性质。

譬如《论语·公冶长》:"始吾于人也,听其言而信其行;今吾于人也,听其言而观其行。"前一个"而"似乎是顺接,后一个"而"似乎是逆接,其实只是一字之差(前句用"信",后句用"观"),而"而"的作用都是表示两种行为的联系,在性质上是毫无区别的。

(2) 用在偏正结构里

① 吾尝终日而思矣,不如须臾之所学也。(《荀子·劝学》)

② 大臣内叛,诸侯外反,亡可翘足而待也。(《史记·高祖本纪》)

③ 吾恂恂而起,视其缶,则弛然而卧。(柳宗元《捕蛇者说》)

④ 秦之攻我也,不遗余力矣,必以倦而归也。(《战国策·赵策》)

⑤ 故兵无常势,水无常形,能因敌变化而取胜者,谓之神。(《孙子兵法·虚实》)

以上五例的"而"是连接状语和谓语动词(或动词性词组),前项修饰、限制后项。具体说来,例①表示行为的时间,例②表示行为的方式,例③表示行为的情态,例④表示行为产生的原因,例⑤表示行为实现的条件。这种"而",在现代汉语里没有跟它相当的虚词,译法比较灵活,可以根据今天说话的习惯来选定。

（3）用在主谓结构里

① 先生独未见夫仆乎？十人而从一人者，宁力不胜、智不若也？畏之也。（《战国策·赵策》）
② 匹夫而为百世师，一言而为天下法。（苏轼《潮州韩文公庙碑》）
③ 士而怀居，不足以为士矣。（《论语·宪问》）
④ 子产而死，谁其嗣之？（《左传·襄公三十年》）

前二例的"而"连接一个分句的主语和谓语，表示似乎不该发生而发生的事："十人而从一人"，意思是说十个人不应该服从一个人，而竟然服从一个人；"匹夫而为百世师"，是说一个平民本不可能成为百代师表，而成为百代师表。这种"而"实际上也是一种逆接。后二例的"而"用在分句的主语和谓语之间，含有假设的意思，可译为"如果"。其实这种用法仍然与逆接的用法相通。如《诗·鄘风·相鼠》："相鼠有皮，人而无仪。人而无仪，不死何为？"前一句"人而无仪"同"相鼠有皮"构成复句，应理解为"人却无礼仪"；后一句"人而无仪"同后面的"不死何为"构成复句，就要理解为"人如无礼仪"。同样的句子却做不同的理解，那是上下文意限定的。

总起来说，"而"本身并不表示什么顺接和逆接，它的基本职能只是起一种连接作用，一种近乎过渡的作用。譬如"物美而价廉"：如果是说"东西好，价格又便宜"，这是顺接；如果是说"东西好，价格却便宜"，那又是逆接。可见，"而"是个纯粹的连词。明白了连词"而"的这个特点，对文言里的下列用法就不会感到奇怪。如：

① 南阳无令,其谁可而为之?(《吕氏春秋·去私》)
② 拔剑撞而破之。(《史记·项羽本纪》)
③ 闻善而不善,皆以告其上。(《墨子·尚同上》)
④ 以管仲之圣而隰朋之智,至其所不知,不难师于老马与蚁。(《韩非子·说林上》)

例①的"而"用在助动词和一般动词之间,现代汉语在这种地方是不用连词的。例②用现代汉语说就是"拔起剑来击破了它",也是不用连词的。这两个"而"翻译不出来,似乎是多余的,但是从文言的角度来说,"可"是助动词,"为"是动词,在两个动词之间用"而"连接是十分自然的。"破"在原句里是用作使动,即"使之破"的意思,所以要用"而"把它跟动词"撞"连接起来,表示两种动作的联系。后二例的"而"是连接两个名词性词组(例③"善"指善言,"不善"指不善之言),用法跟"与"一样。这就更表明"而"是个纯粹的连词,不只表示两种性质、两种行为、两件事情的联系,偶尔也可以表示两个事物之间的联系。

4. 以

"以"原是动词,后虚化为介词。这在前面已经说过。作为连词,其用法多与"而"相近,可以用"而"替代。

(1) 表示承接关系

① 战而不胜,以亡随其后。(《战国策·齐策》)
② 齐因乘胜尽破其军,虏魏太子申以归。(《史记·孙子列传》)

③ 志士仁人,无求生以害仁,有杀身以成仁。(《论语·卫灵公》)

④ 晋侯复假道于虞以伐虢。(《左传·僖公五年》)

⑤ 焉用亡郑以陪邻?(《左传·僖公三十年》)

前二例是时间上的承接,即两种行为一先一后,两个"以"皆可用"而"替换。后三例是事理上的承接:例③"求生"的结果是"害仁","杀身"的目的是"成仁";例④"假道于虞"的目的是"伐虢";例⑤"亡郑"的结果是"陪邻"。

(2) 表示并列关系

① 夫夷以近,则游者众;险以远,则至者少。(王安石《游褒禅山记》)

② 酌贪泉而觉爽,处涸辙以犹欢。(王勃《滕王阁序》)

前一例两个"以"各连接两个形容词,表示两种性质的平列的联系,"以"相当于"又"。后一例前句用"而",后句用"以",都表示两种行为的平列的联系,其间有转折的意思,说明连词"以"的作用跟"而"一样。

(3) 表示偏正关系

① 愿夫子辅吾志,明以教我。(《孟子·梁惠王上》)

② 樊哙侧其盾以撞。(《史记·项羽本纪》)

③ 木欣欣以向荣,泉涓涓而始流。(陶潜《归去来辞》)

④ 舟摇摇以轻飏,风飘飘而吹衣。(同上)

例①形容词"明"是"教我"的情状,可译为"明白地"。例②动词性词组"侧其盾"是"撞"的方式,当译作"斜侧着他的盾牌"。后二例都是前句用"以",后句用"而",都用来连接状语和动词性词组。这是诗人为避免重复而有意用"以"与"而"进行字面更换,更说明两个连词的作用是一样的。

懂得连词"以"与"而"极其相近,对其下列用法也就不会感到意外了。例如:

① 夫腹饥不得食,肤寒不得衣,虽慈母不能保其子,君安能以有其民哉?(晁错《论贵粟疏》)
② [荆轲]骂曰:"事所以不成者,乃欲以生劫之!"(《史记·荆轲列传》)

上面二例的"以"用于助动词和一般动词之间,"以"的这种用法在文言里是很自然的。从现代汉语的角度来说,助动词可以直接跟一般动词连用,例①可以说成"君安能有其民哉",例②可以说成"乃欲生劫之","以"似乎就成了多余的了。

5. 则

"则"是文言里的一个很常见的连词,主要有以下几种用法:

(1) 表示承接关系

① 闻令下,则各以其学议之。(《史记·秦始皇本纪》)

② 此印者才毕,则第二板已具。(《梦溪笔谈·技艺》)
③ 学而不思则罔,思而不学则殆。(《论语·为政》)
④ 王如知此,则无望民之多于邻国也。(《孟子·梁惠王上》)

前二例表示时间上的相承,所连接的两项在时间上一先一后。后二例表示事理上的相承,前后两项含有一种条件关系或假设关系。例④前句用"如",后句用"则",分明是一种假设关系。这种用法的"则",大多跟现代汉语的"就"或"便"相当。不过,它们的词性以及在句中的位置不一样:"就"或"便"是副词,位于主语之后,动词之前;而"则"是连词,位于句首。这在翻译时是要注意的。

(2) 表示转折关系

① 公使阳处父追之,及诸河,则在舟中矣。(《左传·僖公三十三年》)
② 其子趋而往视之,苗则槁矣。(《孟子·公孙丑上》)
③ 欲速则不达。(《论语·子路》)
④ 黔无驴,有好事者船载以入,至则无可用。(柳宗元《三戒》)

上举四例细加分析,有两种情况。前二例是一种,"则"用在后一分句,表示后一件事情的出现不是前一件事情的施事者所预料到的,含有"原来已经"的口气,可以译为"早就"或"却已经"。后二例又是一种,"则"用在两项之间,不是表示预料之外,没有"原来已经"

的口气,只表示一种轻微的转折。这种用法的"则"相当于现代的"却"。

(3) 表示让步或假设

① 其室则迩,其人甚远。(《诗·郑风·东门之墠》)
② 善则善矣,未可以战也。(《国语·吴语》)
③ 大寇则至,使之持危城,则必畔。(《荀子·议兵》)
④ 今则来,沛公恐不得有此。(《史记·高祖本纪》)

以上四例的"则"用在前一分句的主语和谓语之间(也有个别用于句首):例①、②表示一种承认、一种让步,可以译作"虽则、虽然";后二例表示一种假设,可以译作"如果"。

(4) 表示对待关系

① 子女玉帛,则君有之;羽毛齿革,则君地生焉。(《左传·僖公二十三年》)
② 入则无法家拂士,出则无敌国外患者,国恒亡。(《孟子·告子下》)
③ 生则天下歌,死则四海哭。(《荀子·解蔽》)
④ 是故无事则国富,有事则兵强。(《韩非子·五蠹》)

以上四例,都是在两个相互对待的分句里,各用一个"则",这多半是表示一种对比,"则"无须译出。这种用法的"则",有时其前面的词语是表示时间限定,如后二例,"生"即"生之时","死"即"死之时"。

第五章　助　　词

关于助词,有个问题需要明确,即在汉语语法体系的词类当中是否要单独设立。这既是个语法理论问题,也是文言语法著作所涉及的实际问题。这个问题,不仅牵涉到汉语语法体系能否体现汉语的民族特点,而且也牵涉到文言语法体系的总格局。因此,有必要进行一番讨论。

汉语文法学的奠基人马建忠,在其《文通·虚字卷之九》开头一节即强调指出:"泰西文字,原于切音,故因声以见意,凡一切动字之尾音,则虽语气而为之变。古希腊与辣丁文,其动字有变至六七十次而尾音各不同者。今其方言变法,各自不同,而以英文为最简。惟其动字之有变,故无助字一门。助字者,华文所独,所以济夫动字不变之穷。"马氏不仅通晓西方语言,深知其语法特征,而且具有深厚的中华古代典籍的功底,因而其《文通》的间架虽然是模仿印欧语系的语法的,但在词类上依然看到了"中国文字无变"即汉语词类没有形态变化这一最大特点,特地为"华文所独"的助词单列一类,还为此进行了许多详细的描写。这个真知灼见,不能不引起我们特别的注意。

对助词这个类别持否定主张的语法学大家,往往抬出所谓"词缀"说,把文言里许多没有实在意义的虚字当作所谓"词头"或"词尾"来处理。其实,持"词缀"说而取消"助词"类别的大家,诸如王力和周法高等,在具体论述时也仍然有些游移不定甚至模棱两可。对他们所列举的那些"词缀",我曾在《衬音助词再论》一文中指出:上述各字在文言里,"其地位是独立的而不是附属的,其使用是杂乱的而不是有序的,其作用是衬音的而不是构词的"(《中国语文》1991年第2期),因而不是词缀,而是助词。

关于词缀抑或助词的讨论,还涉及一个带根本性的问题,即建立一个什么样的文法体系。同样是文法学大家的陈望道强调,一个好的语法体系"应该具有妥帖、简洁、完备这三个条件",他说:"同事实切合,就是妥帖……能够力求简捷分明的说明事实,就是简洁……理论比较能够概括事实,就是完备"(《文法简论》,1978)。另一位文法学大家史存直则"十分重视语法体系的统一性","在一个体系内部,这一部分和那一部分抵触,固然明显地是没有统一性;即使在表面上看不出抵触,但因为某一部分处理得不好,因而使另一部分发生了难以处理或处理不当的结果,也要说是缺少统一性观点"(《文言语法》,中华书局,2005)。而"词缀"说并不切合古代文言的事实,其内容和形式也不相统一,而且在说明事实时还转弯抹角,犹豫不决。

因此,舍弃"词缀"说的西方语法学观点,建立并健全"助词"这一类别,既切合古代文言语法的事实,又能维护文言语法系统的总格局和统一性,使这个语法系比较完整而切实地体现出汉语的民族特色来。

问题明确之后,我们再来讲述助词就理直气壮了。所谓助词,是在组合词语、表达语气、衬足音节等方面起辅助作用的、特殊的虚词,是一种构词造句的辅助材料。助词,对于词、词组以至句子形式和句子具有附着性,表示某种语法关系,不能单独充当句子成分,其独立性相对最差。如"文法概述"一章所说,助词分为三类。

第一节 结构助词

结构助词是在词语中起组合作用、表示结构关系的助词。文言里常用的结构助词有"者、所、之、而、以"。此类助词附着于别的词语,贯穿于这些词语,并结合成一个新的整体。此类词不具有造句功能,而只有组合短语的作用。

一、者

"者"是个具有微弱的称代作用的结构助词,常用在形容词、数词、动词或动词性词组的后边,共同构成名词性词组,用来指称人或事物,可译为"……的人(东西、情况)"。例如:

① 城北徐公,齐国之美丽者也。(《战国策·齐策》)
② 言之,貌若甚戚者。(柳宗元《捕蛇者说》)
③ 先破秦入咸阳者王之。(《史记·项羽本纪》)
④ 鱼,我所欲也;熊掌,亦我所欲也。二者不可得兼,舍鱼取熊掌者也。(《孟子·告子上》)

例①"者"与形容词"美丽"组合成名词性词组,在句中用作谓语,意思是"漂亮的人"。例②"者"与动词性"甚戚"结合,构成名词性词组,用作动词"若"的宾语,可译为"很忧伤的样子"。例③"者"与连动词组"先破秦入咸阳"组合成"者"字词组,在句中用作主语,"者"称代人。例④"者"与数词"二"组合成"者"字词组,在句中用作主语,可译为"两样东西","者"称代物。

二、所

"所"也是一个具有微弱的称代作用的结构助词,常用在动词或动词性词组的前面,共同构成名词性词组,用来指称动作行为的对象或与动作行为有关的事物。例如:

① 始臣解牛之时,所见无非牛者。(《庄子·养生主》)
② 其北陵,文王之所辟风雨也。(《左传·僖公三十二年》)
③ 吾知所以距子矣。(《墨子·公输》)
④ 以故城中益空无人,又困贫,所从来久远矣。(《史记·滑稽列传》)

例①"所"与后边的动词"见"组合成名词性词组,在句中用作主语,可译为"所见到的","所"称代动词"见"的对象。例②与述宾词组"辟风雨"结合,构成名词性词组,在句中用作谓语,可译为"避风雨的地方","所"称代与行为有关的处所。例③"所"与带介词的述宾词组"以距子"结合,构成名词性词组,用作动词"知"的宾语,可译为"对付您的方法","所"称代与行动有关的方式方法。例④"所"与带介词的动词"从来"组合成"所"字词组,在句中用作主语,可译为"产生的时间","所"称代与行动有关的时间。

三、之

"之"是个用法比较复杂的结构助词,下面分项说明。

1. 用于偏正词组

① 今臣之刀十九年矣。(《庄子·养生主》)
② 取鸡、狗、马之血来!(《史记·平原君列传》)
③ 小大之狱,虽不能察,必以情。(《左传·庄公十年》)
④ 心之官则思,思则得之。(《孟子·告子上》)
⑤ 今人主处制人之势……虽有田常、子罕之臣,不敢欺也。(《韩非子·五蠹》)

前二例表示领属关系,中一例表示修饰关系,"之"可译作"的"。不过"之"与"的"不完全一样。例②译成现代汉语,既可以说"鸡、狗、马的血",也可以说成"鸡的、狗的、马的血",而古代汉语这种情况只能用一个"之"。这说明现代汉语"的"具有附着性,而古代汉语"之"没有附着性,因此,有些古代汉语语法著作把这种用法的"之"列入介词或连词,其作用是介接定语和中心词。后二例表示同一关系,即"之"前后两项(如"子罕"与"臣")指同一事物,"之"不能简单地译作"的",而应根据上下文灵活地译作"这个""这样的"或"那样的"。

2. 用于方位词组

① 越王勾践栖身于会稽之上。(《国语·越语》)
② 能书善画,于扇上图山水,咫尺之内,便觉万里为遥。

(《南史·竟陵文宣王子良传》)

"会稽之上"即"会稽山上","咫尺之内"即"咫尺以内"。"之"或译作"以",或不译。

  3. 用于主谓词组

    ① 天之弃商久矣。(《左传·僖公二十二年》)
    ② 无或乎王之不智也。(《孟子·告子上》)
    ③ 大道之行也,天下为公。(《礼记·礼运》)

"天之弃商""王之不智""大道之行"都是加"之"的主谓短语,在例句里分别充当主语、介词"乎"的宾语和表示时间的分句。

  4. 用于述补词组

    ① 大之甚,勇之甚。(《穀梁传·定公四年》)
    ② 朕愧之甚。(《汉书·车千秋传》)
    ③ 子奚哭之悲也?(《韩非子·和氏》)

例①"之"用于形容词和程度副词构成的述补词组里,例②"之"用于动词和副词构成的述补词组里,例③"之"用于动词和形容词构成的述补词组里,后边的副词或形容词分别说明述语的程度或情状。例③的"之"值得注意,它隐隐带有指示代词的性质,指代"悲"的情态,我们从中可以窥视代词"之"虚化为助词"之"的一点痕迹。

四、"而"和"以"

"连词"一章说到"而"和"以"时曾经指出,它们可以放在以动词为中心的偏正词组里,用来连接状语和动词。这是为了便于叙述而从连词的角度来说的。实际上,这种用法的"而"或"以"的前后两项,前者修饰或限制后者,"而"和"以"并不起多少连接作用,更多的是起一种过渡作用。这同用在名词性偏正词组里的"之"极其相似。例如:

① 佣者笑而应曰……(《史记·陈涉世家》)
② 由孔子而来,至于今百有余岁。(《孟子·尽心下》)
③ 然则何时而乐耶?(范仲淹《岳阳楼记》)
④ 幸而得之,坐以待旦。(《孟子·离娄下》)
⑤ 由山以上五六里,有穴窈然。(王安石《游褒禅山记》)
⑥ 回视日观以西峰,或得日,或否。(姚鼐《登泰山记》)

例①"笑而应",例④"坐以待旦","笑"和"坐"都是用来形容后一行动的情态的,"而"和"以"只起一种微弱的连接作用。例②"而",前面是介宾词组"由孔子",后面是趋向动词"来";例⑤"以",前面是介宾词组"由山",后面是述补词组"上五六里";例④"而",前面是副词"幸",后面是述宾词组"得之":这三例里的"而"和"以"与其说是起连接作用,不如说是起过渡作用与组合作用。至于例③的"而",前面是名词性词组"何时";例⑥的"以",前面是专有名词"日观(峰)",后面是方位名词"西":"而"和"以"在这里更是只起一种组合词语的作用。因此,用在以上各种结构里的"而"和"以",与前面所说的"之"一样,以归入结构助词为宜。

第二节　语气助词

语气助词是用来表示句子的各种语气的助词。语气助词从不同的角度可以有不同的分类法。这里按照语气助词在句子里所处的位置分为三类,有的再按照它们的基本用法加以区别。

一、句首语气助词

用于句首表示要发议论或某种希望的语气助词,有:夫、盖、唯、且。先说"夫"。

① 夫以秦王之威,而相如廷叱之,辱其群臣。(《史记·廉颇蔺相如列传》)

② 夫夷以近,则游者众;险以远,则至者少。(王安石《游褒禅山记》)

"夫"作为句首语气助词,是从指示代词虚化而来的,它表示要发议论,起引出下文的作用,如以上二例。这种用法的"夫",前人称之为"发语辞"。

再说"盖"。例如:

① 朕闻:盖天下万物之萌生,靡不有死。(《史记·孝文本纪》)

② 盖有非常之功,必待非常之人。(《汉书·武帝纪》)

③ 盖儒者所争，尤在于名实，名实已明，而天下之理得矣。（王安石《答司马谏议书》）

以上三例，句子本身的语气都是十分肯定的，如例①"靡不"即"无不"，例②动词"待"前有副词"必"，"盖"用在句子的开头，自然不是表示推测语气的副词，而是起一种提示作用。现代汉语没有跟它相当的词语，一般不必翻译。

至于"唯"，也写作"维"或"惟"。例如：

① 阙秦以利晋，唯君图之。（《左传·僖公三十年》）
② 唯荆卿留意焉。（《战国策·燕策》）
③ 维鹊有巢，维鸠居之。（《诗·召南·鹊巢》）
④ 惟十有三祀，王访于箕子。（《尚书·洪范》）

前二例"唯"用来表示一种期望的语气，例③"维"引出主语，例④"惟"提示时间。

还有一个"且"，有时是用作语气助词，值得注意。例如：

① 景公过晏子曰："子宫小近市，请徙子家豫章之圃。"晏子再拜而辞曰："且晏家贫，待市食，而朝暮趋之，不可以远。"（《韩非子·难二》）
② 公子牟辞应侯，应侯曰："公子将行矣，独无以教之乎？"曰："且微君之命命之也，臣固且有效于君。"（《战国策·赵策》）

以上用在说话开头的两个"且",都不是用来连接什么词语或句子。现代汉语没有跟它相应的词,一般不必译出。

二、句中语气助词

用于句中以表示停顿的语气助词,常见的有:者、也、乎、兮。例如:

① 屈原者,名平。(《史记·屈原列传》)
② 昔者共工与颛顼争为帝。(《淮南子·天文训》)
③ 虽有槁暴,不复挺者,𫐓使之然也。(《荀子·劝学》)
④ 回也,闻一以知十。(《论语·公冶长》)
⑤ 今也将军杀臣……(《韩非子·说林》)
⑥ 师道之不传也久矣!(韩愈《师说》)
⑦ 时乎时,不再来。(《史记·淮阴侯列传》)
⑧ 巍巍乎若泰山。(《吕氏春秋·本味》)
⑨ 祸兮福所倚,福兮祸所伏。(《老子》)

前三例,"者"分别放在专有名词、时间名词和分句的后边,表示句中的提示和顿宕。中三例,"也"分别放在专有名词、时间名词和主谓词组的后边,表示句中的顿宕。后三例,"乎"和"兮"分别放在名词或形容词的后边,表示句中的停顿,并且起舒缓语气、抒发情感的作用。

三、句尾语气助词

古代汉语用在句子末尾表示陈述、疑问、感叹、祈使等语气的有：也、矣、焉、耳、尔、乎、欤(与)、邪(耶)、哉、夫。古代汉语同现代汉语一样，语气助词的数目是有限的，而句子所能表达的语气却是多种多样的，因此，一个语气助词除了它的基本用法之外，在不同类型的句子中所表达的语气也往往是复杂多变的。在学习语气助词，特别是句尾语气助词时，我们既要了解各个语气词的基本用法，又要结合具体的句子了解它们在不同句子的语气上的差异。

1. 也、矣、焉、耳(尔)

这些语气助词主要用于陈述句的末尾，表示直陈语气。

"也"是个静性的句末语气词，所谓静性，是无变化、无时间性的。它经常出现在判断句中，帮助谓语进行判断；也往往出现在因果句、假设句、让步句等复句的末尾，表示一种肯定、确认和深信不疑的语气。例如：

① 此天之亡我，非战之罪也。(《史记·项羽本纪》)
② 蚓无爪牙之利……下饮黄泉，用心一也。(《荀子·劝学》)
③ 若潜师以来，国可得也。(《左传·僖公三十二年》)
④ 客曰：徐公不若君之美也。(《战国策·齐策》)

例①是否定判断句，例②是因果复句，例③是假设复句，例④是直陈事实的句子，句末的"也"都带有确认和深信不疑的语气。

"也"也用在祈使句和疑问句的末尾。例如：

⑤ 不及黄泉，无相见也！(《左传·隐公元年》)
⑥ 来何疾也？(《战国策·齐策》)
⑦ 不识臣之力也，君之力也？(《韩非子·难二》)

例⑤是祈使句，"无"就是"毋"；例⑥是特指问句，句中有疑问代词；例⑦是选择问句，列出两项可能的回答，要求对话人做出抉择。句末的"也"主要表示一种确认的语气，与纯粹表示疑问的"邪"不完全一样。

"矣"是个动性的句末语气词，所谓动性，是变化的、有时间性的。用"矣"煞尾的陈述句，往往是把事物变化的情况告诉别人，现代汉语的"了"大致跟它相当。例如：

① 公将鼓之，刿曰："未可。"齐人三鼓，刿曰："可矣。"(《左传·庄公十年》)
② 爱其子，择师而教之，于其身也，则耻师焉，惑矣。(韩愈《师说》)
③ 孔子曰："诺，吾将仕矣。"(《论语·阳货》)
④ 平原君曰："胜已泄之矣。"(《战国策·赵策》)
⑤ 吾君已老矣，已昏矣。(《穀梁传·僖公十年》)

例①前面说"未可"，后面说"可矣"，前后对比，用"矣"显然是向对方报导一种新的情况。例②前面说的是一种社会风气，后面说"惑矣",这意思显然是"本来不糊涂,那样做就糊涂了"。试把例②跟《论语·颜渊》"既欲其生,又欲其死,是惑也"一句相比较,这里针对两种相互矛盾的想法指出"是惑也",用"也"显然是一种判断、认定的语气。例③前面有时间副词"将",例④前面有时间副词"已",两句末尾都用"矣",这是说话人把某件事情将要如此或者已经如此都当作一种新情况告诉对话人。例⑤是两个以形容词为谓语的描写句,句末也用了"矣",因为描写句同样可以报道新情况。以上这些"矣"都能译作现代的"了"。

"矣"用于描写句时,除了表示固有的语气外,往往使全句语气带有感叹意味。有时把带"矣"的谓语移到前面,这种感叹语气就更为明显。例如:

⑥ 天之弃商久矣!(《左传·僖公二十二年》)
⑦ 甚矣吾衰也!久矣吾不复梦见周公!(《论语·述而》)

例⑦前后两句都是感叹语气极浓的主谓倒装句,"矣"可以译作"啊"。

"矣"还可以用于祈使句和疑问句,不过这种疑问句必定另有专门表示疑问的词。例如:

⑧ 先生休矣!(《战国策·齐策》)
⑨ 公子勉之矣!(《史记·魏公子列传》)
⑩ 年几何矣?(《战国策·赵策》)

⑪ 德何如则可以王矣?(《孟子·梁惠王上》)

前二例是祈使句,这一般是说话人希望对方实现某种行为或完成某种事情;后二例是疑问句,例⑩有疑问代词"几何",例⑪有动词性短语"何如",主要是这些词语表示疑问,"矣"虽多少也帮助表示疑问语气,但仍带有表示某一情况已经如此或将要如此的作用。

"已"用在句尾,和"矣"的作用相同。例如:

① 吾生也有涯,而知也无涯。以有涯随无涯,殆已。(《庄子·养生主》)
② 傲细民之忧而崇左右之笑,则国亦无望已。(《晏子春秋·谏下》)

"焉"用在句尾,一般做"于是"解释,是个兼词,这在前面已经讲过。但是,有不少陈述句末尾的"焉"不能做"于是"解释,那就应该看作纯粹的语气助词。"焉"用作语气助词,带有指点引人注意的语气,大致与现代汉语的"呢(哩)"相当。例如:

① 夫子言之,于我心有戚戚焉。(《孟子·梁惠王上》)
② 击之,必大捷焉。(《左传·僖公三十二年》)
③ 君以为易,其难也将至矣;君以为难,其易也将至焉。(《国语·晋语》)
④ 君子病无能焉,不病人之不己知也。(《论语·卫灵公》)

例①前面已出现介词短语"于我心",句末的"焉"自然完全失去了代词性,只能看作纯粹的语气词。它和例②的"焉"都带有一种强调的意味。后面两个例子富有启发性,这两个例子都是平列的句法,例③上文用"矣"下文用"焉",例④上文用"焉"下文用"也",试加比较即可看出,用"焉"的分句正是表达的重点所在,是说话人要对话人加以注意的地方。

"耳"用作句尾语气词,可以表示两种不同的语气:一是作为"而已"的合音,表示"不过这样""仅此而已"的语气,相当于现代汉语的"罢了";二是表示决断的语气,可译为"呢""啊"。例如:

① 直不百步耳,是亦走也。(《孟子·梁惠王上》)
② 从此道至吾军,不过二十里耳。(《史记·项羽本纪》)
③ 且壮士不死则已,死即举大名耳。(《史记·陈涉世家》)
④ 诸将易得耳。至如信者,国士无双。(《史记·淮阴侯列传》)

前二例用"耳",表示不会超越某一范围;后二例用"耳"煞尾,却是表示一种决断、肯定的语气。

"尔"用作句尾语气词,跟"耳"一样。例如:

① 叶公子高入据楚,诛白公,定楚国,如反手尔。(《荀子·非相》)
② 君若用臣之谋,则今日取郭而明日取虞尔。(《公羊

传·僖公二年》)

前一个"尔"是"仅此而已"的语气,后一个"尔"是决断、强调的语气。

2. 乎、欤(与)、邪(耶)

这些语气助词主要用来表示询问语气、测度语气和反问语气。询问语气是表示说话人对一件事情有疑而问、等待回答的语气。例如:

① 齐宣王问曰:"交邻国有道乎?"(《孟子·梁惠王下》)
② 渔父见而问之,曰:"子非三闾大夫欤?"(《史记·屈原列传》)
③ 子知子之所不知邪?(《庄子·齐物论》)

以上是"乎、欤、邪"用于是非问句,与现代汉语的语气助词"吗"相当。

④ 轸不之楚,何归乎?(《史记·陈轸列传》)
⑤ 是谁之过与?(《论语·季氏》)
⑥ 君何不从容为上言邪?(《史记·季布列传》)

以上是"乎、欤、邪"用于有疑问代词的特指问句,相当于现代汉语的"呢"。

⑦ 滕,小国也,间于齐楚,事齐乎?事楚乎?(《孟子·梁惠王下》)

⑧ 此天下之害与?天下之利与?(《墨子·兼爱下》)

⑨ 天之苍苍,其正色邪?其远而无所至极邪?(《庄子·逍遥游》)

以上"乎、与、邪"用在选择问句的末尾,要译成"呢"。

测度语气是说话人对一件事情表示将信将疑的语气,它不一定要求对方予以证实。例如:

① 君反其国而有私也,毋乃不可乎?(《礼记·檀弓》)

② 吾闻圣人不相,殆先生乎?(《史记·范雎列传》)

③ 子曰:"道不行,乘桴浮于海。从我者,其由与?"(《论语·公冶长》)

④ 今民生长于齐不盗,入楚则盗,得无楚之水土使民善盗邪?(《晏子春秋·杂下》)

测度句前面往往有语气副词"毋乃""殆""其""得无"等,跟现代汉语的"大概""恐怕""莫非""只怕"等相当;"乎、与、邪"在句末与之呼应,可译为"吧"。

反问语气是表示说话人对一件事情无疑而问、明知故问的语气。例如:

① 王侯将相宁有种乎?(《史记·陈涉世家》)

② 孟子曰:"是焉得为大丈夫乎?"(《孟子·滕文公下》)
③ 赵王岂以一璧之故欺秦邪?(《史记·廉颇蔺相如列传》)
④ 然则治天下,独可耕且为与?(《孟子·滕文公上》)

反问句前面常有语气副词"宁、岂、独"等,跟现代汉语的"难道、偏偏"相当;"乎、邪、与"用在句末与之呼应,可译为"吗";若与疑问代词"焉、安"呼应,则译为"呢"。

以上分析说明,"乎、与(欤)、邪(耶)"这三个语气助词基本用法是一样的;它们之间也有区别,"乎"比较单纯而直率,"与(欤)"略带有感叹的成分,而"邪(耶)"略含有惊讶成分。此外,"乎"还能用于祈使句和感叹句。例如:

① 勉速行乎,无重而罪。(《左传·昭公元年》)
② 子曰:"由,诲女知之乎!"(《论语·为政》)
③ 善哉,技盖至此乎!(《庄子·养生主》)

前二例"乎"表示祈使语气,可译为"吧"或"啊";后一例"乎"表示感叹语气,应译为"啊"。

3. 哉、夫

"哉"既用于感叹句,又用于反问句;"夫"作为句尾语气助词,只用于感叹句。例如:

① 舍其路而弗由,放其心而不知求,哀哉!(《孟子·告

子上》)

② 贤哉回也！(《论语·雍也》)

③ 上读《子虚赋》而善之，曰："朕独不得与此人同时哉！"(《史记·司马相如列传》)

④ 快哉此风！(宋玉《风赋》)

⑤ 逝者如斯夫！不舍昼夜。(《论语·子罕》)

⑥ 率天下之人而祸仁义者，必子之言夫！(《孟子·告子上》)

⑦ 且彼恶乎待哉？(《庄子·逍遥游》)

⑧ 相如虽驽，独畏廉将军哉？(《史记·廉颇蔺相如列传》)

前六例是感叹句，"哉"和"夫"与现代汉语的"啊（呀）"相当，其中例②、④是主谓倒装句。后二例是反问句："哉"与疑问代词呼应，译作"呢"；与语气副词呼应，则译作"吗"。

4. 语气助词的连用

古代汉语的句尾语气助词可以连用，有连用两个的，也有连用三个的。连用的语气助词，分别担负各自的职能，不过语气的重点一般落在最后一个语气助词上。例如：

① 四十、五十而无闻焉，斯亦不足畏也已。(《论语·子罕》)

② 女为《周南》《召南》矣乎？(《论语·阳货》)

③ 岂非计久长，有子孙相继为王也哉？(《战国策·

第五章 助词

④ 饱食终日,无所用心,难矣哉!(《论语·阳货》)
⑤ 苗而不秀者有矣夫!秀而不实者有矣夫!(《论语·子罕》)
⑥ 此亦妄人也已矣。(《孟子·离娄下》)
⑦ 寡人之于国也,尽心焉耳矣。(《孟子·梁惠王上》)
⑧ 吾罪也乎哉?(《左传·襄公二十五年》)

例①"也"表示陈述,"已(矣)"表示将然,语气的重点落在"已"上。例②"矣"表示已然,"乎"表示疑问,语气的重点在"乎"上。例⑤"矣"表示已然,"夫"表示感叹,语气重点落在"夫"。例⑧"也"表示判断,"乎"表示反问,"哉"表示感叹,整个句子的语气是感叹多于反问。其余各例依此类推。

第三节 衬音助词

为了避免分散,我们在这里具体地讨论一下有关"词缀"的问题。有影响的语法学家们,在取消助词这个类别的同时,又是如何处置那些文言虚词的呢?他们一方面把"者"和"所"划入指示代词,把"之"列入介词,另一方面就把剩下来的虚字,一部分算作"语气词",一部分算作"词头"和"词尾"。

如前所述,"者"和"所"只具有微弱的指代作用,又缺乏代词应有的独立性,把它们划入指示代词就产生了明显的抵触。而"之"的句法作用相当复杂,远大于一般介词,也显然不能跟介词并列。

文言里确实有一些表达语气的虚字,把它们单独作为一类也未尝不可。不过,句子的语气主要是靠整个句子的文意传达出来的,那些表达语气的虚字实际上只起一种辅助作用。因此,把它们称为"语气助词"更符合文法体系的统一性。

至于被当作"词头"和"词尾"的那些虚字,常引用为例证的是"有、其、于、斯、思、曰"这么几个。然而,它们并不像西方语言里的"词缀"那样非用不可,即使用上也远不是那么井然有序,与西方语言里的词形变化相比较仍具有一定的独立性。这只要稍微翻阅一下《诗经》的篇章,就会有我们所说的那样的感受。因而把它们当作"词头"和"词尾",就必然损害了文法体系的总格局。

因此我们说,衬音助词是在词语或句子里用来凑足音节和协调节奏而不表示意义的助词。文言里的衬音助词包括两种情况:一种是附加在别的词的前头或后头,构成双音节词并带有标志词性作用的,如"有、其、言、于、然、若、如、尔、焉"等;另一种是用在词或句子里,单纯用来衬托音节的,如"之、云、曰、爰、伊、式"等。

前一类衬音助词,前人称为"衬辞"。今人认为,加"有"的是名词,加"言、于"的是动词,加"然、若"等是形容词。先看"有",例如:

① 我不可不监于有夏,亦不可不监于有殷。(《尚书·召诰》)

② 友于兄弟,施于有政。(《论语·为政》)

③ 及有周而甚详。(柳宗元《封建论》)

④ 春日载阳,有鸣仓庚。(《诗·豳风·七月》)

⑤ 行道迟迟,中心有违。(《诗·邶风·谷风》)
⑥ 有洸有溃,既诒我肆。(同上)
⑦ 彤管有炜,说怿女美。(《诗·邶风·静女》)

主张词头说的,以前三句为例,说"有"用于专名和某些名词的前边;可是,"有"也用于某些动词和某些形容词之前,如后四例。

再看"其""言""于",例如:

① 八月其获,十月陨萚。(《诗·豳风·七月》)
② 北风其凉,雨雪其雱。(《诗·邶风·北风》)
③ 絺兮绤兮,凄其以风。(《诗·邶风·绿衣》)
④ 陟彼南山,言采其蕨。(《诗·召南·草虫》)
⑤ 寤言不寐,愿言则嚏。(《诗·邶风·终风》)
⑥ 王于兴师,修我戈矛。(《诗·秦风·无衣》)

"其"既用于动词之前,如例①;也用于形容词之前或之后,如例②、③。"言"既用于动词之前,如例④;也用于动词之后,如例⑤。

再看"然、若、如、尔、焉",一般用在形容词的后边。例如:

① 天油然作云,沛然下雨。(《孟子·梁惠王上》)
② 桑之未落,其叶沃若。(《诗·卫风·氓》)
③ 天下晏如也。(《史记·司马相如列传》)
④ 子路率尔而对。(《论语·先进》)
⑤ 我心忧伤,惄焉如捣。(《诗·小雅·小弁》)

⑥ 卒然问曰……。(《孟子·梁惠王上》)
⑦ 突如其来如。(《易经·离》)
⑧ 忽焉在后。(《论语·子罕》)

可是,也有用在副词后边的,如以上后三例,"卒然"即"猝然","突如"即"突然","忽焉"即"忽然"。

总而言之,"有、其、言、然、焉"等,并不像现代汉语的词头和词尾,标志词性的作用并不怎么明显,所处的位置也不怎么固定,它们的主要作用是变单音节词为双音节词。因此,根据文言语法的特点和传统的提法,把它们称作"衬音助词"比较适宜。

后一类衬音助词是纯粹用来衬托音节的,前人称为"语助"。例如:

① 晋侯赏从亡者,介之推不言禄。(《左传·僖公二十四年》)
② 若使烛之武见秦君,师必退。(《左传·僖公三十年》)
③ 陈涉少时,尝与人佣耕,辍耕之垄上,怅恨久之。(《史记·陈涉世家》)
④ 顷之,烟火张天。(《资治通鉴·汉纪·建安十三年》)
⑤ 战于长勺。公将鼓之。(《左传·庄公十年》)
⑥ 苗勃然兴之矣。(《孟子·梁惠王上》)
⑦ 故小之名卑地削,大之国亡身危。(《韩非子·说林》)

前二例,"之"嵌在人的姓名中间,不表示任何意义,"介之推"即"介推"，"烛之武"即"烛武"。中四例，"之"加在时间副词或不及物动词的后边，用来衬托音节，并带有收束作用。后一例的两个"之"分别放在形容词"小"和"大"的后面，具有在这儿读断的作用，就是说，这种用法的"之"很像语气助词"者"，在句中起顿宕的作用。"小之""大之"，就是"从小的方面说"和"从大的方面说"。

其他的例如：

① 道之云远，曷云能来。(《诗·邶风·雄雉》)
② 赫赫炎炎，云我无所。(《诗·大雅·云汉》)
③ 日云莫矣，寡君须矣，吾子其入也。(《左传·成公十二年》)
④ 曰为改岁，入此室处。(《诗·豳风·七月》)
⑤ 我东曰归，我心西悲。(《诗·豳风·东山》)
⑥ 乐土乐土，爰得我所。(《诗·魏风·硕鼠》)
⑦ 维士与女，伊其将谑。(《诗·郑风·溱洧》)
⑧ 时国家草创，百度伊始。(《隋书·辛彦之传》)
⑨ 兄及弟矣，式相好矣。(《诗·小雅·斯干》)

以上九例里标有着重号的词，或用于句首，或用于句中，它们不表示任何意义，只是用来凑足音节、延缓语音的，因而大多出现在韵文当中。

本节所说的衬音助词，绝大多数是无须译出的，如"有政"即"政"，"有洸有溃"等于说"洸洸溃溃"（形容水势激怒），"其获"即"获"，"寱言"即"寱"，"于兴"即"兴（起）"，"鼓之"即"鼓"，"云远"即

"远","曰归"即"归","伊始"即"始",如此等等。只有形容词后面加"然、若、如"等助词的,一般可以解释为"……的样子"。如果用作状语,一般可以译为"……地",如"油然"可译为"滚滚地","沛然"可译为"密密地","率尔"可译为"直率地"。其余的,就要根据文意灵活掌握了。

第六章　词组的特殊形式

在前述"词组"一节，曾经介绍了并列、偏正、述宾、述补、数量、介宾、方位、同位、连动、兼语十一种格式的词组。它们的结构方式和语法功能，同现代汉语的词组是相同的，这比较容易掌握。可是，文言里有些词组的结构方式及构成要素，是现代汉语所没有的。对于文言里这些特殊形式的词组，如果没有确切的了解，阅读古籍是有困难的。因此，有必要设专章逐一说明。

第一节　加"之"的主谓词组

主谓词组充当单句的句子成分或复句的分句，这个主谓词组的主语和谓语之间，在现代汉语里一般都无须加虚词来表示。可是在文言里，有时要在这种主谓词组的主语和谓语之间加个助词"之"，用来取消主谓词组的独立性，这是说，主谓词组本来可以独立成句，加个助词"之"，就使这个主谓词组不再能独立存在，必须依赖上下文才能确立。这有两种情况。

一是加"之"的主谓词组充当一个单句的主语或宾语。例如：

① 贡之不入，寡君之罪也。(《左传·僖公四年》)

② 师道之不传也久矣。(韩愈《师说》)
③ 岁寒,然后知松柏之后凋也。(《论语·子罕》)
④ 众士慕仰,若水之归海。(《资治通鉴·汉纪·建安十三年》)

前二例,"贡之不入"和"师道之不传"在句子里充当主语;后二例,"松柏之后雕"和"水之归海"在句子里充当宾语。

有时候,不是在主语和谓语之间加"之",而是在主语和介宾词组之间加"之",改变其句子的结构关系,这样形成的词组整个充当句子的主语。例如:

① 寡人之于国也,尽心焉耳矣。(《孟子·梁惠王上》)
② 秦之与魏,譬若人之有心腹疾。(《史记·商君列传》)
③ 今秦之与齐也,犹齐之与鲁也。(《史记·张仪列传》)

前二例如果不加"之","寡人""秦"在句中用作主语,"于国""与魏"两个介宾词组在句中用作状语(谓语的一部分);加上了"之",其结构就起了变化,"寡人之于国""秦之与魏"两个特殊形式的词组整个地在句子里用作主语,这种句法有强调语势的作用。例③"秦之与齐"在句子里做主语,"齐之与鲁"做联系动词"犹"的宾语。

二是加"之"的主谓词组充当一个复句的分句,表示语意未完,让听者或读者等待下文。例如:

① 虢射曰:"皮之不存,毛将安傅?"(《左传·僖公十

四年》）

② 若事之不济,此乃天也。(《资治通鉴·汉纪·建安十三年》)

③ 虽我之死,有子存焉。(《列子·汤问》)

④ 媪之送燕后也,持其踵,为之泣。(《战国策·赵策》)

以上加"之"的主谓词组,都是复句里的分句:例①是不用连词的假设分句,例②是用连词的假设分句,例③是表示让步的分句,例④是表示时间的分句。用加"之"的主谓词组表示时间背景,是文言特别是早期文言里常用的一种句式。

上面所说的加"之"的主谓词组,其主语都是名词。假如这个名词已经在上文出现,就常用一个代词"其"称代它,因为"其"作为代词,主要用作定语,本身隐含着一个"之",就是说,"其"等于名词加助词"之"。例如:

① 孟子,吾见师之出而不见其入也。(《左传·僖公三十二年》)

② 事不目见耳闻,而臆断其有无,可乎?(苏轼《石钟山记》)

③ 宋人有曹商者,为宋王使秦。其往也,得车数乘。(《庄子·列御寇》)

例①前面说"师之出",后面说"其入",等于说"师之入",做动词"见"的宾语。例②的"其有无",等于说"事之有无",做动词"臆断"

的宾语。例③的"其往",等于说"曹商之往",是表明时间背景的分句。

第二节　凝固的动词性词组

在文言里有一些习见常用的、由两个或两个以上的词语凝结而成的固定格式,它们稳定地表示某种动作行为的意义,这就是凝固的动词性词组。这种凝固词组,按照构成要素和表达作用可以分为三种。

一是动词"如""若""奈"与疑问代词"何"相互组合,构成"如何""何如""若何""奈何"。它们在句子里用作谓语,有两种作用,一是询问情况,二是询问办法。例如:

① 今之从政者何如?(《论语·子路》)
② 以五十步笑百步,何如?(《孟子·梁惠王上》)
③ 伐柯如何?匪斧不克。(《诗·豳风·伐柯》)
④ 使归就戮于秦,以逞寡君之志,若何?(《左传·僖公三十三年》)
⑤ 王曰:取吾璧,不予我城,奈何?(《史记·廉颇蔺相如列传》)

例①是询问情况,例②、④是商量可否,"何如""若何"可译为"怎么样"或"怎样";例③、⑤是询问办法,"如何""奈何"可译为"怎么办"。

这种凝固词组要是放在动词的前面做状语,一般是用来询问

原因或表示反问,可译为"怎么""为什么"。例如:

⑥ 非国家之利也,若何从之?(《左传·襄公二十六年》)
⑦ 民不畏死,奈何以死惧之?(《老子》)

应当注意的是,文言里又有"如……何""若……何""奈……何"的格式,中间插入名词、代词或其他词组做宾语,动词"如""若""奈"含有"办""处置""对付""安顿"一类的意思。例如:

① 以君之力,曾不能损魁父之丘,如太行、王屋何?(《列子·汤问》)——怎么对付太行山和王屋山?
② 晋侯谓庆郑曰:寇深矣,若之何?(《左传·僖公十五年》)——对它怎么办?
③ 骓不逝兮可奈何?虞兮!虞兮!奈若何?(《史记·项羽本纪》)——怎么安顿你?
④ 不能正其身,如正人何?(《论语·子路》)

以上四例都是先提出一种情况,然后用"如……何""奈……何"等来询问办法。在这种用作谓语的凝固词组中,例①插入的是名词,例②、③插入的是代词,例④插入的是述宾词组。如果插入的是动词性词组,"如、若、奈"的动词意义就减弱,可径直译为"怎么+动词性词组",如例④。

"如之何""若之何"作为凝固词组,要是放在动词前面做状语,就与"若何""如何"一样,用来询问原因或表示反问,应译作"为什么"或"怎么"。例如：

⑤ 我之不贤与，人将拒我，如之何其拒人也？(《论语·子张》)
⑥ 若之何其以病败君王之大事也？(《左传·成公二年》)

二是疑问代词"孰""何"同动词"与""如""若"相互组合，构成"孰与""何如"。它们在句子里做谓语，用来比较人物的高下或事情的得失。例如：

① 我孰与城北徐公美？(《战国策·齐策》)
② 沛公曰：[项伯]孰与君少长？(《史记·项羽本纪》)
③ 公之视廉将军孰与秦王？(《史记·廉颇蔺相如列传》)
④ 田侯召大臣而谋曰：救赵孰与勿救？(《战国策·齐策》)
⑤ 赵王与楼缓计之曰：予秦地何如毋予？(《史记·平原君列传》)

前三例都是比较人物的高低：例①、②句子末尾出现形容词，表示比较的内容，"美"表明相貌，"少长"指明年纪；例③句末未出现比较内容，但根据文意会知道是比较谁强谁弱。后二例都是比较事情的得失，即"孰与""何如"的前后两项哪一项有利，哪一项不利。

以上各例的"孰与(何如)"只是表示比较,不带倾向性,意思是"……同……相比,怎么样?"如果进行比较时有某种倾向,那么"孰与"的意思是"哪如""哪里比得上"。例如:

⑥ 从天而颂之,孰与制天命而用之?(《荀子·天论》)
⑦ 惟坐待亡,孰与伐之?(诸葛亮《后出师表》)

"孰与"作为表示比较的凝固词组,用作谓语时,其前后两项一定是同性质的词语,如例①至例③前后都是名词或名词性词语,例④至例⑦都是动词性词组,两两构成比较的对象。如果"孰与"不是用在这样的格局里,那就不是表示比较的凝固词组。例如:

⑧ 百姓足,君孰与不足?百姓不足,君孰与足?(《论语·颜渊》)
⑨ 子去我而归,吾孰与处于此?(《公羊传·宣公十五年》)

以上所引前一例,"孰与"之前是名词"君",其后是形容词性的词组"不足";后一例,"孰与"之前是代词"吾",其后是动词性的词组"处于此":前后两项不是同性质的词语,不可能构成比较,因而此两例中的"孰与"是两个词,不是凝固词组。例⑧、⑨的"孰与"是倒置的介宾词组,在句中做谓语的状语,意思是"与哪一个……"。对于这种形似而实异的语言单位,在阅读古文时应该细心辨别,才不至于误解文意。

三是动词"有"与介宾词组"于此(斯)"配合,构成"有……于此(斯)"。它用在复句的前一分句,往往表示假设的意思。例如:

① 有美玉于斯,韫椟而藏诸?求善贾而沽诸?(《论语·子罕》)
② 有楚大夫于此,欲其子之齐语也……(《孟子·滕文公下》)
③ 今有人于此,舍其文轩,邻有敝舆而欲窃之……(《墨子·公输》)

以上三例里的"有……于此(斯)"都是凝固词组,意义已经虚化,只是用来表示一种假定的说法,如果照字面直译,反而传达不出原文的确切意思。

第三节　隐含中心语的偏正词组

在"词组"一节曾介绍过名词性的偏正词组,它在句子里用作主语、宾语或名词性谓语。这种偏正词组如果再进行句法分析,那么被修饰的部分称为"中心语"(或"中心词"),用来修饰的部分称为"定语"。试看下列例句:

① 齐桓、晋文之事,可得闻乎?(《孟子·梁惠王上》)
② 请以秦之咸阳为赵王寿。(《史记·廉颇蔺相如列传》)
③ 明足以察秋毫之末,而不见舆薪。(《孟子·梁惠

④ 我为赵将,有攻城野战之大功。(《史记·廉颇蔺相如列传》)

⑤ 若无罪而就死地,故以羊易之也。(《孟子·梁惠王上》)

⑥ 天下事大定矣,君王自为之。(《史记·项羽本纪》)

例①偏正词组"齐桓、晋文之事"在句中做主语,"事"是属于"齐桓、晋文"的;例②偏正词组"秦之咸阳"是介词"以"的宾语,"咸阳"是属于"秦"的:这两个例子的定语和中心词之间是领属关系。例③偏正词组"秋毫之末"是动词"察"的宾语,"秋毫"说明"末"的内容;例④偏正词组"攻城野战之大功"是动词"有"的宾语,"攻城野战"说明"大功"的内容:这两个例子的定语和中心词之间是同一关系。例④偏正词组"大功","大"表示"功"的性质;例⑤偏正词组"死地"是动词"就"的宾语,"死"也是表明"地"的性质;例⑥偏正词组"天下事"是句子的主语,"天下"表示"事"的范围:这三个例子的定语和中心词之间是限制关系。在上述六个例子当中,除了"大功""死地"和"天下事"的定语和中心词之间没有加结构助词之外,其余各例的定语和中心词之间都加了助词"之"。

上面所说的由定语和中心词构成的名词性偏正词组,以及定语和中心词之间的领属、同一、限制三种关系,这跟现代汉语没有什么两样。可是在文言里,在一定的上下文中,在不妨碍文意了解的情况下,某些偏正词组的中心词可以不出现,而作为修饰成分的定语便代替了那个偏正词组。这就是本节所要介绍的隐含中心语

的偏正词组。这个不出现的中心语,往往是指人或指事物的一般性名词。例如:

① 将军披坚执锐,伐无道,诛暴秦,复立楚国之社稷。(《史记·陈涉世家》)
② 赏必加于有功,而刑必断于有罪。(《史记·范雎列传》)
③ 闻大王起兵,且不听不义。(《史记·项羽本纪》)
④ 取彼斧斨,以伐远扬。(《诗·豳风·七月》)
⑤ 得志于诸侯,而诛无礼。(《左传·僖公二十三年》)
⑥ 吾生也有涯,而知也无涯。以有涯随无涯,殆已。(《庄子·养生主》)

例①"无道"即"无道之君",中心语"君"未出现。例②"有功"即"有功之人","有罪"即"有罪之人",中心语"人"是不言而喻的。例③"不义"即"不义之命",这是根据动词"听"就能判断出来的。例④上文有"蚕月条桑",下文有"猗彼女桑",那么"远扬"自然是"远扬之桑枝"了。例⑤说的是晋公子重耳流亡之事,"无礼"指"无礼之国"。例⑥前两句明言"生有涯"而"知无涯",后面的"有涯"当然是说"有涯之生(命)","无涯"当然是说"无涯之知"。

由以上引例可以看出,这种隐含的中心词一般是泛指的,而且那个定语又往往是那个中心词所表示的人或事物的固有的属性,因而中心词不出现一般也不会引起误解。阅读时只要细心体会上下文,这个未出现的中心语是不难推测出来的。

这里需要做点补充说明。例①"披坚执锐"即"披坚甲执锐器","伐无道"即"伐无道之君",粗看去"坚""锐""无道"之后都隐含着中心语。然而,"坚""锐"是形容词,属词类转化,在修辞上即属于借代;而"无道""不义"等不是形容词,属隐含中心语的偏正词组。不同情况应做不同分析。

第四节　定语后置的偏正词组

定语放在被修饰的中心语的前面,这是古今汉语的一般语序。但是在文言里,有时为了使文句流畅顺口或使定语突出,定语可以移在中心语之后。这就是定语后置的偏正词组。这种词组包括四种格式。

一是在中心语和后置的定语之间加助词"之"。例如:

① 蚓无爪牙之利,筋骨之强。(《荀子·劝学》)
② 固国不以山溪之险,威天下不以兵革之利。(《孟子·公孙丑下》)
③ 居庙堂之高,处江湖之远。(范仲淹《岳阳楼记》)

以上所列定语后置的偏正词组,按照一般语序,分别是:"利之爪牙""强之筋骨""险之山溪""利之兵革""高之庙堂""远之江湖"。可是,这样读起来反而觉得拗口。为了顺口流畅,也为了突出定语,便将定语后移。这在文言里是一种常见的格式。

二是在后置的定语后边加语气助词"者"。例如:

① 使吏召诸民当偿者,悉来合券。(《战国策·齐策》)
② 求人可使报秦者,未得。(《史记·廉颇蔺相如列传》)
③ 村中少年好事者驯养一虫。(《聊斋志异·促织》)

以上所列定语后置的偏正词组,按照一般语序,应当是:"当偿之诸民""可使报秦之人""好事之少年"。为了突出定语,便做了如上调整,并在其后边加"者"作为标志。

三是在中心语和后置定语之间加助词"之",同时在后置定语之后加助词"者"。例如:

① 五谷,种之美者也。(《孟子·告子上》)
② 马之千里者,一食或尽粟一石。(韩愈《杂说》)

以上二例"种"和"马"是中心语,"美"和"千里"是后置定语,其间加助词"之",使其前后两个部分在形式上具有整体与部分的关系。例①"种之美者"可以理解为"优良的品种","者"是语气助词;也可以理解为"种子当中的美好的","者"就是结构助词了。例②"马之千里者",可以译作"能一日跑千里的马",也可以理解为"马里头能一日跑千里的"。

四是在中心语和后置定语之间加助词"而"以协调语气,又在后置定语后边加"者"。例如:

① 子贡问曰:有一言而可以终身行之者乎?(《论语·卫灵公》)

② 缙绅而能不易其志者,四海之大,有几人欤?(张溥《五人墓碑记》)

例①的偏正词组本可以说成"有一可以终身行之之言",这样反而感到极不顺口,因而把定语部分移到中心语"言"的后面,中间加个"而"协调一下语气。这个词组可以译作"有一个一辈子都可以照着去做的字"。例②那个偏正词组实际上是"能不易其志之缙绅",意思是"能够不改变他的志向的绅士"。

第五节 名词性的"者"字词组

所谓名词性的"者"字词组,是指结构助词"者"同其他词语结合构成的、具有名词的性质和功能的词组。"者"和"所"是文言里两个比较特殊的助词,既具有附着性,又具有称代性。说有附着性,是指它们不能独立使用,一定要与别的词或词组相结合,构成名词性词组;说有称代性,是指它们与别的词语构成名词性词组之后,具有代替人或事物的作用。

"者"一般附着在形容词、动词、数词或者某些词组的后面,构成名词性的"者"字词组,表示"……的人"或"……的事物"。例如:

① 贤者识其大者,不贤者识其小者。(《论语·子张》)
② 五十者可以衣帛矣。(《孟子·梁惠王上》)
③ 此五者,知胜之道也。(《孙子兵法·谋攻》)
④ 不为者与不能者之形,何以异?(《孟子·梁惠王上》)

⑤ 仲尼之徒无道桓文之事者。(同上)
⑥ 有复于王者曰……(同上)
⑦ 海内之地,方千里者九。(同上)
⑧ 吾未见力不足者。(《论语·里仁》)

例①"贤者""大者""小者",是"者"跟形容词构成"者"字词组;"不贤者"是"者"跟形容词偏正词组"不贤"构成"者"字词组。"贤者""不贤者"分别充当两个分句的主语;"大者""小者"分别充当动词"识"的宾语。例②、③"五十者""五者",都是"者"跟数词组合成的"者"字词组,前者表示"五十岁的人",后者表示"五种情况",在句中都充当主语。下三例是"者"跟动词性词组构成的"者"字词组:例④是"者"附着在动词性偏正词组"不为""不能"之后,称代"不肯干的人"和"不能干的人",它们又通过连词"与"组合成并列词组,在句中作为名词"形"的定语;例⑤是"者"附着于述宾词组"道桓文之事"的后边,表示"称道齐桓、晋文事业的人",用作动词"无"的宾语;例⑥是"者"附着于述补词组"复于王"之后,表示"向君王回报的人",在句中作为兼语。最后二例是"者"跟主谓词组构成的"者"字词组:例⑦"方千里者"在句中用作主语;例⑧"力不足者"在句中用作动词"见"的宾语。

分析"者"字词组,有两点需要注意。一是要认真辨别"者"是结构助词还是语气助词,因为只有结构助词"者"才能跟其他词语构成"者"字词组。一般说来,放在名词或名词性词组后面的"者"是语气助词,而附着于动词、形容词或其他词组后面的"者"是结构助词;如果"者"前面是名词,还要看这个名词在句子里的地位。

例如:

① 北山愚公者,年且九十。(《列子·汤问》)
② 夺项王天下者,必沛公也。(《史记·项羽本纪》)
③ 有蒋氏者,专其利三世矣。(柳宗元《捕蛇者说》)
④ 赵王之子孙侯者,其继有在者乎?(《战国策·赵策》)

表面看去,上引四例的"者"都是放在名词的后边,似乎都是语气助词,其实略加辨析是不一样的。例①"愚公"和前面的"北山"构成名词性偏正词组,"者"当然是语气助词。例②"天下"是名词,却是动词"夺"的宾语,"者"是附着于述宾词组之后,因而是结构助词。例③"蒋氏"是动词"有"的宾语,但又是下文"专其利"的主语,"者"是放在用作兼语的名词的后边,当然也是语气助词。例④"侯"虽是名词,但和前面的"赵主之子孙"不能构成名词性词组,"侯"活用为动词,"侯者"即"封侯者","者"是结构助词;但是,如果把"侯"活用作动词看作"子孙"之后置定语,即"封侯之子孙",那么"者"应看作语气助词,表示句中停顿。

二是要认真辨别"者"用作结构助词,跟哪个词或词组相组合。因为"者"字词组有的很短,如"贤者""大者""五十者""不为者"等,有的就比较长,如"道桓文之事者""夺项王天下者"等,这就要联系上下文意和分析结构关系来确定。下面就《五人墓碑记》和《孟子·梁惠王下》中三个较长的"者"字词组进行图解:

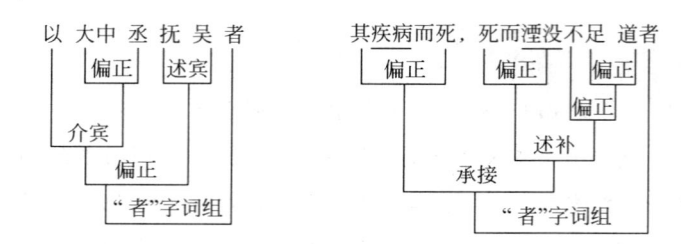

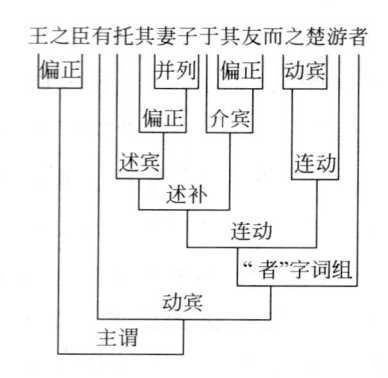

第六节 名词性的"所"字词组

所谓名词性的"所"字词组,是指结构助词"所"同其他词语结合构成的、具有名词的性质和功能的词组。"所"一般附着于动词或动词性词组之前,构成"所"字词组,表示"所……的人"或"所……的事物",这个"所"称代动作行为的对象。例如:

① 夺其所憎而与其所爱。(《战国策·赵策》)
② 王之所大欲可得闻与?(《孟子·梁惠王上》)

③ 日暮,所击杀者无虑百十人。(《清稗类钞·冯婉贞》)
④ 和氏璧,天下所共传宝也。(《史记·廉颇蔺相如列传》)
⑤ [仲子]所食之粟,伯夷之所树与?(《孟子·滕文公下》)

例①"所憎""所爱",是"所"分别与后面的动词构成"所"字词组,各做句中动词"夺"和"与"的宾语。与此结构相同的还有例⑤的"所树",意谓"所种植的粮食",不过它与"伯夷"构成名词性偏正词组,在句中用作判断句表语。例②"所"与动词性词组"大欲"构成"所"字词组,在句中用作主语。例③动词性词组"击杀"前面附着"所",后边又附着"者",依然表示行为的对象,亦即"所击杀者"等于"所击杀[之人]"。在"所·动词·者"这种结构里,"所"起指示对象的作用,而"者"已经弱化为语气助词了。例④动词性词组"共传"的对象"宝"已经出现,"所"不再有称代作用,只起指示作用。也就是说,这种用法的"所"字词组——"所共传",实际上是名词"宝"的定语,对名词起限制作用。关于这一点,联系例(5)的"所食之粟"可以看得很清楚:在"所食"和名词"粟"当中加了个助词"之",二者之间自然是定语和中心语的关系。

"所"还常常附着在介词"从""为""与""以"等的前边,再与后面的动词或动词性词组构成"所"字词组。例如:

① 是吾剑之所从坠。(《吕氏春秋·察今》)
② [项梁]谕以所为起大事。(《史记·项羽本纪》)

③ 其妻问所与饮食者,则尽富贵也。(《孟子·离娄下》)
④ 吾知所以距子矣,吾不言。(《墨子·公输》)
⑤ 臣所以去亲戚而事君者,徒慕君之高义也。(《史记·廉颇蔺相如列传》)

例①"所"附着在介词"从"的前面,并和动词"坠"共同构成"所"字词组,表示行为发生的处所;"所从坠"在句子里做名词性表语(即判断谓语)。例②"所"附着于介词"为"之前,并与述宾词组"起大事"共同构成"所"字词组,表示行为发生的目的(或原因)。例③"所"跟介词"与"及动词词组"饮食"共同构成"所"字词组,表示行为的有关对象,在句中做动词"问"的宾语。例④"所"跟介词"以"及述宾词组"距子"共同构成"所"字词组,表示行为赖以实现的工具或方法,"所以距子"在句中做动词"知"的宾语。例⑤"所"字跟介词"以"及连动词组"去亲戚而事君"共同构成"所"字词组,表示行为产生的原因,该词组在句中做主语。

"所"还附着于介词"自""由"之前。一般来说,"自"即"从","由"即"以"。例如:

⑥ 抚军不忘所自。(《聊斋志异·促织》)
⑦ 是乱之所由作也。(《荀子·正论》)

例⑥"所自"即"所从",在原文里表示一种抽象处所,意思是"从哪儿来的"。例⑦"所由"即"所以",表示"作(发生)"的原因。

由以上各句可以看出,"所"和动词或动词性词组之间加上介词,"所"不再指代动作行为的对象,而是指代与动作行为有关的处所、目的、对象、方法和原因等。至于"所"具体指代什么,那要根据"所"后边的介词来确定。譬如介词"从"往往是引介时间和处所,那么附着的"所"或指代时间,或指代处所;介词"以"往往是引介工具方法和原因,那么附着的"所"或指代工具方法,或指代原因。其余依此类推。

"所"跟介词结合,是介词的运用日益普遍以后所产生的新兴结构。其实在早期文言里,"所"直接用在动词或动词性词组的前面,并不需要借助介词,而用来指代上述与行动有关的各个方面。例如:

① 其北陵,文王之所辟风雨也。(《左传·僖公三十二年》)
② 太后曰:诺,恣君之所使之。(《战国策·赵策》)
③ 木茎非能长也,所立者然也。(《荀子·劝学》)
④ 冀之北土,马之所生,无兴国焉。(《左传·昭公四年》)

例①"所"附着于述宾词组"辟风雨"之前,根据文意,显然不是指代动词"辟"的对象(其对象即"风雨"),而是指代"辟风雨"的处所。例②动词"使"的对象是"之"(指长安君),"所"指代"使之"的方式。例③"立"是不及物动词,"所"当然不是指代行为的对象,而是指代行为的处所。例④"所"附着于及物动词"生"之前,"所"似乎指代"生"的对象,然而此句说的是"冀之北土","所"自然指代"生"的处所了。"所"在早期文言里的这种用法,在阅读古籍时尤其值得注意。

前面说过,"所"总是附着在动词或动词性词组的前边。"所"后面如果出现名词或形容词,这名词或形容词便活用为动词。名词活用的例子,在"词类转化"一章已经讲过。这里补充形容词活用的例子:

① 其所善者,吾则行之;其所恶者,吾则改之。(《左传·襄公三十一年》)
② 莫如以我所长攻敌所短。(《清稗类钞·冯婉贞》)

例①形容词"善""恶"处于"所"之后,是意动用法,"所善"即"所认为善","所恶"即"所以为恶","所"指代其对象(即"政令")。例②"所长""所短",意思是"所擅长""所短缺","所"指代"技艺"。

在文言里常常可以见到,"所"字词组用在"有""无""何""非"的后边,构成"有所……""无所……""何所……""非所……"的习惯格式,它们在意思表达上有些特殊。例如:

① 而恐太后玉体之有所郄也。(《战国策·赵策》)
② 荆轲有所待,欲与俱。(《史记·刺客列传》)
③ 财物无所取,妇女无所幸。(《史记·项羽本纪》)
④ 问女何所思?问女何所忆?(《乐府诗集·木兰辞》)
⑤ 任天下武勇,何所不诛?(《史记·淮阴侯列传》)
⑥ 劳师以袭远,非所闻也。(《左传·僖公三十二年》)

先看"有所……"和"无所……"格式,如果按照字面硬译,那么,"有所郄"即"有不舒适之处","有所待"即"有等待之人","无所取"即"没有取得之物","无所幸"即"没有宠幸之人"。这只能是符合原句的结构,但就表达的意思来说总感到有些模糊,也不符合现代汉语的习惯说法。能表达原意的比较恰当的说法应该译作"有什么不舒适""荆轲等待谁""没拿什么""没有宠幸谁"。译句里的"什么"和"谁"这些疑问代词都不是用来表示询问,而是用来指称不必明言或不可明言的事物或人的。在文言里,要表达这层意思,就要借助称代性的助词"所",表示肯定的用"有所……",表示否定的用"无所……"。

再看"何所……"格式。就句法而言,这种格式不过是"所……[为]何"的紧缩和倒置,其中"所"字词组用作主语,"何"用作谓语,是主谓倒装的疑问句。具体说来,"何所思"即"所思为何","何所忆"即"所忆为何","何所不诛"即"所不诛者为何"。若按字面硬译就是:"所想的是什么","所忆的是什么","不被诛灭的地方是哪儿"。这显然也不符合现代汉语的习惯说法。因为"何所思""何所忆"是有疑而问,能切合原意而又符合今天口语习惯的说法应该是"思念什么""回忆什么";而"何所不诛"是无疑而问的反问句,这种说法在意思上带有周遍性,意思是"什么地方不被诛灭?"也就是"无所不诛"。

最后一例的"非所闻",是个表示否定判断的名词性谓语,照字面硬译即"不是所听说的事情"。这也不符合现代汉语的表达习惯,符合习惯的说法是"[我]没有听说过这种事情"。

第七章　宾语的位置与性质

在句子里用作谓语的述宾词组，用作状语的介宾词组，其词序是：动词或介词在前，宾语在后。这在古今汉语是一致的。但是，在先秦时期的文言里，在一定的语法条件下，宾语可以放在动词或介词的前面。这种宾语前置的词序在早期文言里是一种正常的语言现象，到汉代就逐渐从口语中消失了。但由于后代文人习惯于仿古，因而在历代的古文中也常常出现。

第一节　叙述句宾语前置

古代汉语的叙述句，在一般情况下，宾语是放在动词后面的；有时为了强调宾语，可以把宾语提前，在前置宾语和动词之间用代词"是"或"之"来复指一下。例如：

① 岂不穀是为？先君之好是继。(《左传·僖公四年》)
② 宋何罪之有？(《墨子·公输》)
③ 吾以子为异之问，曾由与求之问。(《论语·先进》)
④ 女罪之不恤，而又何请焉？(《左传·昭公二年》)
⑤ 朋酒斯飨，曰杀羔羊。(《诗·豳风·七月》)

⑥ 我周之东迁,晋郑焉依。(《左传·隐公六年》)

例①动词"为"和"继"的宾语分别是"不穀"和"先君之好",这两个宾语都提到动词的前面,便在提前宾语之后各加个指示代词"是"来复指。例②动词"有"的宾语是偏正词组"何罪",提前后便用指示代词"之"来复指。例③"异之问"就是"问异",宾语"异"是旁指代词("别的");"由与求之问"就是"问由与求",宾语是两个专有名词构成的并列词组。例④动词"恤"受否定副词限制,宾语"罪"放在整个"不恤"的前面,并加"之"复指。叙述句宾语前置,还有用指示代词"斯""焉"等复指的:例⑤"斯"复指提前宾语"朋酒",例⑥"焉"复指提前宾语"晋郑"。

在使用这种宾语前置的格式时,有的还在提前宾语的前面再加上范围副词"唯(惟)",构成"唯(惟)……是(之)……"的格式。例如:

① 率师以来,唯敌是求。(《左传·宣公十二年》)
② 惟陈言之务去,戛戛乎其难哉!(韩愈《答李翊书》)

"唯敌是求"等于说"唯求敌","惟陈言之务去"等于说"惟务去陈言"。不难看出,使用"唯(惟)……是(之)……"这种格式,不仅强调了动词的宾语,而且表示了行为对象(宾语)的单一性和排他性。现代汉语某些成语,如"唯利是图""唯你是问"等,就是这种格式的遗迹。

用"之"复指提前宾语,有时还能见到在"之"后面加上"为"的:

① 故人苟生之为见,若者必死;苟利之为见,若者必害。(《荀子·礼论》)

② 其一人专心致志,惟弈秋之为听。(《孟子·告子上》)

"生之为见"即"见生","利之为见"即"见利","惟弈秋之为听"即"惟听弈秋"。其中的"为",一般认为是个助词,是用来加强语意的。

如果被提前的宾语是代词,一般也要用"之"复指。例如:

① "我之怀矣,自诒伊戚",其我之谓矣!(《左传·宣公二年》)

② 《诗》曰:"孝子不匮,永锡尔类",其是之谓乎!(《左传·隐公元年》)

③ 周公方且膺之,子是之学,亦为不善变矣。(《孟子·滕文公上》)

例①"我之谓"即"谓我",例②"是之谓"即"谓是",例③"是之学"即"学是",三个"之"都是用来复指提前宾语的。

由以上所说可以明白,"之、是、斯、焉"在古代汉语里原来就用作指示代词,用它们来复指提前的宾语,是古代汉语变更动宾语序的一种语法手段;即使在叙述句中被提前的宾语本身是代词,也并不排斥这种语法手段。但是,现代汉语已经没有这种句法了,因此这类句子译成现代汉语时是无须把这种"是"或"之"直译出来的。从现代汉语的角度来看,这种用在提前宾语和动词之间的"是、之、斯、焉"就成了宾语前置的标志,因而有的语法著作把它们归入"助词"。这样分析虽然简单易懂,但终究不符合古代汉语的实际情况,也模糊了这些词的真正的性质。

古代汉语的介词有很多是由动词转化而来的,由于它的性质接近动词,因此也有类似的句法。例如:

① 晋居深山,戎狄之与邻。(《左传·僖公十五年》)
② 康公,我之自出。(《左传·成公十五年》)
③ 叔仲昭伯曰:我楚国之为,岂为一人行也。(《左传·襄公二十八年》)

例①"戎狄之与邻"即"与戎狄为邻"。例②"我之自出"即"自我出"。例③"楚国之为"即"为楚国"。"戎狄""我""楚国"分别是介词"与""自""为"的宾语而提到它们的前边去了。

第二节 否定句代词宾语前置

带有否定词而表示否定的句子叫作否定句。所谓否定词,包括否定副词如"不、弗、毋、勿、未、否、非",否定性的动词如"无",否定性的无指代词如"莫"等。

在上古汉语里,用"不、毋、未、莫"四个否定词的否定句,如果动词的宾语是一个代词,一般总是放在动词的前面。例如:

① 不患人之不己知,患不知人也。(《论语·学而》)

② 吾问狂屈，狂屈中欲告我而不我告。（《庄子·知北游》）

③ 三岁贯女，莫我肯顾。（《诗·魏风·硕鼠》）

④ 我无尔诈，尔无我虞。（《左传·宣公十五年》）

⑤ 大道之行也，与三代之英，丘未之逮也。（《礼记·大同》）

前二例富有启发性。例①"不己知"和"不知人"都带有否定副词，前一宾语是代词"己"，便放在动词前面，后一宾语是名词"人"，依然放在动词后面。例②"欲告我"不带有否定词，即使宾语"我"是代词，也放在动词"告"的后面；而"不我告"带有否定词，因而代词"我"放在"告"的前面。例③后一分句是用无指代词"莫"的否定句，"莫我肯顾"即"莫肯顾我"。例④是用"无"（即"毋"）的否定句，代词宾语"尔"和"我"分别放在动词"诈"和"虞"的前面。例⑤是用"未"的否定句，代词宾语"之"放在动词"逮"的前面。这些例子说明，这一类宾语前置要具备两个条件：其一，全句是否定句，即必须有否定词"不、毋（无）、未、莫"；其二，宾语必须是代词。

古代汉语"君"和"子"一类的词，虽然有一定的称代作用，可以译作"您"，但它们并不是代词，而是名词，因而在否定句中是不能放在动词之前的。在先秦古籍中，也可以找到否定句代词宾语后置的例子。例如：

① 若不许君，将焉用之？（《左传·昭公四年》）

② 我非子，固不知子矣。（《庄子·秋水》）

③ 不知我者,谓我何求?(《诗·王风·黍离》)
④ 祭肉不出三日;出三日,不食之矣。(《论语·乡党》)

前二例的"君"和"子"分别放在动词"许"和"知"的后边,不受上述否定句宾语前置的约束。有人根据后二例代词宾语后置的现象,把上面所举的代词宾语前置的否定句叫作倒装句,那是不对的。在上古汉语里,否定句代词宾语前置是正常的结构,不是什么"倒装"。至于否定句代词宾语后置,那在上古汉语里倒是少见的。这反映了古代汉语句法结构的演变,就是说从先秦时代起,否定句中的代词宾语就已经开始从前置向后置演变,因而出现两种情况并存的语言现象。尽管如此,历代仿古文人仍然运用宾语前置这种结构。例如:

① 民不足而可治者,自古及今未之尝闻。(贾谊《论积贮疏》)
② 每自比于管仲乐毅,时人莫之许也。(《三国志·诸葛亮传》)
③ 古之人不余欺也。(苏轼《石钟山记》)

"未之尝闻"即"未尝闻之","莫之许"即"莫许之","不余欺"即"不欺余"。

第三节　疑问句疑问代词宾语前置

古代汉语表示疑问的句子,一般要有疑问词的帮助。疑问词包括疑问代词和疑问语气词。在上古汉语里,疑问句动词的宾语如果是疑问代词,这个疑问代词宾语必须放在动词的前面。例如:

① 吾谁欺?欺天乎?(《论语·子罕》)
② 孟尝君曰:客何好?(《战国策·齐策》)
③ 彼且奚适也?(《庄子·逍遥游》)
④ 方此时也,尧安在?(《韩非子·难一》)
⑤ 臣实不才,又谁敢怨?(《左传·成公三年》)
⑥ 公欲谁与?(《庄子·徐无鬼》)
⑦ 相隔三千里,当谁使告女?(《汉书·外戚传》)

例①很有启发性,前后两个疑问句,前一个动词的宾语是疑问代词"谁",便放在动词的前边,后一个动词的宾语是名词"天",依然放在动词的后面。例②疑问代词"何"是动词"好"的宾语,放在动词的前边。例③"奚适"就是"适何"。例④"安在"就是"在何"。例⑤和例⑥动词"怨"和"与"的前面有助动词"敢"和"欲",提前的宾语可以放在助动词之前如例⑤,也可以放在助动词与动词之间如例⑥。例⑦后一句是兼语句,因为兼语是前一个动词的宾语,所以疑问代词"谁"也放在动词"使"的前面。

同样道理,疑问代词做介词的宾语时,也要放在介词的前面。

例如：

① 百姓足，君孰与不足？百姓不足，君孰与足？（《论语·颜渊》）
② 曷为久居此围城之中而不去也？（《战国策·赵策》）
③ 子归，何以报我？（《左传·成公三年》）
④ 许子奚为不自织？（《孟子·滕文公上》）

上古汉语这种疑问代词宾语前置的格式，一直为后来写古文的人所遵守。例如：

⑤ 后之人其欲闻仁义道德之说，孰从而听之？（韩愈《原道》）
⑥ 而今安在哉？（苏轼《前赤壁赋》）
⑦ 微斯人，吾谁与归？（范仲淹《岳阳楼记》）

疑问代词宾语前置的规则，比否定句代词宾语前置的规则更为严格，极少例外。只有"何云"常说成"云何"（即"说什么"）；不说"何于"而说"于何"（即"在什么地方"）。此外，"何如"也常说成"如何"。其实在先秦时代，"何如"与"如何"都已经是凝固形式了。

第四节　其他情况下宾语前置

前面说了宾语前置的三种不同情况：一是在叙述句里，宾语提前用"之""是"复指；二是在否定句里，动词的宾语是代词而提前；

三是在疑问句里,宾语是疑问代词而提前。除了这三种情况之外,还有一些宾语前置的现象。

一是某些代词用作动词的宾语,可以放在动词的前面。例如:

① 赫赫师尹,民具尔瞻。(《诗·小雅·节南山》)
② 尔贡苞茅不入,王祭不恭,寡人是征。(《左传·僖公四年》)
③ 维叶莫莫,是刈是获。(《诗·周南·葛覃》)

这种情况为数不多,稍加注意就是了。

二是介词"以"的宾语可以无条件地放在"以"的前面。例如:

① 楚国方城以为城,汉水以为池。(《左传·僖公四年》)
② 其有不合者,仰而思之,夜以继日。(《孟子·离娄下》)
③ 楚战士无不一以当十。(《史记·项羽本纪》)
④ 故君子敬其在己者……是以日进也。(《荀子·天论》)
⑤ 不毂恶其无成德,是用宣之,以惩不壹。(《左传·成公十三年》)

前三例是名词用作"以"的宾语而提到前面;后二例是代词用作"以"的宾语而提到"以"("用"即"以")之前。有些语法著作把"是以""是用"及"是故"当作复合连词。我们认为,就组合而言是介与宾语的凝固形式。

三是人称代词"自"用作动词或介词的宾语,必须放在动词或介词的前边。例如:

① 宁信度,无自信也。(《韩非子·外储说左上》)
② 知人者智,自知者明。(《老子》)
③ 君出言自以为是,而卿大夫莫敢矫其非。(《资治通鉴·周纪·安王二十五年》)
④ 迁人立六国后,自为树党,为秦益敌也。(《史记·张耳列传》)

例①"自"用作动词"信"的宾语而置其前。例②前后两分句的动词都是"知",其宾语"人"是名词置于其后,其宾语"自"则置于前。例③"自"用作兼语,也就是前一动词"以"的宾语而提前,意即"以自为是"。例④"自"用作介词"为"的宾语而置于其前,"自为树党"即"为自树党",与下文的"为秦益敌"正好相对。

四是方位名词用作介词的宾语,有时也放在介词的前边。例如:

① 项王、项伯东向坐,亚父南向坐……张良西向侍。(《史记·项羽本纪》)
② 君之楚,将奚为北面?(《战国策·魏策》)

例①"东向""西向"即"向东""向西"。例②"北面"即"面向北

[行]",后面省略了动词"行"字。

第五节　宾语的性质

在"语法概述"一章介绍述宾词组时,曾经提到动词置于名词或代词之前是表示支配或存在的。其实,宾语跟述语动词的关系,也就是处于述语之后的宾语的性质,比前面说的要复杂得多。这里分一般与特殊两类来说明。

一、一般宾语

所谓一般宾语,是指宾语和述语动词之间,是受事、施事、存现、判断、处所等关系。这些关系同现代汉语述宾词组一样,是无须借助介词来分析和理解的。例如:

① 余收尔骨焉。(《左传·僖公三十二年》)
② 使子路反见之。(《论语·微子》)
③ 夏四月辛巳,败秦师于殽。(《左传·僖公三十三年》)
④ 欲洁其身而乱大伦。(《论语·微子》)
⑤ 殽有二陵焉。(《左传·僖公三十三年》)
⑥ 轻则寡谋,无礼则脱。(《左传·僖公三十三年》)
⑦ 四体不勤,五谷不分,孰为夫子?(《论语·微子》)
⑧ 不知木兰是女郎。(《古乐府·木兰辞》)
⑨ 秦师过周北门。(《左传·僖公三十三年》)
⑩ 及诸河,则在舟中矣。(同上)

例①偏正词组"尔骨"和例②代词"之"是受事宾语,就是说,宾语承受述语"收""见"所表示的动作行为,是动作行为的对象。例③偏正词组"秦师"和例④偏正词组"其身"是施事宾语,就是说,句中述语"败""洁"所表示的动作行为不是主语发出的,而是宾语施行的。施事宾语大多出现在使动用法的句子里,如"败"是自动词活用为使动,而"洁"是形容词转化为使动。例⑤偏正词组"二陵"和例⑥名词"礼"是存现宾语,即述语动词"有""无"等只是表示宾语存在、出现与否的。例⑦名词"夫子"和例⑧偏正词组"女郎"是判断宾语,即宾语是述语"为""是"所判断的内容。例⑨偏正词组"周北门"和例⑩方位词组"舟中"是处所宾语,即宾语只是动作行为所涉及的处所。

二、特殊宾语

所谓特殊宾语,是指宾语和述语动词之间,不是一般的施受关系,也不能用"使动"和"意动"的用法去理解,而是一种类似补充的关系。这种关系同现代汉语述宾词组不一样,是需要借助介词来分析和理解的。例如:

① 文嬴请三帅。(《左传·僖公三十三年》)
② 今亡亦死,举大计亦死,等死,死国可乎?(《史记·陈涉世家》)
③ 蹇叔哭之,曰……(《左传·僖公三十二年》)
④ 公子为人仁而下士……不敢以其富贵骄士。(《史记·魏公子列传》)

⑤ 重耳闻之，乃谋赵衰等。(《史记·晋世家》)
⑥ 性贪而狠，党豺为虐。(马中锡《中山狼传》)

例①"请三帅"是述宾词组，但是"三帅"和"请"之间，既不是受事关系，更不是施事关系。根据上下文意，"请"的对象不是"三帅"，而是"晋襄公"，"请三帅"的意思是"为三帅而请"。例②"死国"是述宾词组，但是"死"是不及物动词，与宾语"国"不可能构成支配关系，也不能用使动用法来解释。"死国"的意思是"为国事而死"。例③"哭"是不及物动词，宾语"之"指代下文说的"孟子"等三人，其间不是一般支配关系。"哭之"意思是"对他们哭泣"。例④"下士""骄士"都是述宾词组，"下"是方位名词转化为动词，"骄"是形容词活用为动词，它们和宾语的关系也不能用使动和意动的用法来解释。"下士""骄士"之意是"对士人谦下""对士人骄傲"。例⑤宾语"赵衰等"与动词"谋"之间，既不是施受关系，也不能用使动用法来分析。"谋赵衰等"意思是"与赵衰等人谋划"。例⑥"党"用作动词是"结党"的意思，与宾语"豺"之间不能用一般的述宾关系来分析，"党豺"的意思是"与豺狼结党"。

特殊宾语，即述语和宾语的特殊关系，概括起来有三种情况：第一种，动词所表示的动作行为是为宾语发出的，要借助介词"为"来理解，例①、②就是；第二种，动词所表示的动作行为是对宾语发出的，要借助介词"于"来理解，例③、④就是；第三种，动词所表示的动作行为是宾语和主语共同进行的，要借助介词"与"来理解，例⑤、⑥就是。

与此相关的，早期文言里有些带双宾语的述宾词组，其间接宾

语和述语动词之间也是一种特殊关系。例如:

① 天生民而立之君。(《左传·襄公十四年》)
② 君子疾夫舍曰欲之而必为之辞。(《论语·季氏》)
③ 不如早为之所。(《左传·隐公元年》)
④ ……欲其入而闭之门也。(《孟子·万章下》)

例①"立之君"是双宾语结构,"君"是直接宾语,与动词"立"是受事关系,而"之"指民,是间接宾语,和动词之间是特殊关系,"立之君"意思是"为之立君"。例②"为"是文言里含义非常广泛的动词,在这里有"编造""寻找"的意思,直接宾语"辞"与"为"是受事关系,而间接宾语"之"和动词之间是特殊关系,"为之辞"意思是"为它寻找理由"。例③"为"是"进行"的意思,"为之所"要借助介词"于"来理解,意思是"对他进行处置"。例④动词"闭"和"门"是支配关系,"闭"和"之"(指贤人)则是特殊关系,需借助介词"于"来理解,"闭之门"意思是"对他关上门",也就是"把他关在门外"。

以上几种表示动作行为有关方面的特殊宾语,在阅读古书时需要特别留意才是。

第八章　单句的特殊形式

句子是由词或词组按照一定的结构方式组成的,这些在句子中担任一定职务的词或词组就是句子成分。主语和谓语是主谓句的两大直接成分,而宾语、补语、定语、状语则是句子成分的成分。所谓句子形式,就是句子成分的组合方式。句子成分(以及成分的成分)的多少,句子成分的排列次序以及是否使用虚词,决定一个句子基本格式的形成和变化。

本章要说的,是指与现代汉语相比较显得特殊,而在文言里却是正常的句式。至于在语序上显得特殊的句式,在"宾语的位置"一章已经介绍了,这里不再赘述。

第一节　判　断　句　式

判断句是判断人或事物的名称、类别或属性的句子,其谓语一般由名词或名词性词组来充当。在现代汉语里,判断句的主语和谓语之间一般要用判断动词"是";而在早期文言里,判断句都不用判断词,有时可以见到用动词"为"来表示判断的。例如:

① 四体不勤,五谷不分,孰为夫子?(《论语·微子》)

② 子墨子曰:此为何若人?(《墨子·公输》)
③ 吾乃今日而知先生为天下之士也!(《战国策·赵策》)

到了汉代,在某些与口语比较接近的作品中,也能见到用作判断词的"是"。例如:

① 此必是豫让也。(《史记·范雎列传》)
② 不知木兰是女郎。(《古乐府·木兰辞》)

但是,在早期文言及此后的文人仿古作品中,判断句的句式,或者用名词或名词性词组单独做谓语,在谓语后边用语气词"也"来帮助判断。例如:

① 其南陵,夏后皋之墓也。(《左传·僖公三十二年》)
② 此谋攻之法也。(《孙子兵法·谋攻》)
③ 和氏璧,天下所共传宝也。(《史记·廉颇蔺相如列传》)
④ 彼,人也;予,人也。(韩愈《原毁》)

或者在主语后面用"者"表示提顿,然后在谓语后面用"也"煞尾。例如:

① 夫将者,国之辅也。(《孙子兵法·谋攻》)

② 廉颇者,赵之良将也。(《史记·廉颇蔺相如列传》)
③ 师者,所以传道受业解惑也。(韩愈《师说》)

以上所说的用"也"煞句和用"者""也"照应的句式,是古代汉语判断句的两种典型结构。应当指出,"者""也"虽然有帮助判断的作用,但它们是语气助词,并不是判断句的构成要素,有时也可以不用。例如:

① 今秦万乘之国。(《战国策·赵策》)
② 荀卿,赵人。(《史记·荀卿列传》)
③ 刘豫州,王室之胄。(《资治通鉴·汉纪·建安十三年》)

在古代汉语里,判断句谓语前面常用副词"乃""即""亦"等加强肯定,用否定副词"非"字表示否定。例如:

① 吾乃梁人也。(《战国策·赵策》)
② 当立者乃公子扶苏。(《史记·陈涉世家》)
③ 梁父即楚将项燕。(《史记·项羽本纪》)
④ 梁亦万乘之国。(《战国策·赵策》)
⑤ 此则岳阳楼之大观也。(范仲淹《岳阳楼记》)
⑥ 是故百战百胜,非善之善者也。(《孙子兵法·谋攻》)
⑦ 我心匪石,不可转也。(《诗·邶风·柏舟》)

以上前五例都是语气较强的肯定判断句,后二例是否定判断句。以上谓语之前的副词,除"乃、即、亦"之外,还有"则"与"匪","则"与"即"同,"匪"与"非"同。不难体会,判断句用"乃"字,肯定的意味强,而且往往带有辩白或申明的口气。这种用法的"乃"相当于现代汉语的"便(是)""就(是)"。至于"非(匪)",虽然可以译作现代汉语的"不是",但是它的语法作用是作为一个否定副词来否定整个名词性谓语的,它不是"不"和"是"的结合体。

文言文,尤其是早期文言,"是"不用作判断动词,而是用作指示代词,做判断句的主语或谓语。例如:

① 是吾师也。(《左传·襄公三十一年》)
② 是社稷之臣也。(《论语·季氏》)
③ 是吾剑之所从坠。(《吕氏春秋·察今》)
④ 若士必怒,伏尸二人……天下缟素,今日是也。(《战国策·魏策》)
⑤ 汤之问棘也是已。(《庄子·逍遥游》)
⑥ 石之铿然有声者,所在皆是也。(苏轼《石钟山记》)

在前三个例子里,"是"用作主语,"吾师""社稷之臣""吾剑之所从坠"是谓语。在后三个例子里,"是"用作谓语,"今日""汤之问棘""所在"是主语。这六个"是"全是指示代词,跟"此"一样。有些地方的"是",很容易被人误解为判断动词,实际上仍然是指示代词。例如:

① 吾不能早用子，今急而求子，是寡人之过也。(《左传·僖公三十年》)

② 知之为知之，不知为不知，是知也。(《论语·为政》)

③ 王之不王，是折枝之类也。(《孟子·梁惠王上》)

④ 淫侈之俗日日以长，是天下之大贼也。(贾谊《论积贮疏》)

在以上四个例句中，被判断的对象不是人或物，而是一件事情或一种现象，先在前面叙述这件事情或这种现象，然后用指示代词"是"复指一下，使结构更为清晰，意义更为明确。这种用法的"是"在句中做主语。

判断句是表示判断的，但无论是在现代汉语还是在古代汉语中，我们都会遇到一些并不表示判断的判断句，也就是说，它们的主语和谓语并不是同一事物或同一类别，不能按照形式逻辑的要求来加以分析。例如：

① 夫战，勇气也。(《左传·庄公十年》)

② 百乘，显使也。(《战国策·齐策》)

③ 朱绂皆大夫，紫绶悉将军。(白居易《轻肥》)

判断句主语和谓语的关系，一般为"什么是什么"的关系，但是上举三例判断句就不能按照这种关系去解释。如第二个例子，"百乘"指的是车马，"显使"指的是人臣，怎么能构成判断呢？实际上这句话的意思是可以理解的，即"带有百辆马车的是显赫的使者"。同样,"战"不等于"勇气",这句的意思是说"作战是要靠勇气的"。像这种内容压缩了的判断句式,现代汉语里也有,如"知识就是力量""时间就是生命"等。对此,我们不能以词害义。

第二节 被动句式

在以动词或动词性词组为谓语的叙述句里,按照主语和谓语的关系可以分为主动句和被动句。主语是谓语动词所表示的行为的施事者,即主语发出什么动作的句子,是主动句;主语是谓语动词所表示的行为的受事者,即主语承受什么动作的句子,是被动句。

古代汉语被动句,就类型来说同现代汉语一样,有两类:一类是不用任何表示被动的词语(主要是虚词)为标志,另一类是采用某些表示被动的词语做标志。对于前一类,这里只是举例介绍,因为它和现代汉语被动句的格式没有什么不同;而后一类正是本节要详细说明的,因为它和现代汉语被动句的格式有较大的差别。

前一类被动句,有的语法著作称为意念被动句,即以主动句的形式表达被动句内容的被动句。例如:

① 奉不可失,敌不可纵。(《左传·僖公三十三年》)
② 犯禁者诛,而群侠以私剑养。(《韩非子·五蠹》)
③ 是时屈平既疏,不复在位。(《史记·屈原列传》)

就主语和谓语的关系来说,"奉"是被"失"的,"敌"是被"纵"的,"犯禁者"是被"诛"的,"群侠"是被"养"的,"屈平"是被"疏"的。这种被动句没有任何形式作为标志,只能从主谓关系上,有的还要结合上下文意来推断。阅读古书时,对这种被动句必须充分地加以注意,否则容易误解。

后一类被动句,相对来说,就是形式被动句,即从句子结构本身就能看出被动性质的被动句。古代汉语的这种被动句式,常见的有三种,下面分别叙述。

一是在动词后面用介词"于(於)"把行为的主动者引进来,这样,动词前面的主语就明显地具有了被动性质。例如:

① 郤克伤于矢,流血及屦。(《左传·成公二年》)
② 怀王以不知忠臣之分,故内惑于郑袖,外欺于张仪。(《史记·屈原列传》)
③ 兵破于陈涉,地夺于刘氏。(《汉书·贾谊传》)
④ 故有备则制人,无备则制于人。(《盐铁论·险固》)

以上四例有介词"于"的句子都是被动句。但要注意,不是介词"于"本身能表示被动,而是动词已经用于被动的意义,由于用介词"于"引进了行为的主动者,全句的被动意义就更加明确了。譬如例④,说话的人将正反两方面的情况进行对比,前者为主动句,后者为被动句,我们之所以一眼能看清楚,就因为前句动词"制"之后没有介词"于",后面的名词"人"是其宾语,是受事者,而后句动词"制"之后有介词"于",名词"人"是补语,是施事者。运用此种句式,主语并不一定要出现。

古代汉语这种被动句式的词序,与现代汉语的不同。在现代汉语里,被动句式中引进行为主动者的介宾短语放在动词前面;而在古代汉语里,引进行为主动者的"于"介宾短语则放在动词后面。

二是在动词前面用介词"为"引进行为的主动者,使主语的被动性质明显地变现出来。例如:

① 止,将为三军获。(《左传·襄公十八年》)
② 不为酒困。(《论语·子罕》)
③ 身客死于秦,为天下笑。(《史记·屈原列传》)

介词"为"在上面三个例句中的地位和作用,很像现代汉语的"被"。用"为"的被动句式,到后来发展成"为……所……"句式,除了用"为"引进行为主动者外,还在动词前加个助动词"所"。例如:

① 先即制人,后则为人所制。(《史记·项羽本纪》)
② 卫太子为江充所败。(《汉书·霍光传》)
③ 太祖为流矢所中。(《三国志·武帝纪》)

这种既用"为"又用"所"的被动句式,是汉代以后最常见的一种句式,并且一直沿用到现代书面语言里。

无论是单用"为",还是合用"为……所……",行为的主动者都可以不出现,这仍然是被动句式。例如:

① 父母宗族,皆为戮没。(《战国策·燕策》)

② 诚令成安君听足下计,若信者亦已为禽矣。(《史记·淮阴侯列传》)

③ 不者,若属皆且为所虏。(《史记·项羽本纪》)

④ 岱不从,遂与战,果为所杀。(《三国志·武帝纪》)

例①、②单用"为"字,后面没有出现行为的主动者,这和现代汉语单用"被"字而不引进行为主动者的句式也完全相同。例③、④由于行为的主动者没有出现,介词"为"与助动词"所"便连在一起,用现代汉语来表达只能是"被俘虏""被杀",否则就要补出行为主动者而成为"为刘邦所俘""为黄巾军所杀"。

三是在谓语动词前面用助动词"见"形成被动句式。例如:

① 然而厚者为戮,薄者见疑。(《韩非子·说难》)

② 欲予秦,秦城恐不可得,徒见欺。(《史记·廉颇蔺相如列传》)

③ 臣闻武帝使中郎将苏武使匈奴,见留二十年。(《汉书·燕刺王旦传》)

上列三例的"见"是助动词,放在动词前面专用来表示被动。例①前后两个分句,前句用"为",后句用"见",都是被动句。不过,"见"与"为"不同:"见"不能引进行为的主动者,是助动词;而"为"能够引进行为的主动者,前面已有介绍,因而是介词。

正因为"见"作为表示被动的助动词,不能引进行为的主动者,所以如果需要引进行为的主动者,就另外在动词后边加个介词

"于"相配合。例如:

① 吾长见笑于大方之家。(《庄子·秋水》)
② 臣诚恐见欺于王而负赵。(《史记·廉颇蔺相如列传》)
③ 有独知之虑者必见訾于民。(《商君书·更法》)

上举三例都是被动句式,在谓语部分,表示被动的助动词"见"是状语,介词"于"和后面表示行为主动者的名词组成介宾短语做句子的补语。

古代汉语被动句式,除了上面所说的三种以外,还有一种用"被"的句式,这里也顺便说一说。例如:

① 国一日被攻,虽欲事秦,不可得也。(《战国策·齐策》)
② 太祖……所乘马被创。(《三国志·武帝纪》)
③ 信而见疑,忠而被谤,能无怨乎?(《史记·屈原列传》)

"被"在现代汉语里常用来表示被动,这是我们所熟悉的。应当指出,"被"在上古汉语里原是个动词,有"遭受""蒙受"的意思。在战国末期已经用于被动句式,但它和现代汉语的"被"性质仍然有些不一样:现代汉语的"被"可以引进行为的主动者,是个介词;古代汉语开始用于被动句式的"被",只能表示被动,不能引进行为的主动者,是个助动词。试看上面三个例句,"被"都没有引进行为的主动者,多少还带有"遭受""蒙受"的意思。例②"被创",译作"受伤"更为顺当;例③前用"见",后用"被",也可证明"被"的词性、作用跟"见"完全相当。用"被"的句式,如果行为的主动者要出现,还得借助介词"于"字。例如:

> 万乘之国被围于赵。(《史记·鲁仲连列传》)

这不是和"见……于"被动句式完全一样吗?汉末之时出现由"被"引进行为主动者的句式,"被"便演变为介词,其句法结构即跟"为……所……"式相当了。即使如此,除了比较接近口语的文章和诗词以外,一般古文很少用"被",而大都运用前面所说的三种被动句式。

大约从汉代开始,助动词"见"产生一种新兴用法,即用于主动句,有"自彼加己"(孔颖达《毛诗·褰裳序疏》)的意思。例如:

> ① [吕布]因往见司徒王允,自陈卓几见杀之状。(《后汉书·吕布传》)
>
> ② 故今具道所以,冀君实或见恕也。(王安石《答司马谏议书》)

在上面所引的两个例句里,"见"都用于动词之前,但不表示被动,因为句子的主语"[董]卓""宰臣"和"君实"都是行为的施事者。

"卓几见杀",意思是"卓几杀己(吕布自称)"。例②"或见恕"也就是"或许予以宽恕"。这种用于主动句的"见",因为有"自彼加己"的意思,所以有些语法著作便以为"见"和"相"一样,是个指代性副词,在意念上起指代宾语的作用(所举例为:"我相遇甚厚,何以见负?"),如"见杀"即"杀己","见恕"即"恕我",其实这是对"见"的性质的误解。

第三节 动量句式

动量句是指表示动作行为数量的句子。在现代汉语里,要表示动作行为的数量,一般是把数词和动量词放在谓语动词的后边,如"看了两遍""讨论几次""赛一场篮球"。而在古代汉语,尤其是早期文言里,表示行为数量的句式有两点不同:一是不用动量词,二是数词一般要放在动词的前面。例如:

① 齐师败绩。逐之,三周华不注。(《左传·成公二年》)
② 公输盘九设攻城之机变,子墨子九距之。(《墨子·公输》)
③ 寒暑易节,始一反焉。(《列子·汤问》)
④ 齐王四与寡人约,四欺寡人。(《史记·苏秦列传》)

以上例句中的"三周(围绕)""九设""九距(同'拒')""一反""四约""四欺",译成现代汉语,不仅要把数词移到动词之后,而且要分别加上适当的动量词。由此可见,在古代汉语里,表示行为数量的数词是作为状语来修饰动词的;而在现代汉语里,表示行为数量的数量短语是作为补语来补充说明动词的。古代汉语表示行为数量的这种句式,在现代汉语的一些成语中保存了下来,如"百战百胜""一劳永逸""三思而行",等等。

假如说话人要强调某一行为的数量,还可以改变上述句式,把数词从动词前面移到句子末尾,并在这个数词前面用助词"者",使"者"和前面的词语构成名词性的"者"字词组,充当全句的主语,移到句尾的数词就成为句子的谓语。例如:

⑤ 于是平原君欲封鲁仲连,鲁仲连辞让者三。(《战国策·赵策》)

⑥ 范增数目项王,举所佩玉玦以示之者三。(《史记·项羽本纪》)

上举二例,按文言通常的句式,本来说成"鲁仲连三辞让""三举所佩玉玦以示之",数词"三"分别修饰动词"辞让"和"举";为了强调行为的次数,便把"三"移到了句子末尾,"三"由状语位置上升到谓语的位置,成了句子的直接成分,自然就显得突出而重要了。数词放在句末的这种句式若译成现代汉语,单从词序来看似乎一样,如:

鲁仲连辞让者三。
鲁仲连辞让了三次。

但是语法结构是大不相同的。前者,"鲁仲连辞让者"是主语,"三"是谓语;后者,"鲁仲连"是主语,"辞让了三次"是谓语,其谓语若再分析,"辞让"是动词,"三次"是其补语。

在讨论古代汉语表示行为数量的句式时,还有两点应该注意。

第一,古代汉语表示行为的数量若是"两次",在动词前面不用"二"而用"再"。例如:

① 一鼓作气,再而衰,三而竭。(《左传·庄公十年》)
② 吾再逐于鲁。(《庄子·山水》)
③ 智者不再计,勇士不怯死。(《战国策·齐策》)

例①前句用"一",后句用"三",中间用"再"不用"二";"再(鼓)"即"击了两次鼓"。例②"再逐"意思是"被驱逐两次"。例③"不再计",不能理解为"不再考虑了",而应解释为"不考虑两次"。除"两次"不用"二"以外,其余"一次"到"十次"都用一般数目字,如"一鼓作气""三思而行""六出祁山""九伐中原"。

第二,古代汉语数次"三""九"等常常是用来表示多的虚数,它们用来表示行为数量时,往往是"多次"的意思,不一定是确切的"三次"或"九次",这要根据上下文来确定。如前面引用过的例子"九设""九距"应该解释为"设置了好多次""抵挡了好多次";"辞让者三"也应该理解为"辞让了多次"。

第四节　兼语句式

由兼语词组充当谓语的句子称为兼语句。所谓兼语词组，是一个述宾词组套着一个主谓词组，述宾词组的宾语兼做主谓词组的主语。文言里的兼语句有一些比较固定的格式，熟悉这些固定格式，有助于对古文的理解。下面介绍五种常见的兼语句式。

一、使令式

这一种兼语句式是用"使""令""命"一类动词充当述宾词组的述语。例如：

① 郑人使我掌其北门之管。(《左传·僖公三十二年》)
② 魏王使将军晋鄙将十万众救赵。(《史记·魏公子列传》)
③ 吾令人望其气，皆为龙虎，成五彩。(《史记·项羽本纪》)
④ 命子封帅车百乘以伐京。(《左传·隐公元年》)
⑤ 肃劝权召瑜还。(《资治通鉴·汉纪·建安十三年》)

例①动词"使"和代词"我"构成述宾词组，而"我"又和"掌其北门之管"构成主谓词组，"我"是兼语。例②同位词组"将军晋鄙"既是动词"使"的宾语，又是连动词组"将十万众救赵"的主语。例③名词"人"是兼语，既是"令"这一行为的受事者，又是"望其气"这一行为的施事者。例④也是一个兼语词组与连动词组混合构成的复杂词组,其中"子封"既是"命"的宾语,又是后面连续行为"帅……"与"伐京"的主语。例⑤值得注意,是兼语词组套着兼语词组,名词"[孙]权"是第一个兼语,它是后一个兼语词组"召瑜还"的主语;而名词"[周]瑜"是第二个兼语。

二、拜为式

这一种兼语句式,前一个动词一般是"拜""立""封"等,后一个动词是"为"。例如:

① [赵王]拜相如为上大夫。(《史记·廉颇蔺相如列传》)
② 请立太子为王。(同上)
③ 安釐王即位,封公子为信陵君。(《史记·魏公子列传》)
④ 沛公欲王关中,使子婴为相。(《史记·项羽本纪》)

上列各句里的"相如""太子""公子""子婴"都是兼语。这些称呼人的名词前面的动词都含有"任命"的意思。

三、命名式

这一种兼语句式,前一动词一般用"谓""名"等,后一动词一般用"曰""为"。例如:

① 文王以民力为台为沼,而民欢乐之,谓其台曰灵台,谓其沼曰灵沼。(《孟子·梁惠王上》)
② 楚人谓多为夥。(《史记·陈涉世家》)
③ 唐浮图慧褒……卒葬之;以故其后名之曰褒禅。(王安石《游褒禅山记》)
④ 君命太子曰仇,命其弟曰成师。(《左传·桓公二年》)

以上各例的兼语,或为偏正词组"其台""其弟",或为名词"多(数)",或为代词"之"。

四、"有"字式

这一种兼语句式,前一动词都是"有",其作用是引出兼语,然后再加以陈述或解释。例如:

① 虽我之死,有子存焉。(《列子·汤问》)
② 有好事者船载以入。(柳宗元《黔之驴》)
③ 魏有隐士曰侯嬴,年七十,家贫。(《史记·魏公子列传》)
④ 今者有小人之言令将军与臣有隙。(《史记·项羽本纪》)

例①"有"后边的名词"子"是兼语。例②"者"字词组既是动词"有"的宾语,又是动词性词组"船载以入"的主语。例③先用动词"有"引出兼语"隐士",然后用动词"曰"对兼语加以说明。例④是个兼语词组套兼语词组的句式,第一个兼语是"小人之言",第二个兼语是"将军与臣"。

五、以为式

这一种兼语句式,前一动词用"以",后一动词用"为"。这种格式不仅习用常见,含义不一,而且容易与由介词"以"和动词"为"构成的"以……为……"句式相混淆,因而有必要单独分析。

① 百姓皆以王为爱也。(《孟子·梁惠王上》)
② 市人皆以嬴为小人,而以公子为长者。(《史记·魏公子列传》)
③ 良吏亦多以脱人于死为功。(方苞《狱中杂记》)
④ 于是乃以田忌为将,而孙子为师。(《史记·孙子列传》)
⑤ 遂以周瑜、程普为左右督。(《资治通鉴·汉纪·建安十三年》)

以上所引五例的"以"和"为"都是动词。处在两个动词之间的兼语,除例③是述补词组(表示事情)之外,其余都是名词。不过前三例与后二例意思不同:前者说的是当事人的主观认识,"以"是"认为"的意思,"以……为……"可译为"认为……是……"或"把……当作……";后者说的是对兼语所表示的人的任命,"以"是"任用"的意思,"以……为……"可译为"任命……做……"或"委派……担任……"。

第五节 疑问句式

疑问句包括有疑而问的询问句和无疑而问的反问句。询问句和反问句的一般格式，在前面"语气助词"一节已经叙述过。这里介绍几种与现代汉语相比较显得有些特殊的疑问句式。

一、"不亦……乎"

这是一种比较委婉的表示反问的习惯句式，其中的"亦"是个弱化的副词，带有衬音助词的性质，一般无须翻译。例如：

① 学而时习之，不亦悦乎？人不知而不愠，不亦君子乎？(《论语·学而》)
② 鲁侯不亦善于礼乎？(《左传·昭公五年》)
③ 冕而亲迎，不已重乎？(《礼记·哀公问》)

由例③可以看出，这种反问句式里的"亦"不是一个非用不可的副词，主要起衬音作用，因而可以略去，成为"不……乎"的句式；至于句子里的"已"是个程度副词，意思是"太"或"很"。

二、"何……之有？"

这是宾语前置的反问句式，其中的"之"是用来复指前置宾语"何……"的。这种句法在前面曾经讲过。例如：

① 姜氏何厌之有?(《左传·隐公元年》)
② 宋何罪之有?(《墨子·公输》)
③ 譬若以肉投馁虎,何功之有哉?(《史记·魏公子列传》)

"何……之有"又可以压缩成"何有",成为一种凝固形式,它的意思往往是"何难之有"或"何爱之有"。例如:

① 子曰:由也果,于从政乎何有?(《论语·雍也》)
② 除君之恶,唯力是视。蒲人、狄人,余何有哉?(《左传·僖公二十二年》)
③ 虽及胡耇,获则取之,何有于二毛?(《左传·僖公二十二年》)
④ 子曰:学而不厌,诲人不倦,何有于我哉?(《论语·述而》)

例①的"何有"是"何难之有"的紧缩形式。例②、③的"何有"是"何爱之有"的紧缩,不过译作现代汉语需要根据上下文来选择确切的词语。例④"何有",可理解为"何难之有",意思是"不难做到";也可译为"有什么",意思是"都不具备",表现了夫子的谦虚态度。这种句式里的"何",也可以换成疑问代词"奚"。如《韩非子·扬权》:"为主而无臣,奚国之有?"

三、"……何也","……何哉"

疑问代词"何"跟语气助词"也""哉"等相结合,或用于"者"字词组之后,或充当复句里的分句,表示询问语气。前者可译为"……是什么呢",后者可译为"为什么呢"或"这是什么缘故呢"。例如:

① 此心之所以合于王者,何也?(《孟子·梁惠王上》)
② 且今世之所谓孚者何哉?(宗臣《报刘一丈书》)
③ "邻国之民不加少,寡人之民不加多,何也?"孟子对曰……(《孟子·梁惠王上》)
④ 齐人未尝赂秦,终继五国迁灭,何哉?与嬴而不助五国也。(苏洵《六国论》)
⑤ 盖钟子期死,伯牙终身不复鼓琴。何则?(司马迁《报任安书》)
⑥ 于是赵王乃斋戒五日……何者?严大国之威以修敬也。(《史记·廉颇蔺相如列传》)

以上前二例的"何也"与"何哉"都用于"者"之后,两句里的"者"字词组是主语,"何"是代词做谓语。这是用判断句的句式表达询问。中二例的"何也"与"何哉"都用作复句的一个分句,前者是一问一答,后者是自问自答。末二例分别用"何则"与"何者",都是有意设问,跟例④一样。

四、"何以……为","何……为"

疑问代词"何"跟语气助词"为"相配合,一般用于反问,有时也用于询问,应该注意分辨。例如:

① 君子质而已矣,何以文为?(《论语·颜渊》)
② 昔者子胥过,吾犹不取,今我何以子之千金剑为乎?(《吕氏春秋·弃宝》)
③ 夫颛臾,是社稷之臣也,何以伐为?(《论语·季氏》)

"何以……为"实际上是"以……为何"的变式,"以"是介词,"为"是动词。而在"何以……为"的句式里,"为"处于句末,似乎已经虚化为语气助词。前二例,"以"后面是名词或名词性词组,"为"的动词性强一些,尤其是例②句末还有语气助词"乎"可以证明这一点。后一例,"以"字之后是动词"伐","以"与"为"都丧失了原有的词性。正因为如此,在这个格式里,如果插入的是动词或动词性词组,这个"以"一般略去。例如:

① 天之亡我,我何渡为?(《史记·项羽本纪》)
② 如今人为刀俎,我为鱼肉,何辞为?(同上)
③ 汤为天子大臣,被恶言而死,何厚葬为?(《汉书·张汤传》)

在"何以……为"这个句式里,"何"可以换成别的疑问代词。例如:

① 今夫齐,亦君之水也;君长有齐,奚以薛为?(《战国策·齐策》)

② 恶用是鶃鶃者为哉?(《孟子·滕文公下》)

在这种格式里,"以"后面的宾语在一定的上下文中可以省略,于是成了"何以为"的形式。遇到这种情况,在理解与翻译时,把省略的宾语补上就行了。例如:

① 诵《诗》三百……使于四方,不能专对,虽多,亦奚以为?(《论语·子路》)

② 胜自砺剑,人问曰:"何以为?"(《史记·伍子胥列传》)

③ 长信侯曰:"王何以臣为?"支期曰:"臣不知也。"(《战国策·魏策》)

④ 夕时,庄贾乃至。穰苴曰:"何后期为?"(《史记·司马穰苴列传》)

以上前二例是表示反问;后二例用于询问。另有二例似乎与此相同,其实并不一样。例如:

① 秦则无礼,何施之为?(《左传·僖公三十三年》)

② 公输般曰:夫子何命焉为?(《墨子·公输》)

表面上看,"何"与"为"相配合,是"何……为"的格式;但是,例句里有指示代词"之"和"焉",是用来复指前置宾语的。其中的"为"是动词:前者当"报答"讲,表示反问;后者当"有"讲,表示询问。阅读时,不能不细心玩味。

第九章 复　　句

　　复句,是由两个或两个以上的单句构成,其中各个单句在意思上有联系,并且又都不充当其他单句的任何成分。构成复句的单句随即失去独立性而称为分句,分句与分句常用一些关联词语(连词和带有关联性的副词)来连接。

　　复句可以从两个角度进行分类:一是从形式即结构层次着眼,一是从内容即分句关系着眼。按照结构层次,复句可分为二重复句和多重复句。按照分句关系,一般可分为等立复句和主从复句。不过在实践过程中,有些复句介乎等立与主从之间而难以裁决,因而决定再分出一类,且名之曰交结复句。这三类复句又可以再分为若干小类;复句小类的划分,往往带有研究者个人更多的主观意愿。

　　按照先易后难的顺序,先主要分析二重复句各分句之间的种种关系,再另辟专章剖析多重复句。此前各章所引用的例句,为了说明问题,不得不从各种古籍中选取典型的句子。复句遍及各种典籍,完全可以从专书入手。著者曾于2003年出版过《盐铁论句法研究》(商务印书馆),对其中的复句进行过穷尽性的分类研究。那么,本章之复句分析所引例句就基本上以这部专著为依据;有些复句格式,《盐铁论》一书未曾出现的,就从别的古籍中选取补充,以维护其内在的完整性与统一性。

第一节　等立复句

等立复句,也可以称为并列复句,是指构成此类复句的两大项之间是平等的,相互间没有从属的关系。既然先分复句为三大类别,就把并列复句当作其下位概念了。等立复句下分并列复句、对比复句、顺承复句、选择复句和进层复句五小类。

一、并列复句

并列复句的各分句是并行组合,叙说相关的几项或同一事物的几个方面,其顺序可以颠倒而文意基本不变。(以下所有引例后括号内,前一数字为原书篇目序数,后一数字为分段序数。)例如:

① 富者欲过,贫者欲及。(28—3)
② 故余梁肉者难为言隐约,处佚乐者难为言勤苦。(41)
③ 故吴子以法治楚魏,申、商以法强秦韩也。(56—1)
④ 行远道者假于车,济江海者因于舟。(17—2)
⑤ 太公相文武以王天下,管仲相桓公以霸诸侯。(10—2)
⑥ 庸人安其故,而愚者果所闻。(23—2)
⑦ 《易》明于阴阳,《书》长于五行。(54—2)
⑧ 触死亡以干主之过者忠臣也;犯严颜以匡公卿之失者直士也。(20—6)
⑨ 无补于用者,君子不为;无益于治者,君子不由。(53)

⑩ 土积而成山阜,水积而成江海,行积而成君子。(39)

例①两分句谓语为动词性偏正词组。②、③两例各分句谓语为述宾词组。例④两分句谓语为述补词组。例⑤各分句谓语为连动词组,"以"前后是行为与结果的关系。例⑥并列的两分句之间用"而"连接。例⑦各分句谓语皆为形容词性词组。⑧、⑨两例各分句皆为判断句,其表语前者是名词,后者是主谓词组。例⑩是三个分句并列的复句。

二、对比复句

对比复句是指两个分句不仅在形式上互相并列,而且在内容上相互对待。这类复句在语意上分为以不同内容相对和以肯定否定相对两种。例如:

① 身在东楚,志在西河。(39)
② 昔汤以七十里为政于天下,纣以百里亡于故国。(50—3)
③ 故贤者所在国重,所去国轻。(37—2)
④ 以正辅人谓之忠,以邪导人谓之佞。(26)
⑤ 礼让不足禁邪,而刑法可以止暴。(58—2)
⑥ 故民可与观成,不可与图始。(43—1)
⑦ 闻以六畜禽兽养人,未闻以所养害人者也。(55—2)
⑧ 非畏其威,畏其德也。(51—2)

例①、②两分句各有主语,例③两分句共一主语,例④两分句是词组用作主语:这四例都是两两以不同内容相对待。以下四例是两分句以肯定与否定相对比:例⑤分句各有主语,例⑥两分句共一主语,例⑦、⑧分句主语皆未出现。

三、顺承复句

顺承复句的各个分句承接组合,按照时间先后或事理相关来叙述事物的连续性,其分句顺序不能颠倒,否则会造成文意不顺,逻辑不通,或结构不当。由两个分句构成的顺承复句,其间的关系比较单纯,容易看得清楚,因此我们先由此入手来考察其分句之间的种种关系。例如:

① 盖舜绍绪,禹成功。(42—1)
② 贤者从之若流,归之不疑。(10—1)
③ 是以施恩无穷,泽流后世。(57—2)

例①是以时间先后为序,两分句各有主语。例②是以程度浅深为序,两分句共一主语。例③是以事理相关为序,即隐含一种因果关系,其中前一分句无主语。又如:

④ 古者庶人春夏耕耘,秋冬收藏,昏晨力作,夜以继日。(29—2)
⑤ 孔子生于乱世,思尧舜之道,东西南北灼头濡足,庶几世主之悟。(59—2)

⑥ 始江都相董生推言阴阳,四时相继,父生之,子养之,母成之,子藏之。(54—1)

⑦ 布心腹,质情素,信诚内感,义形乎色。(47—3)

以上前三例,都是多个分句共一主语,分句间不用关联词语:例④各分句基本上是按时间顺序连接;例⑤各分句基本上是按事理相关为序;例⑥各分句主要是按文句结构来安排顺序的,该复句包含六个分句,先说"推言阴阳",再由"阴阳"引申出"四时",最后用四个比喻小分句逐个点明"春、夏、秋、冬",这显然是深层的语义结构决定了各分句的安排次序。例⑦全句未出现主语,四个分句基本上按内在或外在的结构来安排顺序,前两个分句皆三字句,为述宾词组,后两个皆四字句,为主谓词组,先说"内感",后说"形色"。再如:

⑧ 乾溪之役土崩,梁氏内溃,严刑不能禁,峻法不能止。(58—1)

⑨ 孟轲居梁,兵折于齐,上将军死而太子虏,西败于秦,地夺壤削,亡河内河外。(20—2)

⑩ 古者经井田,制廛里,丈夫治其田畴,女子治其麻枲,无旷地,无游人。(20—1)

以上前二例按时空顺序组合为顺承的:例⑧包含四个各有主语的分句,前两个先说外,次说"内",后两个说明其后果不能"禁止";例⑨包含六个分句,头一分句交代事由,第二、三两分句先说东"折于齐",第四、五两分句再说"西败于秦",第六分句总说其败绩。例⑩是按事理之顺序而承接的复句,前两个分句叙述古者之井田制,当中两个分句说其男女分工,末二分句说明其成效。再如:

⑪ 是以东西南北七十说而不用,然后退而修王道,作《春秋》,垂之万载之后,天下折中焉。(20—1)

⑫ 大夫种辅翼越王,为之深谋,卒擒强吴,据有东夷,终赐属镂而死。(7—5)

⑬ 方此之时,天下和同,君臣一德,外内相信,上下辑睦。(47—2)

⑭ 今民间酒食,殽旅重叠,燔炙满案,臑鳖脍鲤,麑卵鹑鷃,鲐鳢醢醯,众物杂味。(29—2)

以上前二例于句中用了关联词语表示时间之先后:例⑪于第二分句前用"然后"衔接;例⑫前面用"卒"表功绩,后面用"终"表恶果。后二例各分句基本上是描写句:例⑬共四个分句,前两个谓语是形容词,后两个也是描写性的;例⑭共七个分句,大都是由名词的排列而构成的描写句,很有特色,头一个是名词性偏正词组,作为总提,中间五个仅个别是主谓词组,其余都是列举食品的名词语,最末一个是综述。

四、选择复句

选择复句所包含的分句,分别提出两种或数种可能的情况,以便从中进行选择。说话人可以不表明选择态度,也可以表明选择态度,前者为疑问式,后者为取舍式、比较式与是非式。

1. 疑问式

疑问式选择复句常以两个疑问句的形式出现,表示二者选择其一。两个疑问句之间,常有表选择的连接词语,或用于复句开头,或用于两分句之间。疑问句末尾大多有语气助词。例如:

① 意者不足以知士也,将多饰文诬能以乱实邪?(10—1)
② 富贵者骄人乎,且贫贱者骄人乎?(《史记·魏世家》)

以上两例都是含有两个表疑问的分句:前者主语省略,句首的"意者"和句中的"将"都是表选择的关联词语,没有实在意义;后者主语出现,两分句间用"且"连接。所不同的是,前一例两分句末尾用不同的语气助词,后一例分句末尾用同样的语气助词。

2. 取舍式

① 与其礼有余而养不足,宁养有余而礼不足。(25—1)
② 宁穷饥居于陋巷,安能变己而从俗也?(11—2)

例①用"与其……宁……"式表示舍弃前项而取后项,前后两个分句都是肯定句式。例②用"宁……安能……"式表示取前项而舍弃后项,后一分句用反问句来表达否定。

3. 比较式

① 从天而颂之,孰与制天命而用之?(《荀子·天论》)
② 且而与其从辟人之士也,岂若从辟世之士哉?(《论语·微子》)

上面例①只用关联词语"孰与"来表示比较,而例②是"且"与"岂若"配对使用,说话人的倾向是选择后一项的。

4. 是非式

① 凡人之攻伐也,非为利,则固为名也。(《吕氏春秋·召类》)

② 秦之与魏……非魏并秦,秦即并魏。(《史记·商君列传》)

以上二例,都是表示非此即彼,二者必居其一的意思:前者用"非……则……",后者用"非……即……",不同的是前例"则"用于句首,而后例"即"用在主语之后。

五、进层复句

进层复句的两项,其中一项在语义上比另一项要推进一层,或由小到大,或由浅而深,或由轻至重,或由易而难。进层复句可分为递进与逼进两式。

1. 递进式

递进式是语义进层的分句用陈述语气来表示,常用连词"而""非独""非徒"等。表示进层的分句可在前,也可在后。例如:

① 功名隳坏而道不济。(14—1)

② 吏之所入,非独齐、陶之缣,蜀、汉之布也,亦民间之所为耳。(1—6)

③ 非徒是也,徭吏相遣,官庭摄追,小计权吏,行施乞贷,

长吏侵渔。(33—1)

以上三例,表进层的分句在后:例①两个主谓词组之间用连词"而","而"即"而且",语义由浅而深;例②在前一分句用"非独",后一分句用"亦"与之呼应;例③于前一分句用"非徒",后一分句由四个主谓词组构成,其语义后者显然重于前者。又如:

④ 故贤者处实而效功,亦非徒陈空文而已。(7—3)
⑤ 今断狱岁以万计,犯法兹多,其为灾岂特曹、卫哉! (56—2)

以上二例,表进层的分句都在前:例④于后一分句用"非徒"连接;例⑤末一分句不是用陈述语气,而是用反问语气,在名词性谓语之前用了语气副词"岂特",这"岂特"可以用"非特"去替换,整个句子的进层意思丝毫不变。

2. 逼进式

逼进式是语义进层的分句用疑问语气来表达,这个分句都位于后边。这种句式又有两种情况。例如:

① 子贡以布衣致之,而孔子非之,况以势位求之者乎? (17—1)
② 律令尘蠹于栈阁,吏不能遍睹,而况于愚民乎? (26)
③ 夫家人有客,尚有倡优奇变之乐,而况县官乎? (37—1)

前二例是一种情况,即只在最后一个分句用"况""而况"来表示逼进。后一例是另一种情况,即前有"尚"(或"尚且"),后有"而况"(或"何况")与之配合,其逼进之意更显。

第二节 主从复句

主从复句,也可称作偏正复句,构成这类复句的两项不是对等的关系,而是有主有从的意思。主从复句下分时间复句、目的复句、因果复句和假设复句四小类。

一、时间复句

两个或两个以上的分句,其中前一个分句所述之事作为另外一个或几个分句所述之事的时间背景,其分句间有偏正之分,这就是时间复句。就表明时间背景的从属分句而言,大体有以下几种格式。

1. "主语·之·谓语·也"式。例如:

① 输子之制材木也,正其规矩而凿枘调。(10—1)
② 武王之伐殷也,执黄钺,誓牧之野,天下之士莫不愿为之用。(49—1)
③ 太公之穷困,负贩于朝歌也,蓬头相聚而笑之。(22—1)

以上前二例,第一个分句都是用加"之"的主谓词组表示时间。例③稍有不同,表示时间的偏句由两个小分句构成,先说"穷困",继说"负贩"。

2. "主语·谓语·也"式。例如：

① 桓公举管仲也,宾而师之。(10—1)
② 昔周室盛也,越裳氏来献,百蛮致贡。(45)

以上二例偏句,仅在主谓词组之后加"也"表示时间。

3. "时间名词·之·谓语·也"式。例如：

① 古之进士也,乡择而里选,论起才能,然后官之。(32)
② 古者之赋税于民也,因其所工,不求所拙。(1—6)

以上例①于述宾词组"进士"前加时间名词"古",其后附助词"之"。例②于述补词组"赋税于民"前加"古者",且后附"之"。

4. 其他句式。例如：

① 骐骥之挽盐车,垂头于太行之坂,屠者持刀而睨之。(22—1)
② 昔禹水汤旱,百姓匮乏,或相假以接衣食。(2—1)
③ 秦既并天下,东绝沛水,并灭朝鲜,南取陆梁,北却胡狄,西略氏羌,立帝号,朝四夷。(44—1)
④ 明主即位以来,六年于兹,公卿无请减除不急之官,省罢机利之人。(6—1)

例①偏句只用加"之"的主谓词组表示时间,其后不用语气助词"也"。例②在时间名词"昔"之后用两个并列的主谓词组"禹水""汤旱"表示时间。例③共有八个分句,只在头一个分句再加时间副词"既"表示时间。例④有点儿特殊,表示时间的偏句由两部分构成,前一部分是在主谓词组之后加"以来",后一部分是在表具体时间的"六年"之后加"于兹"表示时段。

二、目的复句

目的复句常由两个部分构成,前一部分叙述行为或事实,后一部分点明目的。且常用连词"以"或者其他词语作为标志。有的学者把某些没有任何标志的复句也归入目的复句,并且提出一套所谓的辨别方法,譬如"一般说来,前后分句主语相等者,为目的复句;不同者,一般表因果",等等。(杨伯峻、何乐士《古汉语语法及其发展》,语文出版社,1992)其实并不可靠。例如:

故王者南面而听天下,背阴向阳,前德而后刑也。(54—3)

上引例句中"背阴向阳,前德而后刑"这个分句,其主语即前一分句的"王者",固然可以说成是目的复句,但是把它认定为因果复句似乎更合情理。因此,我们仍然坚持前面所提出的原则,除非复句内部的逻辑关系十分明确,我们一般不把纯用意合法构成的复句纳入某种主从复句。

1. 用"以"连接表目的的分句。例如：

① 农商交易，以利本末。(2—3)
② 秦包商、洛、崤、函，以御诸侯。(50—3)
③ 陛下不私，以属大司农，以佐助百姓。(6—1)
④ 先帝绝三方之难，抚从方国，以为蕃蔽，穷极郡国，以讨匈奴。(42—1)

以上前二例，其从句与主句都只有一个分句，其间用"以"连接。后二例值得注意，句中有两个"以"，前一个"以"是介词，其后都省略代词"之"，这个省去的"之"在例③指代前文所述之措施，在例④则称代前句之"方国"。这四例的主句都只有一个分句。又如：

⑤ 圣主觉焉，乃刑戮充等，诛灭残贼，以杀死罪之怨，塞天下之责。(28—3)
⑥ 是以宣帝建学官，亲近忠良，欲以绝怪恶之端，而昭至德之涂也。(29—2)

以上二例的从句和表目的的主句，都不止一个分句。在主句中，例⑤两分句间未用连词，例⑥两分句间用了连词"而"。

2. 用动词"使"或结构"所以"表示目的。例如：

① 故春亲耕以劝农，赈贷以赡不足，通蓄水，出轻系，使民务时也。(35—3)

② 愿罢盐铁、酒榷、均输,所以进本退末,广利农业便也。(1—1)

前一例的从句共有四个句读,主句仅一个分句,其间用"使"表示前述四种措施的总目的是要"民务时";要注意的是,从句的前两个句读,各有一个"以",分别连接前后两个动词性词组,前后互为行为与目的之关系。后一例从句仅一个述宾词组,而主句含两个小分句,其前用"所以"表示目的。

三、因果复句

因果复句的两项之间有着原因和结果的关系。它包括两小类:一是由因推果,即原因句在前,结果句在后;二是由果溯因,即结果句在前,原因句在后。无论哪一小类,其重点都在后一项。

典型的复句大多有连词连接。但也有不少因果复句,用介词、副词以及语气助词作为标志,甚至什么标志都没有。例如:

① 故先帝闵悼其灾,亲省河堤,举禹之功,河流以复,曹、卫以宁。(56—2)
② 言不足以流涕寒心,则仁者不忍也。(48—1)
③ 君子疾鄙夫之不可与事君,患其听从而无所不至也。(24—3)

例①共有五个分句,后两个分句各有介词"以",其省略宾语"之"皆指前三个分句所述内容,其间之因果关系不难看出。例②后一分句"则"为副词,其前之主语"此"省略,这是先果后因句。例③后一分句仅用语气助词"也"字,其主语与前一分句相同而省略,虽可当作先果后因之关系,但把它看作顺承复句亦未尝不可。因此,类似于例③这样的复句,我们不看作是典型的因果复句。

1. 先因后果,即结果句在后的句子。例如:

① 内无良臣,故诸侯合谋而伐之。(11—1)
② 先帝之时,良臣未备,故邪臣得间。(24—2)
③ 此《兔罝》之所刺,故小人非公侯腹心干城也。(38—1)
④ 人争则乱,乱则天下不均,故民或贫或富。(35—1)

以上四例,都是在后一分句用连词"故"表示结果。例②"先帝之时"是表时间的状语。例③表原因之从句是肯定判断句,而表结果之主句是否定判断句。例④有些特殊,作为从句的前两分句都是紧缩句,当中的连词"则"表示其顺承关系。又如:

⑤ 世人不能为,是以相与嫉其能而疵其功也。(7—4)
⑥ 古者不以人力徇于禽兽,不夺民财以养狗马,是以财衍而力有余。(29—2)

以上二例都是在主句前用"是以"表示结果:例⑤是用"而"连接两个述宾词组,例⑥是用"而"连接两个主谓词组。此外,还有用别的关联词的。例如:

⑦ 洪水滔天,而有禹之绩。(2—3)

⑧ 昔齐桓公内附百姓,外绥诸侯,存亡接绝,而天下从风。(47—1)

⑨ 会先帝弃群臣,以故匈奴不革。(46—2)

⑩ 圣贤蔽掩,而谗佞用事,以此亡国破家,而贤士饥于岩穴也。(20—4)

以上前二例于主句用连词"而"表示结果。后二例于主句分别用"以故"和"以此"表示结果。"以故""以此"与"是以"一样,都是"因此"的意思。

2. 先果后因,即原因句在后的句子。这种复句的重点是求因,因而主句仍在后一分句。例如:

① 今驰道不小也,而民公犯之,以其罚罪之轻也。(55—2)
② 魏文侯轼段干木之闾,非以有其势也。(17—3)
③ 古者名山大泽不以封,为下之专利也。(6—1)
④ 故君子笃仁以行,然必筑城以自守,设械以自备,为不仁者之害己也。(48—1)

以上前二例,其主句都用"以"连接原因句:例①是肯定,例②是否定。后二例,其主句都用"为"连接原因句,"为"即"因"。又如:

⑤ 未尝伤而不敢握刃者,见其有伤也。(57—2)
⑥ 故边民百战而中国恬卧者,以边郡为蔽扞也。(16—1)

⑦ 虎兕所以能执熊罴、服群兽者,爪牙利而攫取便也。(50—1)

⑧ 秦所以亡者,以外备胡越而内亡其政也。(38—2)

以上四例,用来表示因果关系的方式各各不同:例⑤于从句用助词"者";例⑥从句用"者",主句用"以"与之呼应;例⑦从句用"所以……者"的格式表示结果;例⑧从句用"所以……者",主句再用"以"与之配合。

四、假设复句

假设复句所要表达的,是客观事物之间假设的条件与可能的结果的关系。这种复句,从句在前,陈述一种假设;主句在后,拟测一种结果。

从理论上说,假设复句与条件复句的界限应当是清楚的,前者说的是假定的条件,后者说的是事实的条件。但是在实际上,在先秦两汉的文言里,上述两种复句往往难以分清。因此,在已有的古代汉语语法著作里,对上述两种复句有三种不同的处理方案。第一种,仅设条件复句,不设假设复句,如管燮初《左传句法研究》。第二种,仅设假设复句,而不设条件复句,如杨伯峻等《古汉语语法及其发展》。第三种,既设假设复句,又设条件复句,如刘诚等《语法学》。根据上古文言条件复句少之又少的实际情况,我们就把条件复句放在假设复句里连带说明。例如:

① 周公,天下之至圣人也,待贤师学问而后通。(21—2)

② 普天之下,惟人面之伦,莫不引领而归其义。(49—1)
③ 人无夭寿,各以其好恶为命。(54—1)
④ 膏壤万里,山川之利,足以富百姓,不待蛮貊之地、远方之物而用足。(15—1)

以上四例:前二例为有条件句,句中用"待"(必须)、"惟"(只要)表示;后二例为无条件句,句中用"无"(无论)、"不待"(无须)表明。条件复句就此交代已过。下面专论假设复句。典型的假设复句,是要用关联词作为标志的。

1. 主句用关联词。例如:

① 万物并收,则物腾跃。(1—6)
② 故无手足则支体废,无边境则内国害。(44—2)
③ 顺天之理,因地之利,即不劳而功成。(12—2)
④ 夫不通大道而小辩,斯足以害其身而已。(55—3)
⑤ 上下劳扰而乱益滋。(56—1)
⑥ 君子为国,必有不可犯之难。(50—3)

以上各例都是从句表假设的条件,主句表示其结果:例①主句用连词"则";例②是并列的两个假设句各用一连词"则";例③从句是两个述宾词组,主句用"即","即"与"则"一样;例④于主句用"斯"来关联表示结果;例⑤于从句和主句间用连词"而","而"与"则"作用一样;例⑥于主句用副词"必"肯定其结果会一定出现。

2. 从句用关联词。例如:

① 君子苟无其礼,虽美不食焉。(25—2)
② 苟先利而后义,取夺不厌。(16—3)
③ 若相迷以伪,相乱以辞,非其贵者也。(24—3)
④ 如此,何言不从,何道不行?(11—2)
⑤ 使六国并存,秦尚为战国,故未亡也。(52—3)
⑥ 使关梁足恃,六国不兼于秦,河山足保,秦不亡于楚汉。(50—3)

与前面的例句相反,以上六例都是从句用关联词:前二例均用连词"苟"表假设;中间二例一用"若",一用"如",即"假若、如果",而主句不同,例③为否定判断句,例④为两个反问句;后二例皆用"使",这"使"虚化为假设连词是"假使"的意思。又如:

① 今以赵高之亡秦而非商鞅,犹以崇虎乱殷而非伊尹也。(7—2)
② 诚信礼义如宣房,功业已立,垂拱无为,有司何补,法令何塞也?(56—2)
③ 自非圣人,得志而不骄佚者,未之有也。(52—3)
④ 器不善者不集。(36—3)
⑤ 地广而不得者固危,兵强而凌敌者身亡。(42—2)
⑥ 孔子曰:"吾于《河广》,知道之至也。"而欲得之,各反其本、复诸古而已。(39)

以上前五例都是在从句用了表示假设的词语:例①用"今",这"今"原是时间名词,在这里已失去时间名词的意义,只起一种假定事实的作用;例②用"诚","诚"是情态副词,用来表示假设相当于"果真",主句用反问句表明其结果是"有司无补,法令无塞";例③从句用"自非",意谓"假使不是";例④、⑤两例皆用语气助词"者"配合文意,帮助表示一种假设的语气,不过例⑤是两个假设句。值得注意的是例⑥,在"孔子曰"一句和"而欲得之"一句之间,明显给人一种藕断丝连的感觉。如果着眼于其间的"丝连",其"而"便是顺承连词;如果着眼于"藕断",又结合后边的文意,该句"而"的作用便可认定与"如""若"相同,更何况"而"在上古的读音与"如""若"极其相近呢! 由此可见,"而"的基本功能仅单纯表示连接,转化为假设连词,那是在语法上所谓"重新分析"的结果。就例⑥来说,孔子所言已尽,这是一个完整而独立的句子,"而"之后也宜看作一个独立的复句。

3. 从句和主句都用关联词。例如:

① 如是,则水旱不能忧,凶年不能累也。(36—1)
② 若斯,则民何苦而怨,何求而饥? (41)
③ 使治家养生必于农,则舜不甄陶而伊尹不为庖。(2—1)
④ 公卿诚能去权诡,一归之于民,则天下治而颂声作。(40)
⑤ 今放民于权利,众邪群聚,私门成党,则强御日以不制,而兼并之徒奸形成也。(5—1)
⑥ 必将以貌取人,以才进士,则太公终身鼓刀矣。(16—3)

⑦ 贤良所言贤人为宝，则损益无轻重也。（37—2）

⑧ 居斯世，行斯身，而有此三累者，斯亦足以默矣！（24—3）

以上例①，从句用"如"，主句用"则"；例②前句用"若"，后句用"则"；例③从句用"使"，主句用"则"；例④前句用"诚"，后句用"则"；例⑤从句用"今"，主句用"则"；例⑥前句用"必"，后句用"则"；例⑦从句用"所"，主句用"则"；例⑧前句用"者"，后句用"斯"。都是关联词前后配合，假设之意更显。应当注意的是⑥、⑦两例：例⑥的"必"应解作"如果一定"；例⑦的"所"不可再看作结构助词，否则该结构即为名词性词组，全句语意便不相连贯，只有把这个"所"解释为上古誓词中常用来表示假设的连词，这个复句才能得到准确的理解。

第三节 交结复句

交结复句是介乎以上等立和主从之间的一种复句。所谓"交"指复句中的一项有所交代，所谓"结"指复句中另一项含有总结之意。交结复句包括转折复句、让步复句、总分复句、按断复句四小类。

一、转折复句

转折复句由两个部分构成，前一部分叙述一层意思交代一下，后一部分转到另一层表达与上述意思相反或相对的意思。这种复

第九章 复句

句的两层意思既非等立,亦非主从。由于上下文意明显地相反或相对,可以不用关联词语,即所谓意合式,也可以用关联词语,使文意更为显豁。

1. 意合式:转折复句由于上下文意相反或相对而不难识别,句中可以不用关联词语,这就是意合式。例如:

① 伍员相阖闾以霸,夫差不道,流而杀之。(7—5)
② 今欲损有余,补不足,富者愈富,贫者愈贫矣。(14—2)
③ 赋敛既烦数矣,又外禁山泽之原,内设百倍之利,民无所开说容言。(7—2)

以上例①有三个分句,后两个分句所说之意与前一分句明显相背,其间若加"而",转折之意即显。例②有四个分句,稍加揣摩即知,前两分句与后两分句之间有转折意思。例③也是四个分句,副词"又"显然管"外……"和"内……"两个分句,其转折之意在最后一个分句。

2. 关联式:这是指用关联词表示的转折复句。例如:

① 乐毅信功于燕昭,而见疑于惠王。(7—5)
② 高台极望,食案方丈,而不可谓孝。(25—3)
③ 周、秦粲然,皆有天下而南面焉,然安危长久殊世。(60)
④ 高力而尚功,非不广壤进地也,然犹人之病水,益水而疾深。(7—2)

⑤ 昔秦法繁于秋荼,而网密于凝脂,然而上下相遁,奸伪萌生。(55—1)

⑥ 今赖陛下神灵,甲兵不动久矣,然则民不齐出于南亩,空仓廪而赈贫乏。(15—3)

⑦ 今三垂已平,唯北边未定。(38—3)

⑧ 从车百乘,曾不足以载其祸也。(18—3)

⑨ 吾以贤良为少愈,乃反其幽明,若胡车相随而鸣。(29—1)

以上前二例主句都用连词"而",例③、④两主句都用连词"然",例⑤、⑥于两主句分别用连词"然而"与"然则"。最后三例稍不同,在主句用的是副词:例⑦"唯"相当于"只是",例⑧"曾"相当于"却",例⑨"乃"相当于"竟"。

二、让步复句

让步复句也由两个部分构成,前一部分先退后一步承认某种事实,后一部分即转到另一面说出正面意思。让步复句与转折复句相比,有其共同之处,即皆有转折意味。但也有不同之处,一是让步复句之从句具有假设意味,而且往往用连词或副词,而转折复句之从句一般不用关联词语;二是让步复句之主句往往是虚构的,是反推出一种意见,而转折复句之主句却是写实的,而且往往用关联词语。例如:

① 初虽劳苦,卒获其庆。(44—2)

② 虽无修戟长弩,戎马良弓,家有其备,人有其用,一旦有急,贯弓上马而已。(52—1)

③ 虽有凑会之要,陶、宛之术,无所施其巧。(2—3)

④ 君虽欲足,谁与之足乎?(15—3)

⑤ 愚者虽处平敞大路,犹暗惑焉。(32)

⑥ 仆虽不敏,亦尝倾耳下风,径于君子之涂矣。(26)

以上前二例之从句皆用连词"虽",其主句显然有虚拟的意味,这从其使用词语"卒"与"一旦"即可看出。中间二例也是于从句用"虽",只是主句前者为否定句,后者为反问句。后二例从句和主句都用了关联词:例⑤是"虽"与副词"犹",例⑥是"虽"与副词"亦",两两呼应,其让步转折之意更为突出。

三、总分复句

总分复句都有两个或两个以上并列的分句,其前用一分句总起,或者其后用一分句总结,并常有数词作为标志。这类复句或先总后分,即纲举目张;或先分后总,即目张纲束。

1. 先总式:即头一分句总起,然后逐一分说。例如:

① 晏子相齐三君,崔、庆无道,乱其国:灵公国围;庄公弑死;景公之时,晋人来攻,边邑削,城郭焚。(37—2)

② 往者四夷俱强,并为寇虐:朝鲜逾徼,劫燕之东地;东越越东海,略浙江之南;南越内侵,滑服令。(38—3)

以上二例,我们用冒号标明,冒号前为总说,冒号后为分说。例①含有四个分句,头一分句总说"晏子相齐三君"之混乱情况,后面三个分句逐一叙述"灵公""庄公""景公"之混乱局面。例②也包含四个分句,头一分句总说"四夷寇虐",后面三个分句逐个陈述"朝鲜""东越""南越"如何"劫""略""侵"的情形。

2. 后总式:这种句式是先逐一分说,然后由末句总结。

① 闺门之内尽孝焉,闺门之外尽悌焉,朋友之道尽信焉:三者,孝之至也。(25—1)

② 故春生,仁;夏长,德;秋成,义;冬藏,礼:此四时之序,圣人之所则也。(54—1)

以上例①含有四个分句,前三个分句逐一叙述"尽孝""尽悌""尽信",末一分句加以总结,指出做到前三者,对父母而言即"孝之至也"。例②共五个分句,前四个分句逐个陈述"春""夏""秋""冬"四季的所谓品性,末一分句概括指明圣人所效法的正是"四时之序"。

3. 变式:这种句式与以上两种相比稍有变化。前面说过,总分复句之总起分句或总结分句常有数词作为标志,如上面所引四例皆是。但是也有在总起或总结的那个分句没有用数词加以概括。应当说这是总分复句的一种变式。例如:

① 诸儒谏不从,各分散:慎到、捷子亡去,田骈如薛,孙卿适楚。(11—1)

② 先帝兴义兵以诛暴强:东灭朝鲜,西定冉、庞,南擒百

越,北挫强胡。(43—3)

③ 公卿积亿万,大夫积千金,士积百金,利己并财以聚。(16—3)

④ 智者赞其虑,仁者明其施,勇者见其断,辩者陈其词,誾誾焉,侃侃焉。(60)

以上前二例是先总式:例①含四个分句,头一分句总说"诸儒分散",后三个分句逐个交代四个儒生分别"亡去""如薛"与"适楚"。例②共五个分句,头一分句之"暴强"若改作"四强",那也就是典型的总分复句了。后二例是后总式:例③含四个分句,前三个分说,末一个总说。例④共五个分句,前四个分别陈述"智者""仁者""勇者"和"辩者",末一句用两个叠音形容词总写其神态。

四、按断复句

按断复句之得名,据我所知,最早见于王力《中国现代语法》(商务印书馆,1943)一书。这部著作将复合句分为"等立句"和"主从句"两类,而"等立句"的第四小类便是所谓"按断式",这"是论据在前,结论在后的。按断式可以是一种建议,也可以是一种对于既成事实的判断"(第57页)。正因为王力所确认的这种复合句式,完全符合汉语的实际情况,到了20世纪50年代,杨伯峻又把它运用到文言复合句的分析之中。他在其《文言语法》(北京出版社,1956)里,把"按断句"列入"联合句"下属的"连贯式"之内。根据我们对《盐铁论》全书的考察,按断复句占全书复句总数的18%以上,这是因为这种复句在语言交际,尤其在论辩过程中,作用独特,因而被经常使用。

按断复句一般由两个部分组成：一是按语,指前面叙述情况的分句；二是断语,指后面的分句对前面的叙述做出的评断。按语部分往往不止一句,是被评断的对象；断语部分常常比较简短,比较容易辨别。下面按照断语分句的性质,参照充当断语分句之谓语的主要词语,对它进行分类。

1. 以判断句为断语。作为评断语的判断句,一般仍然不用判断词,极少数判断句用动词"为",用"犹"的大多表示比喻。例如：

① 上自黄帝,下及三王,莫不明德教,谨庠序,崇仁义,立教化：此百世不易之道也。(23—1)

② 故任德,则强楚告服,远国不召而自至；任力,则近者不亲,小国不附：此其效也。(47—1)

③ 兵革者国之用,城垒者国之固也,而欲罢之,是去表见里,示匈奴心腹也。(48—1)

④ 言而不诚,期而不信,临难不勇,事君不忠：不孝之大者也。(25—3)

⑤ 汤、武经礼义,明好恶,以道其民,刑罪未有所加,而民自行义：殷、周所以治也。(58—3)

⑥ 桑大夫据当世,合时变,推道术,尚权利：可谓博物通士矣。(60)

⑦ 故商所以通淤滞,工所以备器械,非治国之本务也。(1—4)

⑧ 不爱民之死,力尽而溃败者,秦王是也。(45)

以上例①,冒号前一部分以顺承句为按语,后一部分用完整的判断句为断语,其主语用代词"此",其总结意味是十分明显的。例②按语是由两个假设句构成的并列句,断语为"此其效也",代词"其"即指代按语所述"任德"和"任力"两种情况的不同结果。例③按语是转折句,当中有连词"而",断语是由两个动词性词组构成谓语的判断句,其代词主语"是"即含有总结的意思。例④按语是个并列句,断语是个名词性词组,其总结意味仍在。例⑤按语是个顺承句,断语是个由"所以"构成以揭示原因的名词性词组。例⑥断语用"可谓",表明是肯定判断。例⑦断语用副词"非",表明是否定判断。例⑧断语是由"是也"构成的判断句,这种句式具有举例证明的性质。

2. 以叙述句为断语。这种叙述句作为断语,或主语出现,或主语未现,其后往往用语气助词"也"以增强其判断意味。例如:

① 临财苟得,见利反义,不义而富,无名而贵:仁者不为也。(16—3)

② 丰年岁登,则储积以备乏绝;凶年恶岁,则行币物:流有余而调不足也。(2—1)

③ 一人之身,治乱在己,千里与之转化,不可不熟择也。(32)

④ 发于畎亩,出于穷巷,不知冰水之寒,若醉而新寤,殊不足与言也。(12—2)

以上例①,其断语之主语为"仁者",谓语是动词"为"。例②按语是两个假设句,其间均有"则"连接,其断语是用"而"连接的两个述宾词组。例③评断语是以助动词"可"为中心,而用双重否定来表示"熟择"之必要性。陈望道于《文法简论》指出,"一般所谓助动词都是衡量或评议事理的趋势的",因此特地提出。例④按语为顺承句,其断语部分先用一比喻句予以评论,再用一否定句式表明态度。

3. 以描写句为断语。这是以形容词为其谓语中心的句式。例如:

① 越人夷吾,戎人由余,待译而后通,而并显齐、秦:人之心于善恶同也。(20—3)

② 公输子能因人主之材木以构宫室台榭,而不能自为专屋狭庐,材不足也。(17—2)

③ 今乃以玩好不用之器、奇虫不畜之兽、角抵诸戏、炫耀之物陈夸之,殆与周公之待远方殊。(37—1)

以上例①按语是顺承句,而断语之主语是偏正词组,其谓语"同"是形容词。例②按语叙述事实,而断语之谓语"不足"是表否定。例③按语列举事例,评断语未出现主语,其谓语中心词是"殊",这形容词"殊"前是个复杂词组做状语。

4. 以反问句为断语。王力早年就说过:"依国语习惯,按断式的判断部分喜欢用反诘语气。"考察《盐铁论》里的按断复句,用反问句作为断语是其中使用频率相当高的一种类型。看来这是论辩时一种特殊的表达需要。例如:

第九章　复句

① 当此之时,簪堕不拾,冠挂不顾,而暇耕乎?(20—1)

② 今盐铁、均输所从来久矣,而欲罢之,得无害先帝之功而妨圣主之德乎?(12—3)

③ 王者博爱远施,外内合同,四海各以其职来祭,何击柝而待?(50—3)

④ 是以刑罚若加于己,勤劳若施于身,又安能忍杀其赤子以事无用乎?(54—1)

⑤ 父不教子,兄不正弟,舍是谁责乎?(57—1)

⑥ 居编户之列而望卿相之子孙,是无钱而欲千金之宝,不亦虚望哉!(9—2)

例①按语为并列句;断语只在句末用语气助词"乎"表示反问,"而"通"能"。例②按语为转折句,其间有"而"表示逆接;断语是由"而"连接两个述宾词组构成,前有副词"得无",后有语气助词"乎",表示反问。例③按语为顺承句;断语是由"而"连接一个述宾词组和动词"待",其前用疑问代词"何"表示反问。例④按语为并列句;断语是用"以"连接两个述宾词组构成,前面用疑问代词"安",后面用语气助词"乎",二者配合表示反问。例⑤评断语虽短,却是两个述宾词组,后加语气助词"乎"表反问,其中有疑问代词"谁"做动词"责"的宾语而提前。例⑥按语由两个分句组成,前一分句叙述现状,后一分句用比喻来说明其无望;断语是用固定格式"不亦……哉",其反问语气更强。

5. 以感叹句为断语。感叹句自然是表示感叹的,但不能否认,在感叹之中也包含着说话人的态度。因此,感叹句用于按断复

句,可以表示对所述事物的评判。例如:

① 远去乡里,依倚大家,居深山穷泽之中,成奸伪之业,遂朋党之权,其轻为非亦大矣!(6—1)

② 蒙恩被泽,而至今犹以贫困,其难于适道若是夫!(35—3)

③ 车丞相即周、吕之列,当轴处中,括囊不言,容身而去,彼哉!彼哉!(60)

以上例①按语是由五个分句构成的顺承句;其断语之主语为"其轻为非",是个主谓词组,而谓语是个形容词"大",前有副词"亦",后有语气助词"矣",前后呼应表达感叹,对前面说的现象所包含的评判溢于言表。例②按语为转折句;其断语之主语是"其难于适道",也是个主谓词组,而谓语是个代词"若是",后加语气助词"夫"表示感叹。例③按语是个意合的转折句,如在"括囊"前加个"而"或"却"则更明显;断语有点特别,是叠用人称代词"彼"加语气助词"哉",表示一种强烈遗憾的感叹。

第十章　多重复句与句组

前一章所分析的十三种类型的复句,一般都是只包含两个分句的复句。可实际上更多的复句所包含的往往不止两个分句,而是三个或三个以上的分句,这样的复句内部层次也会更多,这就是多重复句。前面所分析的复句例子,有少数已经涉及三个或四个层次的,但毕竟比较简单。分析比较复杂的多重复句,不可能一两次就分析清楚,而是要一层一层仔细地往下分析。尽管分析起来要多费周折,但只要熟悉以上复句的各种类型,操作起来也并没有多大的困难。

多重复句的分句数量很多,表面上跟句组有点儿类似,所以就把它跟句组放在这一章里论述。这也是为了求得各章篇幅的大体平衡以及内部系统的完整与统一。

第一节　多重复句

多重复句,就是内部包含三个、四个,甚至更多分句,随之其层次也更加复杂的复句。为了分析得有条理起见,我们从多重复句的第一个层次着眼,按照以上十三个复句类型的顺序进行讨论,就是说,多重复句的命名以其第一个层次为准。下面,除了其间的第几层次就在分句之间划上几道斜线作为标志以外,再用文字加以说明。

分析古代文言多重复句时,有两种情况必须注意:其一,不少分句间的关系没有关联词来表示,那就要靠上下文来判断;其二,古代文言中词语"省略"现象时而出现,那就要加以意会。也正因为有这两种现象,使得不少分句纠缠不清,容易引起误解。因此,复句尤其是多重复句的分析显得十分重要。从积极方面说,此种分析能帮助我们理清复杂句子的脉络,增强逻辑思维的能力,准确理解原文的内容。从消极方面说,此种分析能防止对文言句子的误解,帮助纠正古书注释的失误,提高古籍出版的质量。

一、并列式多重复句

① 夫骥之才千里,//非造父不能使;/禹之智万人,//非舜为相不能用。(27—2)

② 故袁盎亲于景帝,//秣马不过一驷;/公孙弘即三公之位,//家不过十乘;/东方先生说听言行于武帝,//而不骄溢;/主父见困厄之日久矣,////疾在位者不好道而富且贵,莫知恤士也,///于是取饶衍之余以周穷士之急,//非为私家之业也。(19—3)

例①第二层次的后一分句都用"非",两分句间各为转折关系;两个第二分句又都是紧缩句,其间是假设关系(如非造父则不能使之)。例②用了三个分号,表明这个并列复句由四个分句组合而成,这是第一层次;其中前三个分句加逗号之处是第二层次,其间含有转折关系;唯第四分句含有五个小分句,前四个小分句跟第五小分句构成转折关系,这也是第二层次;这第四分句中用连词"于是"表明其前后为顺承关系,这是第三层次;"于是"之前的三个小分句,头一个跟后两个含有因果关系,这是第四层次。

二、对比式多重复句

① 直道而事人,//焉往而不三黜?/枉道而事人,//终非以此言而不见从,///行而不合者也。(20—3)

② 夫白圭之废著,//子贡之三至千金,/岂必赖之民哉?//运之六寸,///转之息耗,///取之贵贱之间耳!(17—1)

例①"直道"与"枉道"两分句内容相互对待,这是第一层次;"枉道"句包含三个小分句,头一小分句与后两个小分句构成第二层次,含有因果关系;第三层次是"终非"句与"行而"句之间,前者否定,后者肯定,又构成对比。

例②包含六个分句,前两个与后四个构成第一层次,似含因果关系;在前两个分句之间似含对比关系;在后四个小分句中,"岂必"句以反问表示否定,后三个句读表示肯定,这是第二层次;"运之""转之""取之"三小分句又为并列关系,这是第三层次。

三、顺承式多重复句

① 南方有鸟,//名鹓雏,//非竹实不食,///非醴泉不饮,//飞过太山;太山之鸱俯啄腐鼠,//仰见鹓雏而吓。(18—1)

②　晁错变法易常,//不用制度,迫蹙宗室,侵削诸侯,/蕃臣不附,//骨肉不亲,//吴、楚积怨,/斩错东市,//以慰三军之士而谢诸侯。(8)

③　二子者以术蒙举,//起卒伍,///为县令;/独非自是,///无与合同;//引之不来,///推之不往;//狂狷不逊,///恇害不恭;//刻轹公主,///侵凌大臣;//知其不可而强行之,///欲以干名;/所由不轨,//果没其身。(22—2)

④　先帝兴义兵以征厥罪,//遂破祁连天山,/散其聚党,//北略至龙城,//大围匈奴;/单于失魂,//仅以身免;/乘奔逐北,斩首捕虏十余万。(44—2)

例①含有七个分句,前五个分句叙述"鸳雏"之饮食与行动,后两个分句描述"太山之鸱"的啄食与反应。句中的斜线已标明分句间的各层次关系:各分句的第二层次都是顺承关系,两个"非"字句是第三层次,其间是并列关系。

例②共有九个分句,前四个陈述"晁错变法"之各种措施,当中三个评述其结果,最后两个再叙述"斩错"及其目的。句中标有两条斜线的是第二层次:头一个分句总说"变法",接着三个分句具体交代其措施;当中三个分句为并列关系;最后两个分句用"以"字连接,表示行为与目的之关系。

例③共十五个分句,都是陈述主语"二子",不过内容不同,层次有别:前三个分句叙述"二子"因"蒙举"而"为县令";当中十个分句从五个方面陈述其任职后的态度与举措,分别是顺承、并列、并列、并列、目的五种关系;最后用副词"果"表明其前后两个分句是因果关系。

例④一连九个分句,第一分句用"以"连接两个述宾词组,表明是行为与目的之关系;"遂"后第二、三、四、五分句之主语是"义兵",因承前而省略;第六、七两个分句的主语换成"单于",这两个分句点明前述军事行动给对方的打击;最后两个分句的主语又暗地回到"义兵",最终说明军事行动的战果。

四、选择式多重复句

由于《盐铁论》一书未出现此类多重复句,我们只能从史存直、杨伯峻各自的著作里选取例句来进行分析,以保持其内容的完整性。例如:

① 不知天将以为虐乎?/使翦丧吴国而封大异性乎,//其抑亦将卒以祚吴乎?(《左传·昭公三十年》)

② [孟子]曰:为肥甘不足于口与?//轻暖不足于体与?/抑为采色不足视于目与?//声音不足听于耳与?//便嬖不足使令于前与?(《孟子·梁惠王上》)

③ 与我处畎亩之中,//由是以乐尧舜之道,/吾岂若使是君为尧舜之君哉?//吾岂若使是民为尧舜之民哉?//吾岂若于吾身亲见之哉?(《孟子·万章上》)

④ 姜氏何厌之有?/不如早为之所,//无使滋蔓,///蔓难图也。(《左传·隐公元年》)

以上前二例属于疑问式。例①共有三个分句:前一个与后两个之间是第一层次,是先笼统提问而后具体提问;后两个之间是第二层次,当中用复合连词"其抑",相当于"还是"。例②包含五个分句:前两个与后三个之间是第一层次,前两个问的是物质方面,后三个问的大致属于精神方面,其间连词"抑"可看作标志。前两个之间及后三个之间都是并列关系。

例③属于比较式。疑问式一类问句之间是平行的,从形式上看都无所肯定。比较式这一类问句有轻有重,从意思上看带有倾向性。此类问句往往用"与"(与其)和"岂若"(孰与)相呼应,表示倾向于后者。此例前两个分句之间是行为与目的之关系,后三个分句大致可以看成并列关系。

例④属于取舍式。其中头一个分句与后三个分句之间是第一层次,其间用"不如"连接作为标志。若细心体会即知,"不如"句之前隐含有"与其依从姜氏之意"一句。第二个分句与第三、四两分句间是第二层次,其间是行为与目的关系。最后两个分句之间则为第三层次,是最终说明原因。

五、进层式多重复句

① 大夫君以心计策国用,构诸侯,参以酒榷,//咸阳、孔仅增以盐铁,//江充、杨可之等各以锋锐言利末之事,析秋毫,///可为无间矣,/非特管仲设九府、徼山海也。(14—1)

② 非徒是也,司马、唐蒙凿西南夷之涂,巴、蜀弊于邛、筰;//横海征南夷,楼船戍东越,荆楚罢于瓯骆;//左将伐朝鲜,开临屯,燕、齐困于秽貉;//张骞通殊远,纳无用,府库之藏流于外国;/非特斗辟之费,造阳之役也。(16—2)

③ 诸生若有能安集国中，怀战士，来远方，///使边境无寇虏之灾，//租税尽为诸生除之，/何况盐铁均输乎？（28—2）
④ 周公抱成王听天下，//恩塞海内，///泽被四表，/矧为人面，//含仁保德，///靡不得其所。（15—4）

以上前二例是递进式。例①"非特"（不但）之前有三个分句处于同一层面，即以"大夫君""咸阳、孔仅""江充、杨可之"为主语的三个分句，是这个进层式复句的稍深一层，而"非特"之后是该复句的稍浅一层，其主语为"管仲"，其谓语含两个述宾词组，这是第一层次；"大夫君"一句和"江充"一句都含有三个谓语读（动词性词组），"咸阳"一句仅一个谓语读，这三个分句间是该进层复句的第二层次；而"江充"一句之三个谓语读中，前两个与后一个又构成评断关系（"可为"即是标志），这是第三层次。

例②值得注意，此例开头已经有"非特是也"一句，末尾又加上"非特……造阳之役也"一句。这是因为在"非徒是也"之后，一连列举四桩事实说明不仅如此，而且四个分句内部又包含两三个小分句，句子拉得很长，所以说话人觉得有必要再加上一句"非特……"，以照应前文，强调进层。

后二例是逼进式。例③共有六个分句，前五个与后一个之间是第一层次，后一分句用了"何况"，即用反问语气表示逼进之意。前五个分句的前四与后一之间又是假设关系，开头一句就有假设连词"若"表明，这是第二层次。而前四个分句中有个"使"，这表明其前后为行为与目的之关系，这是第三层次。

例④包括六个分句，在前三个与后三个之间用"矧"（即"况"）

表示进逼。不过这表示进逼的部分,既非反问,又语意完整,应当说是个比较特殊的逼进式复句。

六、时间式多重复句

① 古之制爵禄也,/卿大夫足以润贤厚士,//士足以优身及党,//庶人为官者足以代其耕而食其禄。(33—1)

② 昔商鞅之任秦也,/刑人若刈茅,用师若弹丸,//从军旅者暴骨长城,戍漕者辇车相望,//生而往,死而旋。(41)

以上二例的头一个分句都是点明所述事情的时间背景,属于从句:例①的格式为"时间名词·之·谓语·也",例②的基本格式为"主语·之·谓语·也",它们与后面的分句之间是第一层次。至于后面叙述事情的主句部分:例①含三个分句为并列关系,分别叙述"卿大夫""士""庶人"是什么样的待遇;例②含六个分句,"刑人"句与"用师"句并列,"从军"句与"戍漕"句并列,"生而往"与"死而旋"并列,三者之间构成顺承关系。

七、目的式多重复句

① 今匈奴挟不信之心,///怀不测之诈,//见利如前,///乘便而起///,潜进市侧,/以袭无备。(47—3)

② 先帝忧百姓不赡,///出禁钱,//解乘舆骖,///贬乐损膳,/以赈穷备军费。(49—2)

③ 故圣人作为舟楫之用,//以通谷川;/服牛驾马,//以达陵陆;/致远穷深,//所以交庶物而便百姓。(1—4)

以上前二例都是在最后一个分句用连词"以"表示目的,"以"即"以便",这最后一句与前面的部分构成第一层次。其从句部分:例①是五个分句,前两个是并列关系,后三个是顺承关系,其间为第二层次;例②是四个分句,前两个为顺承关系,后两个为并列关系,其间为第二层次。

例③与例①、②稍有区别,它先由三个分句构成并列关系,这是第一层次。前两个分句各用连词"以"作为表示目的的标志,后一个分句用"所以"来表示目的,其间为第二层次。

八、因果式多重复句

① 商、周之所以昌,桀、纣之所以亡也,//汤、武非得伯夷之民以治,///桀、纣非得跖、蹻之民以乱也,/故治乱不在于民。(59—1)

② 昔者商鞅相秦,///后礼让,先贪鄙,尚首功,务进取,///无德厚于民,而严刑罚于国,//俗日坏而民滋怨,/故惠王烹其身而谢天下。(28—1)

③ 先帝计外国之利,//料胡越之兵,//以敌弱而易制,//用力少而功大,/故因势变以主四夷,///地滨山海以属长城,///北略河外,///开路匈奴之乡,//功未卒。(6—2)

④ 昔商君明于开塞之术,//假当世之权,//为秦致利成业,/是以战胜攻取,并近灭远,///乘燕赵,陵齐楚,//诸侯敛袵,西面而向风。(7—3)

以上前二例,都是在最后一个分句用连词"故"点明造成以上所述事情的原因,这是主句,前面的部分是从句,这是第一层次。例①的从句要注意,它包含三个分句,"商周之……"与"桀纣之……"是两个名词性词组,构成一个判断句,助词"也"表示确认语气。这个判断句与后两个并列的分句构成顺承关系,而这后两个"非得"分句又都是紧缩句。例②的从句含有八个分句:第二、三、四、五分句为并列关系,这四个分句与第一分句构成顺承关系,第六、七两分句为转折关系,当中有连词"而"表示逆接,它们与前五个分句也构成顺承关系,第八分句为前七个分句之总说。显然,只有经过如此细致分析,才能将其内部层次之复杂关系理清脉络。

例③共九个分句,"故"前为从句,所含四个分句为顺接关系,其中第四分句有"而"表示逆接;"故"后为主句,含五个分句,前四个是顺承关系,而与末一分句构成转折关系。

例④连词"是以"前所含三个分句为顺承关系,是从句;"是以"后是主句,含有六个分句,其中前两个分句陈述措施,接着两个分句分叙结果,最后两个分句是对上述内容加以总说。

九、假设式多重复句

① 虽有禆谌之草创,///无子产之润色,//有文武之规矩,///而无周、吕之凿枘,/则功业不成。(7—2)

② 国富而教之以理,/则行道有让,//而工商不相豫,//人怀敦朴以自相接而莫相利。(5—2)

③ 今诚得勇士,//乘强汉之威,//凌无义之匈奴,//制其死命,//责以其过,/若曹刿之胁齐桓公,//遂其求。(51—2)

④ 使吴王用申胥,//修德,//无恃极其众,/则勾践不免

为藩臣海崖,//何谋之敢虑也?(50—2)

⑤ 诚上观三王之所以昌,下论秦之所以亡,中述齐桓所以兴,///去武行文,废力尚德,///罢关梁,除障塞,//以仁义导之,/则北垂无寇戎之忧,//中国无干戈之事矣。(47—1)

⑥ 方今公卿大夫子孙诚能节车舆,///适衣服,///躬亲节俭,///率以敦朴,//罢园池,///损田宅,///内无事乎市利,///外无事乎山泽,//农夫有所施其功,///女工有所粥其业;/如是,则气脉和平,//无聚不足之病矣。(30—1)

例①"则"前是表假设的从句,含有四个分句:其中第一分句与第二分句构成转折关系,前句有连词"虽",第三分句与第四分句也构成转折关系,后句有连词"而",这两部分又构成并列关系。"则"字后仅一个分句表示结果。

例②"则"前仅有一个紧缩分句(其间用"而"连接)表示假设;"则"后的主句含有三个分句,这三个分句为顺接关系。要注意的是最末一个分句,这是一个包含两层意思的紧缩句,句中有两个连词"以"和"而"紧扣着前后,"以"为顺接,"而"为轻转。

例③表示假设的从句包含五个分句,其前用复合连词"今诚",这五个分句大致都是顺承关系;其表示结果的主句有两个分句,前一句为比喻,后一句才是本意。

例④从句和主句都分别用了假设连词"使"与"则"相呼应,从句有三个分句,主句有两个分句,各部分都是顺接关系,只是主句的末一分句为反问句。

例⑤从句和主句分别用"诚"与"则"互相配合表示假设与结果

之关系:从句含有八个分句,前三并列,四、五并列,六、七并列,第八分句总提;其主句的两个分句为相互承接关系。

例⑥一共含有十三个分句:第一分句在主语和谓语之间已经用了关联词"诚"表示假设,接着九个分句连贯而下,陈述种种措施;其后又加用"如是",与之呼应,这代词"是"即指代"诚"以后各分句所述情况。前有"诚",后有"如",都表示假设,这种用法在古籍里可谓绝无仅有,显然是因为前面分句过多,句子过长,到后面再加"如是"强调一下,使全句的假设语意更为凸显。

十、转折式多重复句

① 戍卒陈胜释挽辂,首为叛逆,自立张楚,//素非有回由处士之行、宰相列臣之位也,奋于大泽,不过旬月,/而齐、鲁儒墨缙绅之徒肆其长衣,负孔氏之礼器诗书,//委质为臣。(19—2)

② 荆、扬南有桂林之饶,内有江湖之利,左陵阳之金,右蜀汉之材,//伐木而树谷,燔莱而播粟,火耕而水耨,地广而饶财;/然民鲙瓠偷生,好衣甘食,//虽白屋草庐,歌讴鼓琴,//日给月单,朝歌暮戚。(3—1)

③ 纣之时,内有微、箕二子,外有胶鬲、棘子,故其不能存。(20—2)

例①内部层次有点复杂:表示转折的"而"前面的部分,共含六个分句,叙述"陈胜"出身平凡,地位很低,起义时间极短;"而"后面的部分含三个分句,强调"儒墨之徒"投靠称臣之快。前后标有双

第十章　多重复句与句组

斜线的是其第二层次,下面无须再做文字说明。

例②结构层次比上例还要复杂:表示转折的"然"前面的部分,共含八个分句,前四个并列,叙述自然条件优越,后四个承接,描写生产便利,财物丰富;"然"后面的部分含六个分句,大多为紧缩句,以"民"为主语的两分句为顺承关系,"白屋"句与"歌讴"句为让步关系,前有连词"虽"表明,最后两个分句亦为顺承关系,不过其内部又各含转折关系,意谓"日给而月单,朝歌而暮戚"。

例③值得注意,表面看去,最后一句有"故",似乎是个因果复句。但经过文意和句法的再三推敲,这种理解有背于原意。从训诂的角度考察,该"故"与"固"相通,应当解作"仍然"。就是说,例③是个转折复句,意谓"纣之时",内外虽有贤臣,却"仍然"不能不亡国。可见阅读古籍不是单凭字面的文义就能读通的,句法分析要与字词训诂结合起来方能透彻理解。

十一、让步式多重复句

① 文学言行虽有伯夷之廉,/不及柳下惠之贞,//不过高瞻下视,洁言污行,觞酒豆肉,迁延相让,辞小取大,鸡廉狼吞。(19—3)

② 虽无哀戚之心,/而厚葬重币者则称以为孝,//显明立于世,光荣著于俗。(29—2)

例①前有"虽",后有"不及",这第一层次即是重转,接着用副词"不过"又一轻转,下面一连用六个紧缩分句,无论是动词性词组还是名词性词组,都是用来描述"文学言行"之"不贞"的。

例②前面用"虽",接着第二分句主语之前用"而",之后又用"则"与之呼应,第一分句的主语蒙后句省略;"而"后有三个分句,其中后两个分句为并列关系,与前一个分句构成顺接关系。

十二、总分式多重复句

① 少发则不足以更适,多发则民不堪其役,//役烦则力罢,用多则财乏:/二者不息,//则民遗怨。(38—4)

② 昔李斯与包丘子俱事荀卿:/既而李斯入秦,遂取三公,据万乘之权以制海内,功侔伊、望,名巨太山;//而包丘子不免于瓮牖蒿庐,如潦岁之蛙,口非不众也,然卒死于沟壑而已。(18—1)

例①是先分说而后总说,"二者"即是总括之辞。分说部分有四个分句,前两个分别叙述"少发""多发",后两个叙述"役烦""用多",这四个分句又各各为紧缩句;总说部分用假设句表达结果。

例②是先总说而后分说,表面上没有总括辞作为形式标志,但第一分句说到"李斯""包丘"二人,并有副词"俱"暗示为总说;后面有两个大的分句,分别陈述"李斯……名巨太山"和"包丘子……卒死于沟壑",其间用"而"表明为对比关系,前者各分句顺承到底,后者"然"前后稍有点转折。

十三、按断式多重复句

① 夫人臣席天下之势,奋国家之用,//身享其利而不顾

其主,/此尉佗、章邯所以成王,//秦失其政也。(52—2)

② 上之所行则非之,上之所言则讥之,//专欲损上徇下,亏主而适臣,/尚安得上下之义、君臣之礼?//而何颂声能作也?(41)

③ 今先帝躬行仁圣之道以临海内,//招举俊才贤良之士,//唯仁是用,//诛逐乱臣,//不避所亲,//务以求贤而简退不肖,犹尧之举舜、禹之族,殛鲧放驩兜也,//而曰"苟合之徒",///是则主非而臣阿是也?(24—2)

例①指示代词"此"前为按语,含三个分句:前两个是并列关系,与第三分句构成顺接关系,这第三分句又是个转折紧缩句,其间有"而"为逆接。"此"后为断语,含有两个分句,这断语部分显然有缺陷,正确的说法应该是:"此……所以成王,秦所以失其政也。"如果"秦"之后不加"所以","秦失其政"即为叙述句,与前一分句不相协调,且与原意不合。

例②按语含有四个分句,前两个并列,后两个也大致并列,其间是顺承关系;其断语由两个反问句构成,前者用"安",后者用"何",其间有"而"点出为顺接关系。

例③"今先帝……简退不肖"是个顺承句,一连叙述昔日事实作为按语;"犹尧之……放驩兜也"是用比喻作为评断语;接着"而曰……"一句又转而陈述眼前事实,与前者构成转折关系,这又是按语;最后再用反问句判定对方为胡言乱语,这也是断语。

第二节 句　　组

　　句组,也有称为句群的,是由两个或两个以上的句子按照一定组合规律构成的、大于句子而小于段落的语言单位。构成句组的句子,包括单句和复句,在句组中有相对的独立性,互不作为对方的分句,且有独立的语调。句组有一个而且仅有一个语义中心,句组里的句子围绕这个中心组合起来,不能割裂。

　　在我国古代,随文释义的训诂专书往往以句组作为注疏的单元。长期以来,在文言文教学中也往往以句组作为串讲的单元。这一节打算从历史散文和诸子散文各选择一部有代表性著作的篇章,来说明如何辨认句组。先看《左传·庄公十年》中的两段:

> 　　十年春,齐师伐我。公将战。曹刿请见。其乡人曰:"肉食者谋之,又何间焉?"刿曰:"肉食者鄙,未能远谋。"乃入见。问:"何以战?"公曰:"衣食所安,弗敢专也,必以分人。"对曰:"小惠未遍,民弗从也。"公曰:"牺牲玉帛,未敢加也,必以信。"对曰:"小信未孚,神弗福也。"公曰:"小大之狱,虽不能察,必以情。"对曰:"忠之属也,可以一战。战则请从。"

这个自然段包含十三个句子,其中心意思是:齐鲁长勺之战开始前,曹刿向鲁庄公探询作战的条件。能否把这一段看作一个句组呢? 不能。因为通读全段就知道,作者是按照庄公应战、乡人与曹刿问答、曹刿与庄公问答这三个部分的先后来记叙的,它们各有一个语义中心。如果看成一个句组,那么句组的内部就很不一致了。前三句可以看作一个句组,头一句点明时间和空间,后两句加以叙述。其语义中心是:齐军压境,曹刿探询战前准备。第四、五两句一问一答,可以看作一个句组。其语义中心是:交代探询的原因在于当权者"未能远谋"。"乃入见"一句承上启下,作为两个句组之间的过渡,既不属上面,也不属下面。后七句又是一个句组,"何以战"一句是提出作战条件的问题,下面三次对答是对此问题的分析,前两次答话是否定庄公,后一次答话是肯定庄公。其语义中心是:分析作战条件,肯定取信于民才是战争胜负的关键。总之,开头这个自然段包含三个句组和一个单句。

既克,公问其故。对曰:"夫战,勇气也。一鼓作气,再而衰,三而竭。彼竭我盈,故克之。夫大国,难测也,惧有伏焉。吾视其辙乱,望其旗靡,故逐之。"

这结尾一段包含六个句子,其中心意思是:鲁庄公战后听取曹刿总结长勺之战取得胜利的战术上的经验。开头一句是领起全段的。曹刿的论述是全段的基干,可以分作两个部分:第一部分从"夫战"到"故克之",第二部分从"夫大国"到"故逐之"。前者第一句提出论点,第二句进行说明,第三句做出结论,其语义中心是:作战依靠勇气;等待敌方消耗锐气然后迎战,这是战争取胜的一个原因。后者第一句提出话题,第二句进行说明和收束,其语义中心是:追击防止伏兵;侦察敌方辙乱旗靡然后追赶,这是取胜的另一个原因。两者都用助词"夫"领起,用连词"故"收束,在形式上自成起讫。由此可见，它们是两个句组。至于领起全段的"既克，公问其故"一句，是不属于这两个句组的。就是说，结尾一段包含一个复句和两个句组。

再看《荀子·天论》的前两段以及末段：

> 天行有常，不为尧存，不为桀亡。应之以治则吉，应之以乱则凶。强本而节用，则天不能贫；养备而动时，则天不能病；修道而不贰，则天不能祸。故水旱不能使之饥，寒暑不能使之疾，妖怪不能使之凶。本荒而用侈，则天不能使之富；养略而动罕，则天不能使之全；倍道而妄行，则天不能使之吉。故水旱未至而饥，寒暑未薄而疾，妖怪未至而凶。受时与治世同，而殃祸与治世异，不可以怨天，其道然也。故明于天人之分，则可谓至人矣。

这个语段包含八个句子。第一句提出"天行有常"的论点，接着第二句加以申述。从"强本"句到"妖怪不能"句，是从积极的一面论证。从"本荒"句到"妖怪未至"句，则是从消极的一面论证。其间都用"故"表明其结果。最后一个按断复句，一个假设复句，合起来作为结论。也就是说，这个语段共有四个句组，其语义中心分别为：提出论点，正面论证，反面强化，最后作结。

> 不为而成，不求而得，夫是之谓天职。如是者，虽深，其人不加虑焉；虽大，不加能焉；虽精，不加察焉；夫是之谓不与天争职。天有其时，地有其财，人有其治，夫是之谓能参。舍其

所以参,而愿其所参,则惑矣。

上面一段含有四个句子。第一句是按断复句,判定何谓"天职",紧接着的第二句是个按断式多重复句,断言如何行事才是"不与天争职"。这自然是一个句组,其语义中心是:人如何顺应"天职"。第三句也是按断复句,判定何谓"能参",接着的第四句是个假设复句,说明人如果不采取"参与天地"的适当方式,那就糊涂("惑")了。这自然又是一个句组,其语义中心是:人如何参与天地才能防止迷惑。

> 万物为道一偏,一物为万物一偏。愚者为一物一偏而自以为知道,无知也。慎子有见于后,无见于先;老子有见于绌,无见于信;墨子有见于齐,无见于畸;宋子有见于少,无见于多。有后而无先,则群众无门;有绌而无信,则贵贱不分;有齐而无畸,则政令不施;有少而无多,则群众不化。《书》曰:"无有作好,遵王之道;无有作恶,遵王之路。"此之谓也。

这末段包含五个句子。第一句指出"道"(全局规律)与"一偏"(局部)之关系,提出正面观点。第二句断定仅知局部则为"无知",接着第三句是个并列复句,列举四位前人所持的片面观点都是仅知一面作为例证。这是一个句组。第四句是由四个假设句构成的多重并列复句,说明四种偏向一面均有危害;第五句是个按断复句,引用古书的教导,以证明不要有任何偏好,而应当遵循先王之大道。这又是一个句组。总之,《天论》篇的结尾一段包含一个复句和两个句组,其语义中心分别是:提出论点,先反面说明,后正面论证。

以上是以上古典籍的片段为例来分析句组的,下面有必要再举个中古文言篇章的语段来说明。先看《石钟山记》一文的开头一段:

《水经》云:"彭蠡之口有石钟山焉。"郦元以为下临深潭,微风鼓浪,水石相搏,声如洪钟。是说也,人常疑之。今以钟磬置水中,虽大风浪不能鸣也,而况石乎!至唐李渤始访其遗踪,得双石于潭上,扣而聆之,南声函胡,北音清越,桴止响腾,余韵徐歇。自以为得之矣。然是说也,余尤疑之。石之铿然有声者,所在皆是也,而此独以钟名,何哉?

上面一个段落,包含八个句子。其中心意思是:前人对石钟山命名由来的解释以及作者对此解释的怀疑。开头一句是领起全段的。后面七句显然分为两个部分:第一部分从"郦元"到"而况石乎",第二部分从"至唐李渤"到"何哉"。前者包含三个句子,其语义中心是:郦道元对石钟山命名的解释以及此说的可疑。后者包含四个句子,其语义中心是:李渤对命名的解释以及此说的尤其可疑。二者都是先提出话题,接着说明可疑的原因。在形式上,前后都用人名作为句组的开端,且有"是说""疑之"这些同样的词语做标志。由此可见,这开头一段包含一个句子和两个句组,处在两个句组中的句子既有相对独立性,又各各围绕一个语义中心而不能分割。
再看结尾一段:

> 事不目见耳闻,而臆断其有无,可乎?郦元之所见闻,殆与余同,而言之不详;士大夫终不肯以小舟泊绝壁之下,故莫能知;而渔工水师虽知而不能言。此世所以不传也。而陋者乃以斧斤考击而求之,自以为得其实。余是以记之,盖叹郦元之简,而笑李渤之陋也。

这结尾一段包含五个句子,其中心意思是:说明写本文的缘由。就五个句子之间的语义关系来说,前四句与后一句是因果关系,有"是以"表明。就前四句来说,开头一句提出对事物不能臆断的论点,其余三句就此论点进行具体说明。第二、三两句主要指出郦元之简,第四句则批评李渤之陋。第三句"此"用来复指第二句,并做出与中心意思相关的论断。由此可见,这一段只有一个句组,它只有一个语义中心;其间的五个句子如果割裂了,语义中心就不明确,逻辑关系就会受到影响。

以上的举例及其分析已经清楚地表明,我们所说的"句组"虽然也可以称作"句群",但是与别的语法著作所说的"句群"并非一码事儿,后者所说往往是指"语段"。这也可以看出,"句群"之名称有点含混,还是称为"句组"比较的适宜。由"词"扩展到"词组",由"句"扩展到"句组",其术语既明确而又统一。

第十一章　词语省略与古文标点

前面各章,分析了文言里实词和虚词的类别与用法,阐述了词组、单句和复句的一般格局与特殊形式。其目的在于培养阅读与分析古文的能力。不过,要确切地理解古文的原意,真正提高阅读古籍的能力,还必须了解文言里句法成分或某些词语省略的一般情况,掌握古文标点的一般方法。

第一节　词语的省略

古今汉语都有句法成分和某些词语省略的现象。但是,古代汉语尤其是早期文言,由于某些特点和习惯,诸如缺乏能做主语的第三人称代词,古人行文追求简练整齐,以及逻辑疏漏等,因而省略现象比现代汉语更普遍、更复杂,而且有些省略方式也跟现代汉语不大一样。试看《战国策·赵策》里的一段:

> 左师触龙言愿见太后,太后盛气而揖之。入而徐趋,至而自谢,曰:"老臣病足,曾不能疾走,不得见久矣,窃自恕,而恐太后玉体之有所郄也,故愿望见太后。"太后曰:"老妇恃辇而行。"曰:"日食饮得无衰乎?"曰:"恃粥耳。"曰:"老臣近者殊不

欲食,乃自强步,日三四里,少益嗜食,和于身也。"太后曰:"老妇不能。"

这一段开头是作者的叙述语,以下都是两人对话。先看叙述语。第二句"入而徐趋"的,是"左师触龙",这里将主语省略了。"太后曰"以下三个"曰"字,前面都未出现问者和答者,主语也省去了,按顺序是:"触龙""太后""触龙"。再看对话。触龙说"不得见久矣","见"的是"太后",这里将宾语省略了。"日食饮"一句,是左师询问对方,其主语是"太后"(以尊称代替对称);"恃粥"一句是太后说自己,其主语自然是"老妇"(以谦称代替自称)。

以上所说的省略是有规律可循的。首先,两人对话一般是交替进行,问者和答者在第一个回合中交代清楚,以下自然可以省去。读者只要根据对话交替情况,并参照说话内容,即可明了。其次,在对话中称说对方或指称自己,都不言而喻,因而无论是主语还是宾语,大多略去不说。再次,为了行文简洁,上文已经出现的词语,下文不必重复;下文将要出现的词语,上文力求避免。前者是承前省略,后者是探后省略。下面分类说明。

一、主语的省略

前面曾经说过,在早期文言里,缺乏能做主语的第三人称代词,"之"只能做句中动词的宾语,"其"一般只做句中的定语或不能独立的主谓词组的主语,如果需要称说时,要么复说名词主语,要么省略不用。为了行文简洁,古人多半省去不说,因而主语的省略在文言里就成为屡见不鲜的现象了。例如:

① 樊哙曰:"今日之事何如?"良曰:"[ ]甚急!"(《史记·项羽本纪》)

② 曰:"独乐乐,与人乐乐,孰乐?"曰:"[ ]不若与人。"(《孟子·梁惠王下》)

③ 后值倾覆,[ ]受任于败军之际,奉命于危难之间……(诸葛亮《出师表》)

④ 有怠而欲出者曰:"不出,火且尽。"[ ]遂与之俱出。(王安石《游褒禅山记》)

以上标有方括号的地方都省略了主语。前二例是对话省略:例①省略"今日之事";例②是孟子与梁惠王对话,省略"独乐之乐"。后二例是自述省略:根据原文习惯,例③可补出"臣",例④可补出"余"。又如:

① 公使阳处父追之,[ ]及诸河,则[ ]在舟中矣。(《左传·僖公三十三年》)

② 然则诸侯之地有限,暴秦之欲无厌,[ ]奉之弥繁,[ ]侵之愈急。(苏洵《六国论》)

③ [ ]必死是间,余收尔骨焉。(《左传·僖公三十三年》)

④ 张良曰:"秦时[ ]与臣游,项伯杀人,臣活之。"(《史记·项羽本纪》)

上引前二例属承前省略:例①前一个方括号处,承上句兼语而省略

"阳处父",后一个方括号处,承上句代词宾语"之"(称代"三帅")而省去"三帅";例②包括四个小分句,第三分句方括号处承第一分句主语而省略"诸侯",第四分句承第二分句主语而省略"暴秦",这是文言里常见的交错省略。后二例属探后省略:例③方括号处可补"尔"字,例④可补"项伯",这只要探视下文即可明白。

二、谓语的省略

在现代汉语里,句子的谓语动词在叙述两人对话或问答句等一定的语言片断中可以省略,此外一般都不能省略。而在文言里,句子的谓语动词在一般情况下也往往省略。例如:

① 一鼓作气,再[ ]而衰,三[ ]而竭。(《左传·庄公十年》)

② 齐宣王问曰:"齐桓晋文之事,可得闻乎?"孟子对曰:"无已,则[ ]王乎。"(《孟子·梁惠王上》)

③ 郤子至,请伐齐。晋侯弗许。请以其私属[ ],又弗许。(《左传·宣公十七年》)

④ 躬自厚[ ]而薄责于人,则远怨矣。(《论语·卫灵公》)

⑤ 杨子之邻人亡羊,既率其党[ ],又请杨子之竖追之。(《列子·说符》)

以上加方括号的地方都省略了谓语动词。前三例是承前省略:例①共有三个分句,第二、三两个分句承第一分句而省略动词"鼓";

例②最后一句承上文省略动词"道（说）"；例③上文说"请伐齐",下文只说"请以其私属",述宾词组"伐齐"给省略了。后二例是探后省:例④"躬自厚"只是谓语的附加成分,其动词"责"探下文而省略；例⑤下文说"又请杨子之竖追之",上文只说"既率其党",显然省略了述宾词组"追之"。又如：

① 子路宿于石门。晨门曰："奚自[ ]?"子路曰："自孔氏[ ]。"(《论语·宪问》)

② 厉王虐,国人谤王……王怒,得卫巫,使监谤者。以告,则杀之。国人莫敢言,道路以目[ ]。(《国语·周语》)

③ 于是以田忌为相,而[ ]孙子为师。(《史记·孙子列传》)

④ 能因敌变化而取胜者,谓之[ ]神。(《孙子兵法·虚实》)

⑤ 诏书特下,拜臣[ ]郎中。(李密《陈情表》)

⑥ 安帝雅闻衡善术学,公车特征,拜[ ]郎中,再迁为太史令。(《后汉书·张衡传》)

例①"奚自"(即"从何")与"自孔氏"都是介宾词组,后面都省略了谓语动词"来"。例②"道路"是处所状语,"以目"是介宾词组做方式状语,后面省略了动词性词组"示意"或"相视"。这两个例子,既不是对话省略,也不是依据上下文省略,而是读者看了以后都不难明白的共喻省略。其余四例属兼语句式:例③是"以为"式,后一分句承前省略动词"以"；例④是命名式,按照一般格式省略动词

"为";例⑤是"拜为"式,按照正常格式也省去动词"为";例⑥也是"拜为"式,按照正常格式,兼语"之"(指代"张衡")和另一动词"为"都给省略了。

三、动词宾语和兼语的省略

有些谓语动词应该带宾语而在一定条件下省略了,这是古今汉语共有的现象,并且都有对话省略、承前省略等形式。这里介绍文言里动词宾语的习惯性省略。例如:

① 左右以君贱之也,食[　]以草具。(《战国策·齐策》)
② 项伯夜驰之沛公军,私见张良,具告[　]以事。(《史记·项羽本纪》)
③ 尉剑挺,广起,夺[　]而杀尉。(《史记·陈涉世家》)
④ 今以钟磬置水中,虽大风浪不能鸣[　]也。(苏轼《石钟山记》)
⑤ 权起更衣,肃追[　]于宇下。(《资治通鉴·汉纪·建安十三年》)
⑥ 狱官、禁卒,皆利系者之多,少有连,必多方钩致,然后导[　]以取保,出居于外。(方苞《狱中杂记》)

以上各例的方括号内都省略了宾语代词"之"字:例①指代"冯谖",例②指代"张良",例③指代"剑",例④"鸣"用作使动,省去的"之"指代"钟磬",例⑤指代"孙权",例⑥指代"系者"。这种宾语省略是有规律可循的,即由"以"或"于"组成的介宾词组放在谓语动词后面做补语,如果这个动词后的宾语是代词"之",那么这种宾语经常省略。如例①"食以草具",实际上是"食之以草具",意思是"把粗劣的食物给他吃"。这种动词宾语的习惯性省略,往往跟作者追求行文整齐有关,如"食以草具""具告以事""夺而杀尉""追于宇下""导以取保"等,都是四字一句,读起来富于节奏感。

在文言里,兼语也有习惯性省略的情况,这在阅读时要加以注意。例如:

① 由也为之,必及三年,可使[ ]有勇,且知方也。(《论语·先进》)

② 郑穆公使[ ]视客馆,则束载、厉兵、秣马矣。(《左传·僖公三十三年》)

③ 苟入狱,不问罪之有无,必械手足,俾[ ]困苦不可忍。(方苞《狱中杂记》)

④ 今媪尊长安君之位,……而不及今令[ ]有功于国。(《战国策·赵策》)

⑤ 安帝雅闻衡善术学,公车特征,拜[ ]郎中,再迁[ ]为太史令。(《后汉书·张衡传》)

⑥ 范雎既相秦,秦号[ ]曰张禄。(《史记·范雎列传》)

⑦ 相如既归,赵王以[ ]为贤大夫。(《史记·廉颇蔺相如列传》)

上引七例,除例②为共喻省略名词"人"以外,其余均为承前省略代词"之"字。前四例为"使令式":例①省略的"之"指代"千乘之国",

例③指代"系者",例④指代"长安君"。后三例分别为"拜为式""命名式"和"以为式":例⑤省去的"之"指代"(张)衡",例⑥指代"范雎",例⑦指代"相如"。这说明在文言里,"使令式"兼语句里的兼语如果是代词"之",按照习惯一般省略不说。这些句子若翻译成现代汉语,省略的兼语一般都要补出来。

四、介词和介词宾语的省略

在现代汉语里,介词一般不省略,介词的宾语除了表示被动意义的"被""叫"等介词的宾语可以省略外,一般也不省略。在文言里,名词或名词性词组可以直接用作状语和补语,一般不必把它们看作是省略了介词。例如《韩非子·外储说左上》:"郑人有欲买履者,先自度其足而置之其坐。"我们可以把"其坐"看作处所补语,不必认为"其坐"前省去了介词"于"。又如《史记·项羽本纪》:"纵江东父兄怜而王我,我何面目见之?""何面目"这个名词性词组在句中直接用作状语,表示一种凭借,也不必认为"何面目"之前省去了介词"以"。当然,也有人以《左传·隐公元年》"遂置姜氏于城颖"和《庄子·逍遥游》"古有大椿者,以八千岁为春,[　]八千岁为秋"为例做比较,认为前二例是省略了介词"于"和"以"。语法学界对此意见还不一致。但是,从阅读实际出发,有些文言句子比较费解,有时就因为某个介词没有出现;如果能够补上某个古代汉语已有的介词,就能够帮助我们确定那个名词或名词性词组在句子里的地位和作用,使我们比较准确地理解文意。例如:

① 于是梁王虚上位……迁使者[　]黄金千斤、车百乘,

往聘孟尝君。(《战国策·齐策》)

② 陈涉、吴广皆[　]次当行。(《史记·陈涉世家》)

③ 东海之鳖左足未入,而右膝已絷矣。于是逡巡而却,告之[　]海曰……(《庄子·秋水》)

④ 信亡[　]楚归汉。(《汉书·韩信传》)

⑤ 孝武皇帝曾孙病已,……至今年十八,[　]师受《诗》《论语》《孝经》。(《汉书·霍光传》)

以上五例的方括号内,可以分别补上介词"以""以""于""自""从",因而明确"黄金百斤、车百乘"是行为"迁"的凭借之物,"次"是行为"行"所依据的标准顺序,"海"是行为"告"的有关对象,"楚"是行为"亡"的起自之地,而"诗"是行为"受"的有关对象。从这个角度来说,我们也可以把它们看作省略了介词。

介词宾语的省略,在文言里是常见的现象,尤其是代词"之"用作介词的宾语时。例如:

① 旦日,客从外来,与[　]坐谈。(《战国策·齐策》)

② 相如持其璧睨柱,欲以[　]击柱。(《史记·廉颇蔺相如列传》)

③ 项伯……私见张良,具告以事,欲呼张良与[　]俱去,曰:"毋从[　]俱死也。"(《史记·项羽本纪》)

④ 百姓闻之,知与不知,老壮皆为[　]垂泣。(《汉书·李广传》)

⑤ 惟极贫无依,则械系不稍宽,[　]为标准以警其余。

（方苞《狱中杂记》）

以上五例，前四例介词"与、以、与、从、为"的后面都省略了"之"，分别指代"客""璧""项伯""沛公""李广"；后一例介词连同宾语"以之"整个省去，省略的"之"指代前句所说之事。这几句翻译为现代汉语，省略的介词一般都要补出来，即使是最后一例，也以补出介宾词组为顺当。

五、其他省略

文言里的省略现象，并不限于上述四种，下面再列举一些常见而不便分类称说的。掌握这些省略格式，有助于我们正确地分析句子结构，从而比较顺利地读懂古书。例如：

① 民参其力，[　]二入于公，而衣食其一。（《左传·昭公三年》）

② 上免[　]官。（《汉书·孔光传》）

③ 扶苏以数谏故，上使外将兵。今或闻[　]无罪，二世杀之。（《史记·陈涉世家》）

④ 夫韩见[　]必亡，安得不听乎？（《史记·范雎列传》）

以上四例皆省略代词"其"。前二例省去的"其"在句中用作定语，根据上文可以知道，例①指代"其力（所得）"，例②指代"傅迁"。后二例省去的"其"在句中用作主谓词组的主语，"其无罪""其必亡"分别充当动词"闻"和"见"的宾语；根据上文，省略的"其"分别指代

"扶苏"和"韩"。再例如：

① 夏后氏五十[　]而贡,殷人七十[　]而助,周人百亩而彻。(《孟子·滕文公上》)——贡、助、彻,皆田赋制度。

② 公曰:制,岩邑也,虢叔死焉。他邑唯命[　]。(《左传·隐公元年》)

③ 先王之制,大都不过参国之一,中[　]五[　]之一,小[　]九[　]之一。(同上)

④ 子贡曰:纣之不善,不如是其甚也。是以君子恶居下流,天下之恶皆归焉。(《论语·子张》)

例①后一分句说"百亩",前面两个分句只说"五十""七十",显然是各省略了量词"亩"字。这是探后省略。例②"唯命"是宾语前置的固定格式"唯命是听"的省略,这是共喻省略。例③后两个分句承前省略了多种成分,依据前一分句补足,当为"中[都不过]五[国]之一,小[都不过]九[国]之一",这样就明白多了。例④前句说"君子恶居下流",既然是"恶居",又怎么会造成"天下之恶皆归焉"的局面？稍加思索便可知道,"天下"一句之前省略了"如居下流"一个分句。这是言语过急或逻辑疏漏而带来的省略。

以上从五个方面介绍了文言里句法成分和某些词语的省略现象。诸多例句说明,文言里的省略情况虽然复杂,也还是有规律可循的。不过,上面的介绍基本上是专项的,这是为了便于说明问题,实际上古文里的省略现象要错综复杂得多。因此,在分析省略情况时,除了熟练地掌握那些常见的规律和习惯之外,还必须注意以下两点。

第一,注意上下文句。句法成分和某些词语的省略,是依靠一定的语言环境来实现的。因此,要想正确地判断出所省略的成分或词语,就必须仔细推敲上下文。《左传·成公二年》叙述齐晋鞌之战时有这么一段:

> 韩厥梦子舆谓己曰:"旦辟左右。"故中御而从齐侯。邴夏曰:"射其御者!君子也。"公曰:"谓之君子而射之,非礼也。"射其左,越于车下;射其右,毙于车中。綦毋张丧车,从韩厥曰:"请寓乘。"从左右,皆肘之,使立于后。……丑父寝于轏中,蛇出于其下,以肱击之,伤而匿之,故不能推车而及。

这一段文字并不怎么艰涩难懂,如果读了以后还不能确切地了解其文意,那主要是因为省略的情况比较复杂而造成的。假如我们能依据上下文仔细推敲其中的省略现象,那么读起来就顺畅多了。"旦辟左右"一句是子舆在梦中对韩厥说的话,其主语"汝"属对话省略。"君子也"是承前句而来的判断句,其主语就是前句的宾语"其御者"。"射其左"和"射其右"是"公(即齐侯)"在回答邴夏的提示之后所采取的行动,两句的主语当然是"公",这是承前省略。"越于车下"和"毙于车中"之前,承前句宾语分别省略"其左"和"其右"。"请寓乘"是綦毋张对韩厥说的话,粗看去似乎是綦毋张"请"韩厥"乘(车)",但前句已明说"綦毋张丧车",这里自然是綦毋张请求"寓"韩厥"(车)乘",其主语"吾"为对话省略。这样,"从左右"的主语是"綦毋张",而"皆肘之"的主语是"韩厥",这是承前交错省略。"使立于后"是兼语句,"使"后面省去代词"之",指代"綦毋张",而"后"前面也省去代词"其",指代"韩厥"。"以肱击之"的主语是"丑父",这不难看出;"伤而匿之"的主语是什么?如果阅读时粗心,会误认为是"蛇",但是下文有"不能推车而及"一句,据此可以判断"伤而匿之"的主语仍然是"丑父"。"不能推车"的主语承前文而来,自然是"丑父";那么动词"及"的主语也是"丑父"吗?"及"是"赶上"的意思,"丑父"显然不是这个行为的施事者。如果把"及"理解为被动意义,那与承前省略的主语"丑父"又不相协调,因为被赶上的不只是"丑父"一人,还有齐侯。前文说韩厥"中御而从齐侯",紧接此句的下面又说"韩厥执絷马前",据此可以断定"及"的主语是"韩厥",这是探下文而省略。由此可见,尽管文言里省略的情况相当复杂,但只要掌握文言里成分省略的习惯和规律,摸清上下文的脉络,我们还是可以识别出来的。

第二,注意虚词运用。前面说过,文言里主语省略的情况较为复杂,特别是相同主语的隔句省略和不同主语的交替省略,给阅读带来很大的困难。为了避免误解或提起读者注意,古人行文时常用虚词"遂""乃""而""则"等来表示上下文主语的暗中更换。例如:

① 于是项王大呼驰下,汉军皆披靡,遂斩汉一将。(《史记·项羽本纪》)

② 有怠而欲出者曰:"不出,火且尽。"遂与之俱出。(王安石《游褒禅山记》)

③ 公子再拜,因问候生,乃屏人间语曰:……(《史记·魏

公子列传》)

④ 丑父寝于轏中……伤而匿之,故不能推车而及。(《左传·成公二年》)

⑤ 子路从而后,遇丈人,以杖荷蓧。子路问曰:"子见夫子乎?"丈人曰:"四体不勤,五谷不分,孰为夫子?"植其杖而芸。子路拱而立。止子路宿,杀鸡为黍而食之,见其二子焉。明日,子路行,以告。子曰:"隐者也。"使子路反见之。至则行矣。(《论语·微子》)

例①"斩汉一将"的主语不是前一句的"汉军",而是"项王",这是不同主语承前隔句省略,所以前面用副词"遂"来暗示主语更换。例③"屏人间语"的主语应该是"侯生",这是承前句宾语而交错省略,所以用副词"乃"来补救,以免读者误解。例④"不能推车"的主语是一路省略的"丑父",而动词"及"的主语却是"韩厥",当中便用连词"而"来提醒。

下面着重分析例⑤。"以杖荷蓧"的主语是"丈人",承前句宾语省略。"止子路宿"的主语也是"丈人",这是承前隔句省略。"杀鸡"句的主语自然又是"丈人",这是承前交错省略。这些只要稍加考虑便可知道。"以告","以"是介词,其宾语是代词"之",指代前面所说丈人之所言所为,这是习惯性省略;"告"是动词,其宾语是"孔子",这是探后省略。"隐者也"是孔子听了子路的报告以后,对那位"丈人"的判断,承上文"丈人曰"一句的主语而省略,当中隔了好几句。最后一句"至则行矣","至"的主语是"子路",承上句"使子路"的兼语"子路"而省略,"行"的主语是远承上文"丈人"而省略,因为暗中更换了主语,所以用连词"则"字作为补救方法。与此相同的还有前面举过的一例:"公使阳处父追之,及诸河,则在舟中矣。"动词"及"的主语是"阳处父",后面用一"则"字即有提示作用,"在舟中"的主语不再是"阳处父",而是前文曾出现过的"三帅"。可见,注意虚词的运用,对于识别省略的主语极有助益。

第二节　古文的标点

古书原是不加标点的,前人读书时要自己断句,称之为"句读"。"句"和"读"本来都是读书停顿的记号:一句话完了,在字的旁边加一个点或圆圈,叫作"句";一句话未完,但读时需要稍加停顿,就在字的下面(两字中间)加一个点,叫作"读"。前人句读,基本上只起断句作用,与现在通行的标点符号性质很不相同。

我们现在接触到的古籍,一般都有了新式标点,为什么还要专门来讲授古文标点这个内容呢?首先须知,我国的古籍浩如烟海,已加标点的古书只是其中很少的一部分。大部分古书自始至终字字相连,如果我们不明句读,那看起来真是不知所云。在这方面还有大量工作等待我们去做。其次,前代和现代的学者在句读和标点工作中已经做出了许多成就,积累了不少经验,但是,对这些工作还没有来得及全面而认真地加以辨正和总结。在这方面有时还要靠我们自己去识别和决断。最后,标点古文是阅读古书的基本功,也是对古代汉语学习的综合考察。古人就很重视句读的训练,因为明辨句读是读懂古书的起点。可以肯定地说,经常进行标点训练,可以较快地提高阅读古文的能力和古汉语的水平。因此,我们应当重视标点古文能力的训练和培养。

正确地标点古书,涉及文字、词汇、语法、音韵、校勘以及古代文化等多方面的知识,因而不存在什么"窍门",也就是说,不是靠几次理论上的指点就可以奏效的。标点是专门的学问,它的成功主要靠多读多练,靠知识和经验的积累。这里只是从初学者如何培养自己标点古文的能力这方面,提出若干注意的事项。

一、反复考察词义

标点之前第一件要做的事情,就是反复诵读要标点的古文,仔细推敲词义,把握作者所要表达的内容,务求加上标点后文从字顺,语意贯通。如果字句有讲不通的地方,很有可能是因为标点不正确,而不明词义是导致标点错误的基本原因。例如:

> 今往仆少小所著辞赋一通。相与夫街头巷说。必有可采……(曹植《与杨修书》)

以上是1977年版《昭明文选》的断句。按照这样断句,"相与夫街头巷说"就很难讲得通。《文选》的断句者之所以失误,是因为没有懂得"相与"的"与"是"给予"的意思,也没有理解"往"在这儿是"送往""送去"的意思。了解了这两个词的意思,再细细体会原文,就会发现正确的标点应该是:"今往仆少小所著辞赋一通相与。夫街谈巷说,必有可采……"第一句的意思是说,"现在送去我少年时代所写的辞赋一篇给你"。"相与"应当连上句,不该属下句。又例如:

> 世儒学者,好信师而是古,以为贤圣所言,皆无非专精讲习,不知难问。(《论衡·问孔》)

这是国学整理社整理的中华书局版《诸子集成》的标点。标点者误以为"非"字是否定副词,因而把"皆无非专精讲习"连成一逗,自然文意不顺。其实这里的"非"字应当作"错误"讲,原标点应该改成:"世儒学者,好信师而是古,以为贤圣所言皆无非,专精讲习,不知难问。"这样一改正,全句的意思也就明朗了。下面再举一个必须认真推敲词义的例子:

> [刘]毅兵大败,弃船以数百,人步走,余众皆为[卢]循所虏……(《资治通鉴·晋纪·义熙六年》)

以上是1976年中华书局版《资治通鉴》的标点。依此标点,"弃船以数百"就讲不通;"人步走"与上文不连贯,显得很生硬;"余众"的"余"又无所承。究其原因,是没有正确地理解"以"的词义。"以"在这里是"带领"的意思。原标点者把它误解为介词"按",所以断错了句。

古书行文,凡人名初次出现都有名有姓,以后一般只称名。初读古书有些不习惯,稍不留心,标点就会出差错。例如:

> 明年春,迁大司徒宫(马宫)、大司空丰(甄丰)、左将军建(孙建)、右将军甄邯、光禄歆(刘歆)奉乘舆法驾,迎皇后于安阳公第宫,丰、歆授皇后玺绶。(《汉书·外戚传下》)

"安阳公第"的"第"指的就是"大住宅",下文只说"安汉公第"可证。"第"字下面的"宫"即上文提到的"大司徒宫",不当与"第"连读。这是专名误为非专名的例子。最后两个分句的正确标点应该是:"……迎皇后于安阳公第。宫、丰、歆授皇后玺绂。"

另外,古书里的地名、书名等,我们一般不熟悉,也容易出现标点错误。例如:

> 书三四上,辞情危切;又欲诣都口陈嫡庶之义。(《资治通鉴·魏纪·正始六年》)

"都口"并非地名,"都"是京城的意思。《三国志·陆逊传》里有"及求诸都,欲口论适庶之分"的话,可以证明。"诣都口陈"意思是"到京城亲口陈述"。为避免误解,可以将后一句断开:"……又欲诣都,口陈嫡庶之义。"这是非专名误为专名的例子。

二、进行语法分析

语句总是按照一定的规则组织起来的,语法就是组词造句的规则。古今汉语的语法规则有同有异。掌握古今汉语共同的语法规则,尤其是古代汉语所特有的语法规则,是自觉地标点古文的必要基础。

古代汉语特有的语法现象,主要的表现在句式和虚词两个方面。句式方面,如判断句一般不用判断词,被动句的三种格式,宾语的前置,等等;虚词方面,如"夫、惟、盖"一般用于句首,"者、也"等一般用于句中,"也、矣、焉、耳、乎、欤、邪、哉、夫"一般用于句尾,

"虽、纵、微、若、倘、令、苟、诚"等一般用于复句的前一分句,"且、抑、则、况、然、故、是故、是以"等一般用于复句的后一分句;此外还有一些习惯句法和固定结构,如"不亦……乎""何以……为""何……之有"表示反问,"得无……乎""无乃……乎"表示测度,"如(若、奈)……何"用来询问办法,"……孰与……"用来比较高下或得失,等等。以上这些,可以说是我们标点古文的浅显易行的依据和方法。

在斟酌词义的基础上对文句进行语法分析,是检查标点是否正确的重要手段。下面举几个这方面的例子。

夫拜谒礼义之效,非益身之实也。(《论衡·非韩》)

上列是国学整理社整理的《诸子集成》本的标点。判断句在古代一般不用判断词,依传统的句读法,"拜谒"后面应当断句,依新式标点用法也应当加逗号:"夫拜谒,礼义之效,非益身之实也。"这就突出了"拜谒"的主语地位,"礼义之效"是肯定判断,"非……"是否定判断。原标点者没有弄清楚此句句法,所以把"拜谒礼义之效"整个地当作否定判断的对象了。

二年春正月,大将军[霍]光、左将军[上官]桀皆以前捕斩反虏重合侯马通功,封光为博陆侯,桀为安阳侯。(《汉书·昭帝纪》)

上面在"功"字后点断是不合语法的,因为那样一来,全句变成了

"大将军光、左将军桀……封光为博陆侯,桀为安阳侯",自己封自己显然与情理不合。其实,"封"字是前一句的谓语动词,用作被动,意思是"被封""受封",应当把"功"后的逗号移到"封"后边。前一分句表明两个人因为什么功劳而受封,后两个分句分别交代两人各为什么爵号。

> 问今是何世,乃不知有汉,无论魏晋。此人一一为具言,所闻皆叹惋。(陶渊明《桃花源记》)

以上是文学古籍社1956年《古文观止》本的标点,初看去似乎没有什么不对。但是,通过语法分析来检查,就会发现毛病。"所"这个称代性助词,跟动词"闻"的组合,指代"闻"的对象,即渔人闻知的汉和魏晋的情况,不可能指代"闻"这一行为的主动者——听渔人说话的村中人。原断句者不懂得"所"和"者"的用法不同,误将"所闻"属下当作主语。后一句应当如此标点:"……此人一一为具言所闻,皆叹惋。"就是说,"所闻"是动词"言"的宾语,"皆叹惋"的主语承上文隔句省略了。

> 夫王者有过,异见于国,不改;灾见草木,不改;灾见于五谷,不改,灾至身。(《论衡·异虚》)

国学整理社整理《诸子集成》本的如上标点,不符合原句结构之层次,因而读来费解。假设复句不用连词,在现代汉语里也并非罕见,在古代汉语里更是常见,特别是否定的假设,往往不用"如"

"若"等。原文标点者不明白"不改"是一种假设,等于说"如果再不改",因而把分号用错了。正确的标点应当是:"夫王者有过,异见于国。不改,灾见草木;不改,灾见于五谷;不改,灾至身。"这样一来,原句的结构层次就清楚了。

三、参考文意情理

有时,标点出来的句子表面看能讲通,但从句子本身或从上下文可以看出,那样标点所表达的内容或是本身就不符合情理,或是与上下文的意思相矛盾。因此,对于标点后的文句还要从情理上细心推敲,否则不易发现错误。例如:

> 使[王]谅收交州刺史修谌、新昌太守梁硕,杀之。谅诱谌,斩之。硕举兵围谅于龙编。(《资治通鉴·晋纪·永昌元年》)

上面是 1976 年版《资治通鉴》的标点。如在"梁硕"下断开,那么"杀之"已成事实。既成事实,修谌、梁硕二人已为刀下鬼,下文不该再说"谌,斩之"和"硕举兵"。可见,收捕杀害二人只是作为任务交代,并未成为事实。"梁硕"后边的逗号应当删去。

> 诸垒相次土崩,悉弃其器甲,争投水死者十余万,斩首亦如之。(《资治通鉴·梁纪·天监五年》)

按照以上标点,战败的兵士争着投水是为了寻死,这是不近情理的。兵士投水是为逃命,淹死并非出于自愿。"投水"之后应加逗号:"争投水,死者十余万……"

> 徐羡之起自布衣,……沉密寡言,不以忧喜见色;颇工弈棋、观戏,常若未解,当世倍以此推之。(《资治通鉴·宋纪·永初三年》)

这段标点有两处不合情理。首先,"工"是"擅长"之意,"颇工弈棋"讲得通,"颇工观戏"就不合情理,因为"观戏"无所谓工拙。其次,"未解"是"不理解""不懂"之意,前面说"颇工",后面接着又说"常若未解",前后矛盾。再说"当世倍以此推之",是推崇他"颇工",还是推崇他"常若未解"呢?其实,"观戏"是指观人弈戏,也就是看人下棋。自己"颇工弈棋",可是看别人下棋时不显露,这正是上文"不以忧喜见色"的具体说明,因此下文才说"当世倍以此推之"。这一句的标点应当改为:"颇工弈棋,观戏常若未解,……"

> 时人始而惊。中而笑。且排先生益坚。终而翕然随以定。(李汉《韩昌黎集序》)

这是国学基本丛书《韩昌黎集》的句读。这几句是说当时人对韩愈态度的转变,文中有"始""中""终"三个时间词表明。标点者把"且排先生益坚"读成一句,那就是说"时人排斥韩愈更加坚决",这显然跟作者的原意正相违反,而且上下文不相协调。正确的标点应当是:"时人始而惊,中而笑且排,先生益坚,终而翕然随以定。""笑且排",意思是"嘲笑而且排斥";"先生益坚",意思是"韩愈受到嘲笑和排斥以后,不但不气馁,反而更加坚定"。也正因为"先生益坚",时人无奈,所以"终而翕然随以定"。标点改正之后,文字脉络清楚,符合情理。

四、掌握古代文化知识

前面说过,标点古文要涉及多方面的知识,比如文字、音韵、校勘、文体、文化思想、典章制度等方面的知识。这里不可能一一讲到,只举与古代文化方面有关的例子来说明。

《史记·天官书》云:"牵牛为牺牲,其北河鼓。河鼓大星上将左右。"左右将,……

以上是人民文学出版社1962年版《苕溪渔隐丛话》后集的标点,结果使得全段的意思无法理解。唐张守节《史记正义》对此解释得很清楚:"河鼓三星,在牵牛北,主军鼓。盖天子三将军:中央大星,大将军;其南左星,左将军;其北右星,右将军。所以备关梁而据难也。"可见《史记》原文的意思是:牵牛星代表祭祀用的牺牲,它的北面是河鼓星。河鼓共有三颗星,其中间的大星代表上将,左右两星分别代表左右将。因此,正确的标点应当是:

《史记·天官书》云:"牵牛为牺牲,其北河鼓。河鼓大星,上将;左右,左右将。"

原标点者由于缺乏古代的天文知识,又不肯参看《史记正义》,单凭主观猜测,必然把句子点断得完全不可理解,甚至误把《史记》原文"左右将"三字放在引号之外。

> 国已屈矣,盗贼直须时耳。然而献计者曰:"毋动,为大耳。"(《汉书·贾谊传》)

杨树达《古书句读释例》引周寿昌说:"汉文时,尚黄老,以清静为治,故曰'无动为大'。不必截读。"意思是,汉文帝时,崇尚黄老学说,"毋动为大"正是无为而治思想的体现。把"毋动为大耳"一句中间断开,正反映了原标点者没有考虑到古代文化思想方面的情况。

> 故有所览,辄省记通籍。后俸去书来,落落大满。(袁枚《黄生借书说》)

以上是1961年1月23日《人民日报》所载一文的标点。过去考中了进士的,他的名字就上通到朝廷,叫作"通籍"。标点者不明了"通籍"的特殊意义,将它往上连句,致使"后俸去书来"一句没有着落。"省记"就是"记得",即把读的书记在脑子里。"通籍后,俸去书来",是说做官以后有俸禄可以买书了。

> 冬,十一月,初令郡国举孝、廉各一人,从董仲舒之言也。(《资治通鉴·汉纪·元光元年》)

汉时"孝廉"未尝分科。原标点者不知道汉代有关的典章制度,受下文"各一人"的影响,便将"孝廉"点断,误解为"孝"一人、"廉"一人。其实"各"字是分指"郡"和"国",意思是"郡、国各举孝廉一人"。

从以上四个方面的分析可以看出,标点古书确实不是一件容易的事情,不但现代人标点的古书常常有错误的地方,就是古代注疏家也有失误的时候。前面已经讲过,标点古书要求标点者具有广博的知识。当然,要求初学古文的人全面具备这些知识是不现实的。但是,我们可以努力掌握古代汉语各方面的知识,加强古文标点的训练,多读古书,多查资料,经常实践,不断提高阅读古书的能力,就不至于不会断句,也就自然会避免标点古文的一般性错误。

第三节 句法逻辑与古籍标点

对专书进行句法分析,愈来愈受到学者们的重视。这不仅是为了揭示该书所有的句法现象,为汉语语法史研究提供真实的资料,也是为了给今日的读者和有关领域的学者提供一个真实准确的文本。为了后一目的,在上述已经辨析的基础上,我们再以《盐铁论译注》(吉林文史出版社,1995)一书里的断句标点为例,集中提出来进行讨论。这是因为给古书加标点符号,不仅是表示语气的停顿与终止,而且要显示句子内部的结构层次与逻辑关系。为了追求学术的尊严,无论此项工作多么艰难,作为严肃的学者必定会正视此项工作。由于该书复句的问题牵扯到逻辑思维,因而有必要予以分类剖析。

一、并列复句

① 是以骡驴馲驼,衔尾入塞,駃騠騵马,尽为我畜,鼲貂狐貉,采旄文罽,充于内府,而璧玉珊瑚琉璃,咸为国之宝。(第19页)

② 宇栋之内,燕雀不知天地之高;坎井之蛙,不知江海之大;穷夫否妇,不知国家之虑;负荷之商,不知猗顿之富。(第56页)

③ 持规而非矩,执准而非绳,通一孔,晓一理,而不知权衡,以所不睹不信人,若蝉之不知雪,坚据古文以应当世,犹辰参之错,胶柱而调瑟,固而难合矣。(第188页)

④ 议者贵其辞约而指明,可于众人之听,不至繁文稠辞,多言害有司化俗之计,而家人语。(第328页)

稍稍诵读前二例就知道,此二例都是含有四个分句的并列复句,由于逗号用得过滥,致使各分句内部的主谓关系被切断了。如例①,"骡驴馲驼""駃騠騵马"是句中主语,"衔尾入塞""尽为我畜"是其谓语,其间之逗号应当删去。其余两个分句亦当如此,只不过第三分句之主语因包含四个名词语而稍长,可将中间的逗号改为顿号。再如例②,"宇栋之内"并非句中主语,可加逗号,而后三个分句的"坎井之蛙""穷夫否妇""负荷之商"皆为主语,其后都不必加逗号,句子里的三个分号也应当改为逗号。

例③逗号一路到底,几个句子显得支离破碎,根本就看不清其中的脉络。其译文就是没有理解原意的反映:"拿着圆规而否定曲尺,拿着水平仪而否定墨线,这是一孔之见,只懂得一个道理,而不知道全面比较衡量。因为自己没有看见,就不相信别人,这就好像蝉不知道有雪一样。顽固地死抱着古书上的道理并应用于当世,如同辰星和参星相错而行永远不能相遇,又像粘住瑟柱而去调琴瑟,当然声音很难合拍了。"(第189页)其实,该句前一半有三个连词"而",表明其前后为转折关系;接着两句有主要动词"若"和"犹",表明其前后为主语和宾语;末句之"固而难合"只是用来陈述"胶柱而调瑟"的,与前面两个比喻不相关涉。这几句构成一个句组,其语义中心是说明"偏执一端而不知权变"。正确的标点应当是:"持规而非矩,执准而非绳,通一孔晓一理而不知权衡。以所不睹不信人,若蝉之不知雪。坚据古文以应当世,犹辰参之错。胶柱而调瑟,固而难合矣。"

例④由于不当点断而点断,当点断而又不点断,致使译文错乱而不顺畅,如:"……不必玩弄烦琐的文字、多余的词藻,话太多妨碍官吏移风易俗的计划,这是家常话。"(第329页)其实"多言"与"繁文稠词"是结构相同、语义相似而连用,意在强调,不当点断,其逗号应移到"多言"之后。"而家人语"之"而"明明是顺承连词,无论怎么也不能翻译为"这是家常话","这"又指代什么呢?"而"前的逗号应当删去。经这么一改,脉络清晰,语义明确,原来这是一个并列复句,前两分句从正面说,后两分句从反面说。正确的译文是:"讨论问题看重言辞简约而旨意明确,适宜于众多人听取,不必啰里啰唆讲个半天,为妨害主管长官移风易俗的大计划而发泄平

二、顺承复句

⑤ 古者制田百步为亩,民井田而耕,什而籍一。义先公而后己,民臣之职也。(第134页)译文:"……人们按照井田制进行耕作,交税十分之一。养成先公而后私的品德,这是百姓大臣的职责。"(第135页)

⑥ 网漏吞舟之鱼,而刑审于绳墨之外,及臻其末,而民莫犯禁也。(第469页)译文:"你们的法网漏掉的是能吞下船的'大鱼',而刑罚却用在守法的人身上,对大罪犯只涉及细小的错误,这样,人们没有不犯罪的。"(第470页)

例⑤从译文看,原文在"什而籍一"之后标句号并非排版问题,而这样一来却割断了前后两句的联系。而且"义先公而后己"一句也并非"养成……品德"的意思。细察其文意,前四个分句是具体陈述古代"井田制"的措施,第五分句是予以概括,句首的"义"是名词直接做状语,意思是说"根据道义先种公田而后种私田"。这是先分后总的顺承复句。末一分句"民臣之职也"是对上述情况的判断,与以上五个分句合在一起又是按断复句。因此,其中句号应改为冒号或逗号。

例⑥对照原文,最后一句明显翻译反了,原句为"莫犯罪",是否定句;而译文为"没有不犯罪",是否定之否定的肯定句。之所以译错,显然是由于对这个复句没有进行句法分析,因而也就未能吃透其原意。所引这几句是"文学"反驳大夫一段发言的最后一个顺承复句。文学一开头即表明"天道好生恶杀,好赏恶罚",又说"古者明王茂其德教而缓其刑罚也"。因此,所引前两个分句绝不是说"你们的法网"如何如何,而是对"明王……缓其刑罚"的形象描述。其真正含义是:"网眼很大,让吞舟的大鱼漏出;审理罪犯,不拘泥于法律条文。等到最后,百姓就没有人违犯禁令了。"

三、按断复句

⑦ 丰年岁登,则储积以备乏绝;凶年恶岁,则行币物;流有余而调不足也。(第16页)译文:"丰收的年岁,就储积粮食以备饥荒;灾荒的年岁,就发行货币和财物,用积贮的物品来周济不足。"(第17页)

⑧ 昔秦常举天下之力以事胡、越,竭天下之财以奉其用,然众不能毕;而以百万之师,为一夫之任,此天下共闻也。(第59页)译文:"……然而终于不能完成任务;只是把上百万的军队让秦始皇驱使,这是天下人都知道的。"(第60页)

⑨ 十九年已下为殇,未成年人也;二十而冠;三十而娶,可以从戎事;五十已上为艾老,杖于家,不从力役,所以扶不足而息高年也;乡饮酒之礼,耆老异馔,所以优耆耄而明养老也。(第140页)

⑩ 言以道德为城,以仁义为郭,莫之敢攻,莫之敢入。文王是也。以道德为轴,以仁义为剑,莫之敢当,莫之敢御。汤、武是也。(第441页)译文:"……没有人敢来侵入。周文王就

是这样做的。……没有人敢抵御。商汤王、周武王就是这样做的。"(第442页)

以上标点、翻译皆有所失误,其原因在于对按断复句的句式和特点不了解。

例⑦包含五个分句,开头两个分句和当中两个分句各为一个假设句,说的是"丰年"如何,"凶年"如何。末一分句是就以上两个假设句进行总的判断,"流有余"主要是针对"丰年"而言,"调不足"主要是针对"凶年"而言。因此原文所标第二个分号当改为冒号。至于译文在第四个分句末标逗号,又把本来并列的"流有余而调不足"译作"用积贮的物品来周济不足",使得后三个分句与前两个分句并列,那就更不符合原文的层次和语意了。

例⑧实际上含有五个分句,"以百万之师为一夫之任"是一个分句,其间不应当点断,在这一点译文的处理是对的。整个来说,这是一个按断复句,前四个分句是按语,而末一个分句是断语。因此,句中的分号当改为逗号才是。

例⑨从"十九年"起,到"明养老也"止,共标了四个分号,把本来属于几个层面的句子看作一个并列的层面,这就完全弄混乱了。其实,两个"所以……也"的格式,即表明这是两个大句子,四个分号都应当改为逗号。就前一大句来说,"十九年","二十","三十","五十",共陈述四种情况,而最后一句之"扶不足"是针对"十九年"一句而言,"息高年"是针对"五十"一句而言,也就是说这"所以……也"一句是对前面所述四种情况的总括判断。因此,"不从力役"后之逗号当改为冒号,"息高年也"后之分号应改为句号。

例⑩是两个并列的按断复句,"文王是也""汤、武是也"的两个代词"是",即分别指代前文所说的情况。因此这两句前面的句号都应当改为逗号,标句号就割断了句子内部的逻辑关系。也就是说,这两个复句的前四个分句是按语,"文王是也"和"汤武是也"是其断语。

四、转折复句

⑪ 日者,淮南、衡山修文学,招山东儒、墨咸聚于江淮之间,讲议集论,著书数十篇。然卒于背义不臣……(第76—77页)

⑫ 故士修之乡曲,升诸朝廷,行之幽隐,明足显著。(第306页)译文:"所以读书人在偏僻乡村里读书,也能到朝廷来做官,隐居修身,做官扬名。"(第308页)

例⑪在"著书数十篇"一句之后标句号,对照译文亦如此,但是这样就切断了其间的转折关系。"然"后的"卒于背义不臣"云云,其主语显然承上一句之"淮南、衡山"而省略,两句之间的转折语意十分密切,"然"前的句号当改为逗号。

例⑫共含四个分句,细细体味,前两个分句与后两个分句各隐含一种转折关系,这从"乡曲"与"朝廷"语义相对,"幽隐"与"显著"语义相对上可以看出。上引译文显然不符合原文的句法和层次。此外,全句是说"士""修之""行之",说"士""升诸朝廷",怎么会"隐居修身"呢?这完全是误解误译。此例应当改译为:"所以士人学习在乡间,却提升到朝廷;修行时默默无闻,而出名时声势显赫。"

五、因果复句

⑬ 昔商君相秦也,内立法度,严刑罚,饬政教,奸伪无所容。外设百倍之利,收山泽之税,国富民强,器械完饰,蓄积有余。是以征敌伐国,攘地斥境,不赋百姓而师以赡。(第61页)

⑭ 名且恶之,而况为不臣不子乎?是以孔子沐浴而朝,告之哀公。陈文子有马十乘,弃而违之。(第78页)

⑮ 故因吴之过而削之会稽,因楚之罪而夺之东海,所以均轻重,分其权,而为万世虑也。(第78页)译文:"由于吴王……,楚王……,所以平衡诸侯的势要,分割他们的权力,这是为了万代子孙的深谋远虑。"(第80页)

例⑬说的是"商君相秦"时施政的结果,是一个完整的因果复句。开头一句点明时间和当事人,接着陈述"内"如何,"外"如何,最后用关联词语"是以"表明结果。而不知为何,《注译》一书的著者却在其内部加上两个句号,而且译文也如此处理,把"内……""外……""是以……"切成三个句子,使得"昔商君相秦也"这个分句与后面两句不相关联,这显然背离原意了。

例⑭问号之前是一个进层复句。其后是一个表明结果的并列复句,前一分句说"孔子"如何,后一分句说"陈文子"如何,"是以"这个关联词语直贯句末"弃而违之"为止。因此,当中的句号应该改为逗号或分号。看来,著者未能弄清复句当中的逻辑关系。

例⑮包含三个分句,表面看来,后一分句前有"所以",似乎前后为因果关系,其实不然。第一、第二两个分句前有"因",后有"而",各为因果句。第三分句前的"所以"是个结构,"以"为介词,"所"具有称代作用,称代前两个分句的"削之会稽"和"夺之东海",这正是"均轻重,分其权"的措施。正确的理解与译文应当是:"所以因吴王的过失而削去他的会稽郡,因楚王的罪过而夺去他的东海郡,以此来均衡权力的大小,分散地方的权势,而为千秋万代作长远考虑。"

六、假设复句

⑯ 今硁硁然守一首,引尾生之意,即晋文之谲诸侯以尊周室不足道,而管仲蒙耻辱以存亡不足称也。(第104页)译文:"如今你们见识浅薄而又固执,死守儒道,像尾生那样死不回头,在你们看来,就是晋文公……也是不值得称道的,管仲……也是不值得称赞的。"(第106页)

⑰ 故今自关内侯以下,比地于伍,居家相察,出入相司,父不教子,兄不正弟,舍是谁责乎?(第492页)译文:"所以如今……出入互相监督,做父亲的不教育自己的儿子,做兄长的不规劝自己的弟弟,不责备他的父兄还责备谁呢?"(第493页)

例⑯从译文看来,"今"译为"如今","即"译为"就是",又把后面两句译作否定句,因而不得不在其前加上"在你们看来"这个插说语。意思虽然大体不错,但原文的逻辑关系和强调语气却消失殆尽。其实"今"与"即"相配合,表明是一种假设关系,译成"如果……,那么……",就凸现了前后的逻辑关系。其次,最后两句是用语调表示的反问句,只要在句末标上问号,就能够把原意很好地表达出来,生硬地加上"在你们看来"一句是根本用不着的。

例⑰实际上是两个大句子,前四个分句为一句,说的是措施;后三个分句为一句,是对上述措施进行评论。因此"出入相司"之后应当标句号。后一句是个意合假设句,前二分句表示假设,后一分句用反问表示结果。如上引译文那样,一路逗号,又没加上假设连词,其脉络当然就看不清了。

第十二章　疑难例句与旧体诗词

第一节　疑难例句辨析

《马氏文通》是我国第一部具有科学体系的语法著作,它反映了文言语法结构的整体,具有求实的科学性、严密的逻辑性和一定的创新性。不仅如此,在引证和分析书例上也是极其丰富的。对此,已故著名语言学家吕叔湘在重印《马氏文通》之序言里就曾指出:"首先,《文通》收集了大量的古汉语例句,大约有七千到八千句。比它后出的讲古汉语语法的书好像还没有一本里边的例句有它的多。这些例句里边有不少,作者没有作出令人满意的分析,就是现在也仍然缺乏令人满意的分析。但是《文通》把它们摆了出来,而后出的书,包括我自己的,却把它们藏起来了。也许,为了教学的方便,不能不这样做,但是对于这门科学的进步,这种做法显然是不足取的。"

吕先生是非常严肃的语言学家。他的话,无疑对我们是一种鞭策。在多次研读和教学《文通》的同时,对那些疑难例句也曾尝试着进行分析。为了"这门科学的进步",我们不应该再"把它们藏起来",还是抛砖引玉为好。

《报任少卿书》:"彼观其意,且欲得其当而报汉。"以上下文言之,"彼"当太史公自谓,不应用"彼"字,而遍查各本,皆用此字,实无他书可为比证。未敢臆断,附识于此。(《文通》58 页)

按:此引文前有一大段文字描述李陵"奋不顾身,以殉国家之急"的情状,紧接着太史公写道:"仆窃不自料其卑贱,见主上惨怆怛悼,诚欲效其款款之愚,以为李陵素与士大夫绝甘分少,能得人死力,虽古之名将,不能过也。身虽陷败,彼观其意……"由上文可以推断,"彼观其意"之"彼"并非"太史公自谓",而确实是指李陵。再联系上面一段文字:"夫仆与李陵俱居门下,素非能相善也。趣舍异路,未尝衔杯酒,接殷勤之余欢。然仆观其为人,自守奇士……其素所蓄积也,仆以为有国士之风。"与"观其为人"相比较,"观其意"显然也是太史公推测之辞。因此,二十多年前在给本科生讲授这篇文选时,笔者曾经在当时所用教材即王力主编《古代汉语》第三册第906页之天头眉批道:"观其意——作者插入语。"如今想来,不仅古人行文有此章法,而且只有如此解释方能破解而顺畅。

《史记·游侠列传》:"今游侠,其行虽不轨于正义。然其言必信,其行必果,已诺必诚,不爱其躯,赴士之厄困。既已存亡死生矣,而不矜其能,羞伐其德,盖亦有足多者焉。""今游侠"三字单置于首,"其"字附于名以顶指焉,叠成数读,直至"赴士之厄困",然后续书"既已存亡死生矣"一句,上接"今游侠"之起词,犹复叠拖数句。句读起伏,声调婉转,最为可法。(《文通》60页)

按:《文通》是在论述接读代字(类似后来所谓关系代词)"其"时,引证以上书例并加以分析的。据《文通》之分析,"游侠"是起词(主语),紧接之"其"是接读代字,所谓"叠成数读",所谓"直至",所谓"然后续书",所谓"上接……起词"云云,都说明商务本根据《马氏文通校注》对该句的标点,不符合《文通》所做分析的本意,其中两个句号应改为逗号才是。今具体分析如下:

"游侠"是总冒在整个句子的主语,"既已存亡死生矣……亦有足多者焉"是其谓语。而具有接读代字"其"的部分"其行虽不轨于正义……赴士之厄困"整个是具有定语性质的结构,用来表明主语"游侠"是什么样的"游侠",其实质是主语"游侠"的后置定语。这是第一层面。

在谓语当中,"既已存亡死生矣,而不矜其能,羞伐其德"这个次要分句,和主要分句"盖亦有足多者焉"构成一个表示因果关系的复合句形式。也就是说,所引这个例句第一层面最重要的部分是:"今游侠……亦有足多者焉"。而"既已存亡死生矣"一句(读),与"不矜其能,羞伐其德"两句(读)又构成一个表转折关系的复句形式。这是第二层面。

在包含接读代字"其"的定语部分,"其行虽不轨于正义"一句(读),与"其言必信,其行必果,已诺必诚,不爱其躯,赴士之厄困"五句(读)又构成一个表示让步关系的复句形式,前有"虽",后有"而"。这是第三层面。而"其言必信……赴士之厄困"本身又是由五个并列的分句(读)所组成。这是第四层面。这个后置定语,就语义来说近似于表语,但是,由于全句结构上另有"既已存亡死生矣……亦有足多者焉"这部分做谓语,因而只能把它解释为"游侠"

的后置定语。

应当指出,以上分析是为顾全《文通》固有的语法体系,其中主要是把"其"看作接读代字(关系代词)。这里至少有两个问题:一是"接读代字"这个词类能否成立;二是单句里又包含所谓复句(形式)是否合理。《文通》所说接读代字只有"其、者、所"三个,"者、所"两个十分勉强,只有"其"一个比较合格。为了维护汉语语法体系的总格局,完全没有必要为一个"其"而建立一个词类。后来的古代汉语语法著作,一般也就不再设立"接读代字"或"关系代词"这个词类。如果不把"其"看作接读代字,那么上述分析也就失去了依据。

其次,正因为说单句包含复句不怎么合乎逻辑,在分析上述例句时才不得已而使用了"复句形式"这个名称。如果要避免这种不合理,对上述例句还另有一种分析方法,即把该句当作一个多层次的按断复句。"今游侠,……而不矜其能,羞伐其德"这个偏句是"按","盖亦有足多者焉"这个正句是"断","盖"即断语之形式标志。这是第一层次。在偏句当中,"其行虽不轨于正义……赴士之厄困",与"既已存亡死生矣,……羞伐其德"构成一个意念上的递进复句。这是第二层次。而"其行虽不轨于正义,然其言……赴士之厄困"是个转折句,"虽"与"然"前后呼应;"既已存亡……羞伐其德"是个递进句,其中有"而"连接。这是第三层次。在上述转折句中,"然"后"其言……,其行……,已诺……,不爱……,赴士……"又是五个分句并列;在上述递进句中,"而"后"不矜其能,羞伐其德"也是两个分句并列。这是第四层次。

《史记·屈原列传》:"人君无愚智贤不肖,莫不欲求忠以自为,举贤以自佐,然亡国破家相随属,而圣君治国累世而不见者,其所谓忠者不忠,而所谓贤者不贤也。"自"人君"起至"而不见者"止,皆一气呵成,而殿以"者"字,则句调略顿,以明以上诸句递相联属,而句意则推原其故也。(《文通》70页)

按:《文通》对所引该句之解说,实在说不上是结构分析,这大概就是吕先生所说的"作者没有作出令人满意的分析"一类的句子。不过,在引用该例句前,《文通》有个关于"者"的解说:"而句读之长者,或单以'者'字殿之,而并无所指者,亦以明其故也,则'者'字惟以提顿其句读已耳。"这就是说,上引例句中的"者"不是所谓"接读代字",而是表示"提顿"的"助字"。这样一来,该句当视为一个多重按断复句。"人君……而不见者"是按句,"其所谓……不贤也"是断句。这是第一层次。在按句中,"人君……举贤以自佐"与"然亡国破家……而不见者"构成一个转折复句,其间用转折连词"然";在断句中,连词"而"前后两个"所谓……"构成一个并列复句。这是第二层次。在表"按"的转折复句中,"人君……不肖"与"莫不……以自佐"又构成一个条件句,"无"即"无论"。"然"后"亡国破家……"与"圣君治国……不见"也构成一个并列句,当中的"而"即并列连词。这是第三层次。如果需要,也可以把"莫不欲求忠以自为,举贤以自佐"再分析为并列句,这就是第四层次了。

韩愈《淮西事宜状》:"今若分为四道,每道各置三万人。"犹云"每道应置各三万人","各"居宾次而先焉。(《文通》79页)

按：《文通》把"每、各"均列入"逐指代字"，且云："惟'每''各'二字，其用不同。'每'字概置于名先，'各'字概置于其后，间或无名而单用。"结合所举例句，如"各言尔志"，"各往往称黄帝尧舜之处"，"各自有时"，"不可者各厌其意"，"岁奉匈奴絮缯酒米食物各有数"等，"各"字均置动词之前，《文通》却一律把它们看作"宾次"，而且硬说"各置三万人"就是"置各三万人"，这显然是牵强附会，不合汉语事实。其实，"每"与"各"的区别有两点：一是"每"常用于体词前，表示指示（《文通》称为"偏次"）；"各"常用于体词后，表示复指，当视为"主次（主语）"。二是在语义上，"每"偏重于"统指"，"各"偏重于"分指"。所举"每道各置三万人"一例即当如此分析："每"置于名词"道"之前，用作定语，意在"统说"；"各"置于"道"之后，"置"之前，复指名词"道"，用作主语，意在"分说"。"统""分"之别，须细加体会。

《庄子·列御寇》："人者厚貌深情，故有貌愿而益，有长若不肖，有顺懁而达，有坚而缦，有缓而釬。"诸静字皆耦，而有对待之意，故以"而"字连之。惟"长若不肖"，犹言"有技而无能者"，用如两名，故以"若"字连焉。"若"者，及也。（《文通》119页）

按：《文通》是以此例证明连词"而"所连接的前后两项是静字（形容词），而"若"即"及"，其前后两项"用如两名"，即为名词。就一般而论，所言极是。但"长若不肖"一例却并非如此。细审《列御寇》原文即知，"人者厚貌深情"一句是总写，意谓外貌仁厚而内心却深沉,即如通常所言"人心难知"也。以下即从五个方面具体叙述其"厚貌深情"。"貌愿而益":愿,谨愿;益,俞樾云:"同'溢',溢之言骄溢也。"谨愿与骄溢,义正相反。"顺懁而达":顺,一本作"慎",顺通慎;懁,又音绢,与"狷"(应进而退)通;达,佻达。顺懁即拘谨,佻达即放纵,义正相反。"坚而缦":缦,缓也,慢之借字。坚强却惰慢,义亦相反。"缓而钎":钎,借为悍。舒缓却桀悍,义亦相反。再看"长若不肖":唐陆德明曰:"外如长者,内不似也。"清马其昶云:"若,犹而也。"此句谓形如长者而实为不肖。马建忠仅着眼于字而不着眼于词,未明此"若"通"而",因而视其前后两项为名词,殊不知"长"与"不肖"亦皆形容语也。

韩愈《荆潭唱和诗序》:"非性能而好之,则不暇以为。"犹云"不暇以作诗"也。"以为"二字煞句者,盖"为"之止词可蒙上也。(《文通》135页)

按:除此例以外,《文通》还列举其他不少句例,如"恭俭岂可以声音笑貌为哉""以银为钱""以唐为楚相"等,来证明其说:"'以为'二字,间有'以此作为彼者'之意,则'为'字不仅为断词,且为动字而有作用矣。"此说之成立须有一前提,即"以"是介词或动词,"以"后当有体词性词语,或者省略而能补出。上引"不暇以为"却并非属于此类。"为"如《文通》所云是动词,其后省略一名词或代词。但"以"却不是介词,其后补不出体词性词语。该"以"应看作连词,完全可以用"而"来替换,句式和语意丝毫不变。《文通》曾以"是故蓍之德圆而神,卦之德方以知"(《易·系辞》)为例说:"一用'而',一用'以',则'以''而'两字可通用之明证。"(119页)可见"不暇以为"即"不暇而为",也就是"不暇为之"。

> 韩愈《进学解》:"然而圣主不加诛,宰臣不见斥,非其幸欤!"其意盖谓"不为宰臣所斥"也,则"见斥"二字反用矣,未解。(《文通》164页)

按:《文通》是在论述"经籍中凡外动转为受动"的第四种格式,即"以'见''被'等字加于外动之前者"时,对上引例句之"见"的用法提出了疑问。这里体现了著者的实事求是的科学态度。其实,"见"用于外动词(及物动词)之前,除了表示被动以外,还有另外一种用意。就拿上引一句来说,首先,前两句之"起词"(圣主、宰臣)皆为施事而非受事,按马氏说法,"诛"和"斥"不是"受动字";其次,"圣主"和"宰臣"两句相对,"见"与"加"互文见义,"加"从来不表示被动,"见"在该句中自然也不表示被动。对这种用法的"见",孔颖达曾疏曰:"自彼加己之辞。"《文通》在分析"先生又见客"(《汉书·司马相如传》)一例时,也曾引某云:"'见'者,加于我之辞也。"(163页)由此可见,这种用法的"见"与"加"一样,具有抽象动词的意味,"加"即"加以","见"亦即"予以",而句中的"诛"和"斥"便是所谓"止词"(宾语)了。上引两句解释为"圣主不加以诛伐,宰臣不予以斥责",可谓简捷而又合理。表示被动的"见"用于外动词前,是助动词。上述用法的"见",因为与"加"互文,其动词义比较明显。如果单独使用,由于重新分析,把"见"后"斥"一类的词看作动词,那么"见"就意义虚化,极易被看作副词,即与"相"字类似。"宰臣不见斥",吕叔湘以此"见"近乎代词,表示动作行为的受事者是第一人称,"见斥"即"斥我"。(参《中国文法要略》)这也是再分析的结果。他如"见顾""见教""见信"等,就有多种分析:如果其主语是受事者,则可解释为"被照顾""受教导""被信任";如果其主语是施事者,既可解释为"予以顾眷""加以教导""予以信任",也可以解释为"顾眷我""教导之""信任我"。

　　《论语·卫灵公》:"志士仁人,无求生以害仁,有杀身以成仁。""杀",动字也,紧接"有"字,并未间以介字,则作"惟有"之解。犹云"志士仁人决不求生以害仁,惟有杀身以成仁而已"。"无"字作"不"字解者常也。(《文通》179页)

按:《文通》经常批评经生家随文作解。这里,释"无"为"决不",释"有"为"惟有",也是随文作解,与《文通》体系不合。《文通》于"约指代字"一节曾指出,其二"后乎名、代诸字而为其分子者,则常在正次,盖分子正次,分母偏次,乃约分之例也"(84页)。并举《汉书·高帝纪》"相人多矣,无如季相"为例云:"'无'者,于所相多人之中无人如季相者。"又举《孟子·告子下》"二王我将有所遇焉"为例云:"'有'者,二王中有一也。"同理,上引《论语》一例中的"无"和"有"也应当视为约指代字,分别为句中主语,"无"即"无人","有"即"有人",均复指"志士仁人"。

　　《汉书·贾谊传》:"夫移风易俗,使天下回心而乡道,类非俗吏之所能为也。""类"字疏作"皆"字,然解作"似"字,则辞意

> 较婉,亦无不可。(《文通》182页)

按:《文通》是在论述"其他同动字,为'似''类'等字"时,分析上引一例的。《文通》于"表词"一节曾指出:"凡以表决断口气,概以'是''非''为''即''乃'诸字,参于起、表两词之间,故诸字名断辞。"(129页)上引"类非俗吏之所能为也"一句之"类",正置于断辞"非"之前,就不应当视为同动字。其实,此"类"已经虚化为所谓"状字"。《文通》于"表词"一节论述"断辞"之后,曾举《贾谊传》"甚非所以安上而全下也"为例,并分析云:"'甚'亦状字,而'非''也'二字兼用者,盖此句表词乃'所以安上而全下'之读。'甚'字不能状读,则用'非'字以间之。"(132页)同理,"类"用于"非"之前,也应看作状字,用今日之语法术语来说,就是"语气副词"。"类非"意谓"似乎不是"。

> 《孟子·公孙丑下》:"不识王之不可以为汤武,则是不明也。"……"以"字司词,皆其句之起词也。如是,以"以"字为受动字,亦无不可,盖"以"字可作"用"字解。(《文通》185页)

按:《文通》在分析上引一例时,把此句与《万章下》"故君子可欺以其方"一例相提并论。稍加比较即可看出,这是两个不同的句子:"不识"后之"王之不可以为汤武"一读,"王"是施事者,"为"并非"受动字",其中"以"字是连词,与"而"字一样,用来连接助动词"可"与动词"为",此"以"不能作"用"字解;而"君子可欺以其方"一句,"君子"却是受事者,"欺"是受动字,其中"以"是介词,"其方"是其宾语(《文通》称为"司词"),此"以"才可解作"用"。《文通》说"以"之司词即句之起词,这是严重失误。查《孟子》原文可知,该句之起词当为"欺子产者",而"以"之司词却是"其方"。在分析其他几个例句时,也有类似的失误。这里就不再重复了。

　　《孟子·梁惠王下》:"王曰:'大哉言矣,寡人有疾,寡人好勇。'对曰:'王请无好小勇。'"犹云"请王无好小勇"也。夫"请"者,孟子所请之人,谓"王"也。所请之事,"王无好小勇"也。今"王"字先于"请"字,一若"王"为"请"字起词矣,故有以"王"为对呼之名者此也。是则"王"字当为一顿。至如"王请勿疑""王请度之""王请大之"等句,皆此例也。(《文通》215页)

按:《文通》引此例之前云:"'请'字之后,其承读起词如为所请之人,往往置先'请'字,有解为所呼之名者非是。"其中前一层所概括的规律,无益于句法分析;后一层所说"解为所呼之名非是",其判断正确。就此类例句而言,"王"当为起词(主语),不应视为"请"之止词而前置。"请"置于起词和语词(谓语)之间,即由动词虚化为副词,与古籍中用在动词前的"敢""窃""愚"等相似。按照《文通》之体系,此类当称为"状字"。其"状字假借"一节即云:"状字本无定也,往往假借他类字为状字者,然必置先于其所状。"(229页)其中有一条就是"有假借动字为状字者",所举例如"立诛之""生拘石乞""动欲慕古"等。(230页)《文通》所谓"假借",大多相当于今日所说的"引申"和"虚化"(语法化)。"请、敢、窃"一类用作副词,都是表示某种尊敬和谦让的情态。

> 《战国策·齐策》:"无齐,虽隆薛之城到于天,犹之无益也。""犹之"云者,犹云与上文鱼失水比,犹无益也。"之"字不为义,故"犹之"亦状语也。(《文通》245页)

按:《文通》视"犹之"为"状语(即状字)",又以为"之"字"不为义",极是。但在具体分析"犹之无益"之"犹之"时,却过于坐实。此前,《文通》在列举若干例句之后云:"所云'上之''次之''外之''下之',皆以历数地位,列为状语,则诸'之'字无解而有解矣。"说"之"有解,至于如何解释并未说明。其实,上述诸"之"皆衬音助词,仅起凑足音节作用。如"犹之无益"即"犹无益","犹"是副词"依然"的意思。上引《齐策》一例,前有"虽",后用"犹之"配合,正是让步复句的表达格式。

> 《庄子·养生主》:"技经肯綮之未尝,而况大軱乎!""未尝"两字,所以状"经"字也,今后置焉,犹云"技未尝经乎肯綮"也。或云"技经肯綮者未尝也",亦通。则"未尝"两字,用如表词,而"技经肯綮"则为读矣,亦无不可。(《文通》253页)

按:《文通》以为"未尝"是状动词"经"而后置,这是主观推测,古籍并无此种句法,因而找不出第二例来。俞樾云:"郭注以'技经'为'技之所经',殊不成义。'技经肯綮'四字,必当并列。《释文》曰:'肯,著骨肉也。綮,司马云'犹结处也'。是'肯綮'并就牛身言,

'技经'亦当同之。'技',疑'枝'字之误。……枝谓支脉,经谓经脉。枝经,犹言经络也。经络相连之处,亦必有碍于游刃。庖丁惟因其固然,故未尝碍也。"(转引自《庄子集解》第121页)如此,"技[枝]经肯綮"为四名词并列,"未"是否定副词,"尝"即尝试,为动词。依《文通》体系,"尝"是语词,"技[枝]经肯綮"是止词而先置,当中间以"之"字。这才是古书中常见的句法。《文通》于"之字之用"一节亦曾言及:"凡止词先乎动字者,倒文也。如动字或有弗辞,或为疑词者,率间'之'字,辞气确切者,间参'是'字。"(251页)并举《论语·里仁》"古者言之不出"为例,析曰:"'古者'句之起词,'不出'其坐动也,'言'则'出'之止词也。今止词先置,而'出'为'不'字所状,故间'之'字以明焉。""技经肯綮之未尝",其结构与此相同。《文通》也曾论及:"至介字后司词,间亦先置而参以'之'字者。"但所举例都是"之"置于先置司词与介字之间,而动字皆在介字之后,除《养生主》此例以外。

> 《孟子·万章上》:"晋人以垂棘之璧与屈产之乘,假道于虞以伐虢。"第一"以"字司名字,解用也。"以伐虢"者,"伐"外动字,"虢"其止词,皆为"以"字所司,今后乎"假"字者,以言所为"假道"也,即假道之初意也。此"以"字以联先后动字之法,见于书者,所在皆是。(《文通》263页)

按:《文通》视后一"以"为介词,因而说"伐虢""皆为'以'字所司"。可是后面又说,"此'以'字以联先后动字之法"。这显然有些矛盾。"司"即支配,受介词支配的当为体词性词语。"以伐虢"之"伐虢"

是外动字带止词,即今之所谓"述宾词组",其前之"以"即无支配作用,唯有连接作用。因此,此"以"已经虚化为连词,其作用正如后来所说的"以联先后动字",其语意亦如所云"以言所为",即表示前一行为之目的。《文通》于分析此例之前亦云,此类"'以'字间有可省者"。"介字"一般不能省略,而"连字"则可用可不用。

> 《史记·匈奴列传》:"愿寝兵,休士卒,养马,除前事,复故约,以安边民,以应始古。"……所引"以"后散动字,皆言其前动字之所向也。(《文通》263页)

按:《文通》对此例的分析并未失误,只是将此例和《淮阴侯列传》"解衣衣我,推食食我"一例相提并论,并云"今省'以'字",这就把不同结构的句子相混淆了。"以安边民,以应始古"里的两个"以",与上例"以伐虢"的"以",二者性质并不相同:后者是连词,可用"而"替换,说成"假道于虞而伐虢";前者是介词,两个并列使用,不可用"而"替换,也不能省略。"以安边民,以应始古",两个"以"之后皆省略代词"之",称代上述"寝兵,休士卒,养马,除前事,复故约"五事。如果省去两个"以","安边民""应始古"即与以上五事并列,极易引起误解。《文通》接着在分析大量例句后说:"诸'以'字后司词,皆蒙上文而不书。"可见介词"以"后省略宾语是一般规律。至于"解衣衣我,推食食我"两句,并非省去介词"以",而是未用连词"而"或"以"。这是应当加以辨析的。

> 《庄子·田子方》:"丘之于道也,其犹醯鸡与?微夫子之

发吾覆也,吾不知天地之大全也。""微夫子"者,"非夫子"也。《论语·宪问》"微管仲",马注云:"微,无也。"未确。《汉书·赵充国传》"微将军,谁不乐此者",如云"无将军"则失之矣。(《文通》275页)

按:《文通》于分析上引一句前云:"'微',非也。介字,惟司名字,置句前则为假设之辞。"说"微"是介词而"惟司名字",并不符合古代语言事实。"微管仲""微将军",其后是名词;但是,所引《田子方》"微"后并非所谓"名字",而是"夫子之发吾覆"一读,即今之主谓词组。可见,"微"不是介词,而是同动词。马融释"微管仲"之"微"为"无",极是。即使如《文通》释"微"为"非",也并非"介字",当归入"断辞"。《文通》在论及"表词"一节时即云:"凡以表决断口气,概以'是''非''为''即''乃'诸字,参于起、表两词之间,故诸字名断辞。"所举例如《孟子·公孙丑上》"今人乍见孺子将入于井,皆有怵惕恻隐之心……非恶其声而然也"。接着指出:"后三句起词蒙上,故'非'字反决,其后三读皆为表词,煞以'也'字,辞气更为切实。"(129页)上引《田子方》一例之"微",与此例之"非"用法完全相同,应视同一律。而且,"微"无论释作"无"还是"非",本身并不表示假设;其假设之意,是由上下两句之关系显示出来的。《文通》在论述"提起连字"一节时,也曾提到:"且假设之词,有不必书明而辞气已隐寓者。"(279—280页)如果加上连词,其假设之意则更明显。如上二例:"若非夫子之发吾覆也,则吾不知天地之大全也。""若无将军,谁不乐此者。"

《礼记·大学》:"心诚求之,虽不中不远矣。""心诚求之"者,设辞之读也。"虽不中"者,跌进一步也。"不远矣"句,则折收矣。(《文通》319页)

按:《文通》对上引例句的分析,虽然大体不差,但毕竟有些含混。特别是把此类例句放在"若""苟""诚"等诸"假设之辞"里论述,似乎有些不伦不类。其所以如此,主要是因为马氏当时尚未树立复句尤其是多重复句的观念。即如《大学》一例,就是一个二重复句:"心诚求之"与"虽不中不远"为假设复句,"诚"即所谓"假设之辞",这是第一层次;"虽不中"又与"不远"构成让步句,"虽"即所谓"拓开跌入之辞"(316页),这是第二层次。又如所举韩愈《上张仆射书》:"苟如是,虽日受千金之赐,一岁九迁其官,感恩则有之矣,将以称于天下曰知己知己,则未也。"这是一个多重复句:"苟如是……"与"感恩则有之……则未也"构成一个大的假设复句,这是第一层次;"虽日受……迁其官"与"感恩则有之……则未也"构成一个让步复句,这是第二层次;"感恩则有之矣"与"将以称于……则未也"又构成并列复句,这是第三层次;其中,"将以称于天下……"与"则未也"又是一个小假设句,这是第四层次。

《左传·昭公七年》:"匹夫匹妇强死,其魂魄犹能凭依于人,以为淫厉,况良霄,我先君穆公之胄,子良之孙,子耳之子,敝邑之卿,从政三年矣。郑虽无腆,抑谚曰'蕞尔国',而三世执其政柄。其用物也弘矣,其取精也多矣,其族又大,所凭厚矣,而强死,能为鬼,不亦宜乎!"此节"况"字后四用"矣"字,一用"虽"字,皆读也,直至"能为鬼不亦宜乎",方上接"况"字之句。如此长句,如不将"能为鬼"提明,则辞气不贯矣。(《文通》321页)

按:以上一节,商务标点本分作三句;而据《文通》分析,所谓"四用'矣'字,一用'虽'字,皆读也",所谓"直至'……不亦宜乎'方上接'况'字之句",显然是视为一句;而杨伯峻《春秋左传注》中标成两句,即把"执其政柄"后之句号改为逗号。我们认为,在上述三种断句中,标成两句更符合原文的结构和语意。细加揣摩,"匹夫匹妇强死……以为淫厉"这一偏句,与"况良霄……从政三世矣"这一正句,构成的是一个进逼复句,其间有连词"况"为标志,句末"矣"后应标问号。《文通》以为,"能为鬼不亦宜乎"上接"况"字之句,并说"'况'字后句长者,有将为所比者说明以足辞气者",所举唯上引一例。其实这是误解。除此例以外,其余16例(320—321页)均未出现"为所比者"。正如上面所分析的,"况"只贯到"从政三年矣"为止。《文通》在解说《左宣十二》"困兽犹斗,况国相乎!"一例时即云:"'况'字后但有'国相'一名字,并无动字相续,似不成句。不知'况'字后凡为所比者,概皆不言而喻。"(320页)此一规律,完全符合汉语之实际。再看《昭公七年》那个例句,如果简化成:"匹夫匹妇强死……犹能凭依于人,况良霄乎",岂不跟"困兽犹斗,况国相乎"完全一样?对这两个进逼复句,都可以用上《文通》的解说:"'犹'字低一层比,'况'字跌入有势。"(320页)所不同的,只是《左昭》一例之偏句和正句都比《左宣》一例层次复杂。若要再分析,其偏句又是个承接复句,而其正句又是个意合的递进复句。如果给这个递进复句加上相应的连词,那就是:"况良霄,不仅为我先君穆公之胄……而且从政三世矣。"其未说出之"所比者"是:"况良霄,其魂魄更能凭依于人。"至于"我先君穆公之胄,子良之孙,子耳之子,敝邑之卿",自然是四个偏正词组共同做表语。

现在再来分析后面一句:"郑虽无腆,抑谚曰'蕞尔国'"是一偏句,"而三世执其政柄……不亦宜乎"是一正句,"虽"与"而"呼应,自然是转折复句。"曰"后原标逗号,应当删去。"政柄"后之句号,应当改为逗号。该转折复句之正句,又是一个意合的因果句,如果也加上相应的连词,那就是:"因为三世执其政柄……所凭厚矣而强死,故能为鬼,不亦宜乎!"这个因果句的偏句,其层次也比较复杂,为节省篇幅,就不再往下分析了。即使这样也可以看出,"能为鬼不亦宜乎"一句,并非直接上面一句的"况"。这明显是两个独立的长句子,不过在语义上后一句补充前一句而已。

《汉书·匡衡传》:"宜遂减宫室之度,省靡丽之饰,考制度,修外内,近忠正,远巧佞,放郑卫,进雅颂,举异材,开直言,任温良之人,退刻薄之吏,显洁白之士昭无欲之路,览六艺之意,察上世之务,明自然之道,博和睦之化,以崇至仁,匡失俗,易民视,令海内昭然咸见本朝之所贵。"排行语词共计十八顿,同上。(《文通》405—406页)

按:所谓"同上",即上面所云:"既曰语词,即句读矣,何以'顿'为?盖单行语词之为句读也,固矣。有时语词短而多至三四排者,诵时必少住焉,此其所以为顿也。"(405页)同样是"语词"(指动词性谓语),单行为句读,排行则为顿。设立两个标准,这对析句不利。如果同样看作"句读",就径直把上引例句看作多重复句。其偏句是:"宜遂减宫室之度,……博和睦之化",这是叙述手段;其正句是:"以崇至仁……令海内昭然咸见本朝之所贵",这是表明目的。这个多重目的复句的偏句,如果不考虑具体内容,其本身只是一个由十八个述宾词组(分句,《文通》所谓"读")构成的承接复句。这个多重复句的正句,又是一个二重复句:"崇至仁,匡失俗,易民视"是其偏句(该偏句本身是一个承接句),"令海内昭然咸见本朝之所贵"是其正句,二者也构成一个目的复句。要注意的是,其中"以"是连接大的目的复句的连词,"令"这个动词是小的目的复句的语词。

《孟子·滕文公上》云:"孔子曰:'君薨,听于冢宰,歠粥,面深墨,即位而哭。'""歠粥"两字,"面深墨"三字,间于句中,非起词,非语词,惟言谅阴之容。又"歠粥"者,外动与止词也,而"面深墨"者,则名字与其表词也,似读非读,与上下文无涉也。无可强名,故谓之顿,视同状辞耳。(《文通》409页)

按:《文通》云:"凡有起、语两词而辞意未全者曰读。"据此界说,"面深墨"当为"读"。又据其分析《史记·孔子世家赞》:"余读孔氏书,想见其为人。适鲁,[言地之读,以表所观之地,状读,故先焉]观仲尼庙堂车服礼器,[此言所观之器]……当时[读,言时]则荣,没[读,言时]则已焉。"(方括号内皆为《文通》所云)可见,省略起词之"适鲁""观仲尼……礼器""当时""没"皆为"读"。同例,上引"歠粥"亦当为"读"。再从文意来看,"听于冢宰""啜粥""面深墨""即位而哭"四读,都是陈述"君薨"之后,嗣君"谅阴"(守孝凶庐,义为尽孝)期间节制自己言行仪容的事项。如此,无论就结构还是文意而言,怎么能说是"似读非读,与上下文无涉"而"视同状辞"呢?上引孔子所说,是一个二重顺承复句:"君薨"与"听于冢宰……即位而哭"是第一层次;"听于冢宰,……即位而哭"是第二层次,其起词"嗣君(太子)"省略。

第二节　旧体诗词解读

旧体诗词的讲解要不要进行语法分析?这在旧体诗词的教学和欣赏中可能意见有些分歧。有一种意见,认为旧体诗词有其自身的特点,一进行语法分析,其意境即遭到破坏。其实这是一种似是而非的见解。我们认为,要提高旧体诗词的教学水平和阅读欣赏水平,旧体诗词的分析理应讲点科学,即做些必要的规律性的语言分析。至于诗词的意境,绝不是脱离语言组织规律而单独存在的某种空灵的东西。诗词的意境,是通过锤字炼句、增强节奏、调整语调,特别是锤字炼句而创造出来的。"诗言志",按照古代汉语的语法规则遣词造句以表达思想感情,这在诗人词客和一般散文作家应该是一样的。若有不同,那只是由于诗词格律的限制,诗人词客驰骋语言的天地比起一般散文作家来显得狭窄些,因而也允许自由些。就是说,诗人词客可以较多考虑诗词格律而较少顾及语法规则。唯其驰骋自由,尤需语法分析。后面的实例证明,对旧体诗词适当地进行语法分析,能使人更清晰地理解诗词的原意,从而把握诗人词客所创造的形象和意境,不至于让人雾里看花而有朦朦胧胧之感。可以说,进行必要的语法分析,是引导读者进入诗词意境的捷径。

一、句子的省略和紧缩

旧体诗词的特点之一,是要在有限的字数里表现出极丰富的思想内容。这就不能不力求语言特别简洁,凡可省而对语意表达无重大影响的词语一概省去。诗词里的此种现象比散文显得复杂而特殊。如果不懂得和不掌握旧体诗词中的成分省略和句子紧缩的特点,往往不容易确切地把握住作者表达的思想感情,造成一些理解上的障碍。试看下列诗句:

① 南山晴有雪,东陌霁无尘。(储光羲《秦中送人》)
② 千金纵买相如赋,脉脉此情谁诉?(辛弃疾《摸鱼儿》)
③ 山河破碎风飘絮,身世浮沉雨打萍。(文天祥《过零丁洋》)
④ 感时花溅泪,恨别鸟惊心。(杜甫《春望》)
⑤ 数间茅屋镜湖滨,万卷诗书不救贫。(陆游《暮春》)
⑥ 故国犹兵马,他乡亦鼓鼙。(杜甫《送远》)
⑦ 何方可化身千亿,一树梅花一放翁。(陆游《梅花绝句》)

例①前句是从"晴"和"有雪"两个方面写"南山",后句是从"霁"和"无尘"两个方面写"东陌"。其间各省一连词"而",前者表示转折关系,后者表示补充关系。例②是辛词下阕的两句,写"自己"在当政者压抑下的苦闷和愤慨。下一句的"谁"并非"诉"之主语,而是"诉[说]"的有关对象;"谁"之前省去"向"。例③前句实际是写"山河破碎",后句实际是写"身世浮沉","风飘絮"和"雨打萍"不过是分别用来比喻前面所说的两种情况的,其前各省去一个联系动词"如"。例④两句,"溅泪"的既非"花","惊心"的亦非"鸟";其意当为"见花溅泪""闻鸟惊心",是诗人所见所闻的感受,只是由于字数的限制而将两个主要动词都省略了。例⑤后句不是说"万卷诗书"不来"救贫",而是说"不能"解救自己的贫困。此一"能"在散文绝不可省,因为加"能"与否,意思大不相同;而在诗词则可省,因为诗词字数的限制,可以让读者自去领会。例⑥由"犹""亦"两副词可知,两句中的谓语动词已省去,意思是说:故国犹受兵马之乱,他乡亦闻鼓鼙之声。省去的谓语动词大多是动作性不强的,可补出的动词也并非一个,如前句除"受"以外,"遭""患""有"诸动词皆可安上而意思不变。同样,例⑦后一句亦省一动词。"一树梅花"之后可补者甚多,诸如"分""立""置""伴"皆可。由以上分析可以看出,为了准确地理解诗词的原意,有必要掌握旧体诗词的这个特点,然后把省去的虚字或实字补足。

有时,仅靠省略也不足以表达丰富的思想内容,这就不得不借助紧缩的方法,即把一个复句压缩成一个单句的形式。例如:

① 青惜峰峦过,黄知橘柚来。(杜甫《放船》)
② 香雾云鬟湿,清辉玉臂寒。(杜甫《月夜》)

例①由诗题可知,此两句写行船沿岸所见。"青惜"和"黄知"均非主谓关系,上下两句皆为复句,意谓:"见青色,则惜峰峦过;望黄色,则知橘柚来。"原诗句不单省去虚字,还省去了实字(句中谓语动词)。按句法,两句应为"上一下四"格式。例②全诗是写作者在战乱中的长安,想象他妻子在鄜州家里独自对月思念他的情景。所引两句是该诗的颈联:"云鬟湿""玉臂寒"各为主谓词组,"香雾"和"清辉"是写月夜之景,其谓语省略。其意谓:香雾弥漫,把妻子的鬟发都打湿了;清辉笼罩,使妻子的手臂也感到寒冷。短短两句十字,要表达如此复杂的内容,诗人自然不能不紧缩其句了。

我们再看毛泽东的《七律·长征》。这首旧体诗的颔联和颈联值得细细玩味:"五岭逶迤腾细浪,乌蒙磅礴走泥丸。金沙水拍云崖暖,大渡桥横铁索寒。"先看颔联。"逶迤"和"磅礴"是互文见义,即"五岭""乌蒙"皆"逶迤而磅礴"。这层意思同"腾细浪""走泥丸"显然不相协调:"逶迤""磅礴"分别作"五岭"和"乌蒙"的谓语,是写高山峻岭的态势,是往大处说;而"腾细浪"和"走泥丸"是就爬山越岭的红军的感觉来抒写的,是极力往小处说。原来前者是实写,后者是虚写。由于字数的限制和对仗的需要,作者把高山峻岭的形势和爬山越岭的感受这两层意思分别压缩在上下两个句子里写了。其原意是说:五岭纵然逶迤,但在红军眼里却仅像腾跃的细浪;乌蒙尽管磅礴,但在红军脚下却只是跳动的泥丸。使用此种紧缩了的让步复句,不仅能表达极为复杂的内容,而且有映衬,有抑扬,深得高下相形之妙。

再说颈联。由于对这两句的语法结构未做确切的分析,对这两句的意义也就有不同的理解。有人将此两句解释为:"金沙水拍云崖,云崖暖;大渡桥横铁索,铁索寒。"这是认为"暖"和"寒"各承前句而省略了主语。又有人以为这两句本应作:"金沙水拍暖云崖,大渡桥横寒铁索。"也就是认为"暖"和"寒"是两个修饰语而倒置于中心词之后。还有人把这两句的语法结构分析为:"金沙水拍云崖——暖,大渡桥横铁索——寒。"即认为"暖"和"寒"分别是两个句子的谓语,而"金沙水拍云崖"和"大渡桥横铁索"都是主谓结构做主语(参见张涤华《毛主席诗词小笺》)。上述三种分析虽然也能讲得通,但终究使人感到有些牵强。我们认为,这也是两个紧缩了的复句:"金沙水拍云崖"和"大渡桥横铁索"都是写实景,即从正面描写两处天险;而"暖"和"寒"却是写人的感受,是写前面两种场面给亲历其境的人留下的印象。通过这一"暖"一"寒"的不同感受和印象,从侧面巧妙地衬托出长征途中所遇到的两种异乎寻常的困难和惊心动魄的感受,以及红军战胜此天险的艰辛和壮烈。

二、名词语的排列

在旧体诗词里,我们经常看到有些句子根本没有充当谓语的动词和形容词,而仅仅排列着几个名词或名词性的词语。这并不是谓语给省略了,因为在这样的句子里,你很难补出谓语来。实际上,作者是把并列的几个名词或名词性词组当成表达某个内容的句子。例如:

① 七八个星天外,两三点雨山前。旧时茅店社林边,路转桥溪忽见。(辛弃疾《西江月·夜行黄沙道中》)
② 银烛秋光冷画屏,轻罗小扇扑流萤。(杜牧《秋夕》)

③ 细草微风岸,危樯独夜舟。(杜甫《旅夜书怀》)
④ 千里莺啼绿映红,水村山郭酒旗风。(杜牧《江南春绝句》)

辛弃疾那首词的前三句里没有一个谓词,只是用轻快活泼的笔墨排列着六个名词。如果说"七八个星"和"两三点雨"这两个名词性的数量词组,对"天外"和"山前"这两个名词性词组还有描写作用的话,那么第三句纯粹是两个名词性词组的排列,它不过是和前两句合起来描写渐渐黎明的景象,给人以十分恬静的感觉。《秋夕》那首七绝是写宫中秋怨,首句排列着三个名词性词组,以典型的事物描写了秋景,较好地表现了宫中寂寞的情景。无怪乎蘅塘退士评论道:"层层布景,是一幅着色人物画。"杜甫的那首诗为作者因解职离成都,乘舟至重庆时所作,所引两句描写舟船所至的两岸情景:日间所遇无非"细草微风",夜间所见无非"危樯独舟"(句中"夜""舟"二字互换是为叶韵),衬托出作者奔波不遇的心情。最后一例的后一句,诗人精心安排四个名词语,因为它们极具代表性,便给读者勾勒出一幅江南春光图:水边的村落,山上的城郭,酒店高挑的旗帜迎风招展。

以上四例足以说明,诗人词客喜用此种句式来描写景物。这就如同今日的电影剧作家用粗大的笔触描写场景一样。不仅如此,此种句式还常常被用来点明时间、地点或节令:

① 江水长流地,山云薄暮时。(杜甫《薄暮》)
② 嗟君此别意何如?驻马衔杯问谪居。巫峡啼猿数行

泪,衡阳归雁几封书。(高适《送李少府贬峡中王少府贬长沙》)

③ 早岁哪知世事艰,中原北望气如山。楼船夜雪瓜洲渡,铁马秋风大散关。(陆游《书愤》)

例①前句点明地点,后句点明时间,用的都是名词语排列的句式。例②高适的那首七律是送两人贬谪,所以首联提出"意何如""问谪居"颔联便两两分写:出句排列三个名词语,以巫峡猿啼的现成典故来切李少府去峡中;对句亦排列三个名词语,以衡山回雁峰的景物来切王少府去长沙。当然,由于作者的匠心独具,此联不仅点明了两人的去地,而且烘托了送别的气氛。例③是《书愤》这首七律的前四句,首联总写诗人自己早年收复失地的雄心壮志,颔联以当年两次军事行动的回忆来表现"中原北望气如山"。颔联两句各排列三个名词语:"楼船"和"铁马"点明是军事行动,"夜雪"和"秋风"分别点明这两次军事行动的时间和节令,"瓜洲渡"和"大散关"分别点明这两次军事行动的地点。

三、语序的更动

在古代散文中,词语的顺序一般比较固定,语序的更动也大多是有条件的,是有规律可循的。可是在旧体诗词中,语序的更动却比较自由,大多是由于诗词格律(字数、声韵、对仗)的限制,作者便有意识地将语序做了调整。例如:

① 白日依山尽,黄河入海流。欲穷千里目,更上一层楼。(王之涣《登鹳雀楼》)

② 秋草独寻人去后，寒林空见日斜时。(刘长卿《长沙过贾谊宅》)

③ 故国神游，多情应笑我，早生华发。(苏轼《念奴娇·赤壁怀古》)

④ 清时有味是无能，闲爱孤云静爱僧。(杜牧《将赴吴兴登乐·游原一绝》)

⑤ 八百里分麾下炙，五十弦翻塞外声。(辛弃疾《破阵子·为陈同甫赋壮词以寄之》)

⑥ 千古江山，英雄无觅孙仲谋处。(辛弃疾《永遇乐·京口北固亭怀古》)

⑦ 永忆江湖归白发，欲回天地入扁舟。(李商隐《安定城楼》)

例①是大家熟知的王之涣的绝句，前二句是写景，用的是白描手法；后二句是叙事，寓有一种富于哲理的思想。其实，按正常的语序，第二句本为"黄河流入海"（"流"是句中主要动词），第三句应是"目欲穷千里"（"目"是句中主语，"千里"并非"目"之修饰语）。前者是为了要跟末句的"楼"叶韵，便把"流"移于句末；后者是为了增强诗句的节奏感，也是为了对仗，才将"目"置于句末。

例②系刘长卿《长沙过贾谊宅》一诗之颔联。细玩文意，"人去后"和"日斜时"都是句中表明时间的词语；"独寻"的是"春草"，写俯看之景；"空见"的是"寒林"，点仰望之景。原意实为："人去后独寻秋草，日斜时空见寒林。"诗人之所以必须更动正常的语序，显然是从全诗的韵脚、颔联的平仄和句法的协调来考虑的。

例③是苏轼的《念奴娇·赤壁怀古》。"故国神游"实际是"神游故国","多情应笑我"当作"应笑我多情"。但是,按照"念奴娇"这个词牌的格律,第一句前两字应为仄声,后两字应为平声;第二句前两字应为平声,后三字应为仄声。正是为了适应这种平仄的需要,诗人才做了如上调整的。

例④是杜牧《将赴吴兴登乐游原一绝》的前两句。第二句并不是说"闲时爱孤云,静时爱老僧",这显然说不通,而是说"爱孤云之闲适,爱僧人之清静"。这才是前一句"清时有味"之心情的具体描写。诗人之所以把"闲"和"静"安置在两个"爱"之前,除了平仄的考虑之外,主要是为了使得"僧"能跟此绝末句的"陵"叶韵。

例⑤是辛弃疾《破阵子·为陈同甫赋壮词以寄之》一词的三、四两句。后句的"五十弦"泛指乐器。因为符合"主—谓—宾"的正常语序,此句一读即懂。前句则不然,除了查明"八百里"是用典,用来指"牛","麾下"即军队以外,还得按语法规则细细思索。那么,此句各词语之间的关系如何呢?分析时可以从句中的动词入手。"分[食]"的是"炙","分炙"的主语自然不是"八百里",而是"麾下",而"八百里"(即"牛")原是"炙"的修饰语(意谓"烤熟的牛肉")。为了要同下一句对仗工整,作者不仅苦心孤诣地寻得"八百里"这个典故,把它放在句首,又将本应居于主语位置的"麾下"移至"分"之后。

例⑥是辛弃疾的另一首词——《永遇乐·京口北固亭怀古》的开头两句。第二句如果不进行语序上的再调整,句意则难以理解得准确。同样,我们可以从句中动词入手来分析。"觅"的是谁?当然是"觅""孙仲谋"。"孙仲谋"是何许人?联系全诗内容来看。

"英雄"即指"孙仲谋"。再联系第一句"千古江山"来看,第二句的意思自然是:"无处寻觅英雄孙仲谋。"但是该词牌的这一句要求头两个字是平声,接着两个字是仄声,其余四个字为平仄交错。诗人写成"英雄无觅孙仲谋处",正符合这平仄的要求。

例⑦是李商隐《安定城楼》一诗的颔联。前句的"归白发"本应作"白发归",只是为了能切合平仄的规定,才将"归"这个平声字移至两个仄声字"白发"之前。这里要指出的是,为了适应诗词格律的要求,不仅句子里的词序要更动,而且句子与句子之间的次序有时也要进行适当的调整。即如李商隐的这两句诗,按意思来说,应当是先"入扁舟"而后"归江湖",也就是说,此联两句的位置显然是给调换了。诗人之所以如此安排,就是因为"舟"能和全诗的"楼、洲、游、休"叶韵。

由此可见,按照语法规则将原来经过诗人词客变动过的语序重新加以调整,不仅不会破坏诗词的形象和意境,不仅不要费多少口舌和笔墨就能使原句结构转为清晰,语意也随之显豁,而且有助于领会作者的一番匠心。

四、关于声律句读

旧体诗词是按照一定的声韵格律写成的。这种由声律关系而构成的停顿叫作声韵句读。如旧体诗词的五字一读、七字一读等,人们习惯上就称它为"句"。旧体诗词里的所谓"句",同语法学里的所谓"句"是两个不同的概念,有时并不一致。这种不一致有两种情况:一是一个诗句不是语法上的一个单句,只是语法上所谓单句的一个成分;一是一个诗句可能是语法上所谓包含两个甚或三个分句的复句。这两种现象,往往会造成理解上的障碍。因此,分析时要突破声韵句读的限制。

旧体诗的叶韵处往往是一句的终点,而诗的韵脚又大都在双数句的末尾。我们分析律诗时,可以把上下两句(律诗里常称作"联")当作一个单位来考察(读词可以仿此)。

① 寂寞天宝后,园庐但蒿藜。(杜甫《无家别》)
② 借问路旁名利客,何如此处学长生?(崔颢《行经华阴》)
③ 请看石上藤萝月,已映州前芦荻花。(杜甫《秋兴》)
④ 惟将终夜长开眼,报答平生未展眉。(元稹《遣悲怀》)

例①并非律诗,说起来是两句,在语法上却是一句:"寂寞天宝后"是表时间的修饰语,"园庐"是主语,"但蒿藜"是谓语,其中主要动词省略。例②是个双宾语句:"借问"是谓语;"路旁名利客"是其对象宾语,而"何如此处学长生"是其内容宾语。例③是《秋兴》之一的尾联,写的是月上光景。"请看"是谓语动词,"石上藤萝月,已映芦荻花"是主谓词组做宾语。例④是《遣悲怀》之一的尾联,前后似乎是两句,其实为一句:"将终夜长开眼"为介宾词组,在句中做状语;而"报答平生未展眉"为句中述宾词组,是句中谓语的主要部分;至于主语,是诗人自述,即使在散文中也可以省略。前人所谓"流水对",指的就是像③、④两例这种上下相承、意思连贯、实为一句的对子。此种写法最能收住全诗,因而最宜于律诗的尾联。

上面谈的是第一种情况。下面谈第二种情况,即一个诗句实

际上是包含着两个甚或三个分句的复句,这在散文里习惯上中间是要点断的,而旧体诗词中却不可能亦无必要。例如:

① 醉月频中圣,迷花不事君。(李白《赠孟浩然》)
② 国破山河在,城春草木生。(杜甫《春望》)
③ 一身报国有万死,双鬓向人无再青。(陆游《夜泊水村》)

例①两句具体描述孟浩然的"风流天下闻"。出句和对句各为一因果复句:出句是前果后因,意谓"醉于月下,只因频中酒";对句是前因后果,意谓"因迷恋花草而不事君"。例②前后两句各包含两个分句:前者为转折关系,即"国虽破,山河仍在";后者为顺承关系,即"城临春,则草木皆深"。例③系陆游诗之颈联,前后两句构成转折关系的复句,意谓"虽然决心许国,但是年事已高"。细玩诗句,前句又为一复句,系递进关系,意谓"自己一身报国,且有万死不辞之心";后句亦为一复句,系转折关系,意谓"双鬓向人,而无再青之时"。由此分析更能体会到,诗人为自己抗金复国之大志未能实现而发出的慨叹。

最后,再以两首完整的诗为例,说明声律句读和句法分析的关系。先看沈佺期的《杂诗之一》:

闻道黄龙戍,频年不解兵。
可怜闺里月,长在汉家营。
少妇今春意,良人昨夜情。

谁能将旗鼓,一为取龙城。

这首诗写征戍之苦,反对当时的穷兵黩武政策。首联"闻道"是谓语,以下"黄龙戍而频年不解兵"皆其宾语。颔联"可怜"是谓语,以下"闺里月长在汉家营"这个主谓词组是其宾语,说明"可怜"的情景。颈联是判断句,前半为主语,后半为表语,系词省略。颔联写长期离别之苦,颈联写两地相思之苦。尾联"谁"是主语,以下为连动词组做谓语。律诗上所谓无言八句,语法上却只是四句。

再看白居易的《望月有感……寄大兄七兄十五兄及弟妹》:

时难年荒世业空,弟兄羁旅各西东。
田园寥落干戈后,骨肉流离道路中。
吊影分为千里雁,辞根散作九秋蓬。
共看明月应垂泪,一夜乡心五处同。

此诗系白乐天贬江州司马时所作,是遭乱后思念兄弟姊妹的抒情诗。首句是个包含三个分句的并列复句,从各方面说明"弟兄各西东"的背景和原因。颔联二句各为一单句:前句说"田园寥落","干戈后"是其时间修饰语;后句说"骨肉流离","道路中"是点明"流离"的地点,其间均省去介词"于"。颈联亦各为一单句,其间为承接关系,即前人所谓"流水对"。尾联前句为复句,意谓"因看明月而垂泪","应"点明推测之意;后句"一夜乡心"是主语,主谓词组"五处同"做谓语。而前句"垂泪"云云又是后句"一夜乡心"的具体描写。

主要参考书目

助语辞	卢以纬等	黄山书社	1985年版
助字辨略	刘淇	中华书局	1983年版
经传释词	王引之	岳麓书社	1984年版
马氏文通	马建忠	商务印书馆	1983年版
高等国文法	杨树达	商务印书馆	1984年版
词诠	杨树达	中华书局	1955年版
古书句读释例	杨树达	中华书局	1983年版
国文法草创	陈承泽	商务印书馆	1957年版
国文法之研究	金兆梓	中华书局	1957年版
比较文法	黎锦熙	著者书店	1933年版
中国语法理论	王力	商务印书馆	1945年版
汉语史稿（中）	王力	科学出版社	1958年版
语法理论	高名凯	商务印书馆	1960年版
中国文法要略	吕叔湘	商务印书馆	1947年版
文言虚字	吕叔湘	上海教育出版社	1978年版
文言虚字集释	裴学海	中华书局	1980年版
文言语法	杨伯峻	北京出版社	1957年版
汉语文言语法	刘景农	中华书局	1958年版
中国古代语法（三卷）	周法高	香港中文大学出版社	1959年版
古代汉语读本	马汉麟	人民教育出版社	1960年版
古代汉语（一、二）	王力	中华书局	1962年版
文法简论	陈望道	上海教育出版社	1978年版
汉语语法分析问题	吕叔湘	商务印书馆	1979年版
文言语法分析	廖序东	上海教育出版社	1981年版

西周金文语法研究	管燮初	商务印书馆	1981年版
汉语语法史概要	潘允中	中州书画社	1982年版
古代汉语语法资料汇编	郑 奠等	中华书局	1983年版
汉语语法研究参考资料	王松茂	中国社会科学出版社	1983年版
汉语语法史纲要	史存直	华东师大出版社	1986年版
语法三论	史存直	上海教育出版社	1980年版
文言语法	史存直	中华书局	2005年版
古汉语语法及其发展	杨伯峻 何乐士	语文出版社	1992年版
语法学	刘 诚 王大年	湖南人民出版社	1986年版